KB189363

# 우리 절을 찾아서

역사 속의 우리 사찰 이야기

# 우리 절을 찾아서

역사 속의 우리 사찰 이야기

신대현 지음

혜안

# 프롤로그

지난 얘기부터 해야겠다.

1993년부터 『전통사찰총서』를 만들기 시작했는데, 2006년 21권으로 마무리할 때까지 매해마다 꼬박 50~60개의 사찰을 탐방했었다. 사찰에 관한 글을 쓰기 위해서는 직접 가보지 않으면 안 되기에 모든 절을 하나하나 찾아갔던 것이다. 웬만하면 가 본 척하고 쓸 수도 있었겠지만, '척'하는 데에는 무척이나 서툰데다가 절에 가면 어디든 분명 무언가 얻는 게 있어 힘든 줄도 모르고 매주 기꺼이 사진기와 배낭을 꾸리곤 했다. 얻는 것이란 물론 사찰에서 볼 수 있는 우리 문화의 여러 모습들이다. 어떤 이는 '우리나라 절은 그게 그거야. 다 똑같아.' 하고 말하기도 하지만, 정말이지 나는 아무리 작은 사찰이라도 다른 곳에선 못 보았던 새로운 면모를 발견하곤 했다. 법당이나 누각 안에 걸린 낡은 현판에서도, 절 마당에서 발 끝에 채이던 기와 조각에서도 그 절만의 독특한 면모가 느껴졌다. 어떻게 사찰마다 모습이 이렇게 다 다를까 하고 신기하게 여겼었다. 사람들의 얼굴과 생김새 등이 저마다 다른 것처럼, 사찰 역시 저마다의 다른 특징을 보여주는 게 지극히 당연하다고 해답을 생각해낸 건 요즘 와서의 일이다.

2006년부터 2007년까지 미국에 머물렀다. 『전통사찰총서』 21권을 마무리한 직후, 약간의 정신적 공황감이 생겼고, 또 20년 가까이 그 일만 하다 보니 갑자기 달리 할 일도 없었던 터에 뉴욕 주립대에 방문학자로 갈 기회가 왔던 것이다. 거기에서 새로운 세계를 접하며 이것저것 참 많은 걸 배웠고, 여러 가지를 느낄 수 있었던 건 참 소중한 경험이었다. 미국에서 돌아오자마자 『불교신문』에서 불교문화 탐방 연재를 제안했다. 사찰을 중심으로 그곳에 녹아 있는 우리 불교문화의 향취를 소개하는 글을 써보면 어떻겠냐는 것이었다. 나는 물론 흔쾌히 받아들였다. 그렇게 해서 2008년 한 해 동안 다시 한 번 전국을 여행하게 되었고, 다녀온 기록은 거의 매주 빠짐없이 『불교신문』 지상에 연재되었다.

이 책은 『불교신문』의 연재를 중심으로 하고, 그 위에 봉은사의 『판전』에 실었던 글 일부를 보태어 엮은 것이다. 연재된 글 그대로 넣은 건 아니고, 상당 부분을 새로 고쳐 썼음은 물론이다. 나는 똑같은 건 질색하는 성격이다. 1년 전 연재했던 글을 그대로 똑같이 해서 책으로 펴낸다는 건 나로선 상상도 못할 끔찍한 일이다.

사실 나는 이 글을 통해 역사가 우리 생활에 얼마나 중요한지를 이야기하고 싶었다. 역사가 꼭 역사학자들만의 전유물인 시대는 지났다고 생각해서다. 하지만 정확한 사료에 근거하기보다 뭔가 뜨내기 같은 학설에 의지해서 자신의 견해인 양 내보이는 것은 좋지 않다. 더군다나 요즘 방송에서 범람하다시피 유행하는 사극의 영향도 꽤 받는 것 같다.

역사의 대중화는 분명 바람직한 면도 많지만, 흥미 위주의 사극식(史劇式) 역사인식은 분명 폐해가 있을 수밖에 없다.

하지만 거꾸로 생각해 보면, 우리 역사가 그만큼 오래되어 상상력과 이미지의 보고가 되었다는 말이기도 하다. 이는 우리의 불교사, 그리고 사찰이라는 공간에서 벌어진 이야기에도 그대로 적용된다. 그래

신라 문무왕의 염원이 담긴 감은사지.
이 절터의 지하 유구는 용이 된 문무왕이 드나들도록 만든 시설이라는 말이 있다.

가야 수로왕이 알에서 태어났다는 김해 구지봉 바위

서 나는 우리가 잘 모르는 역사와 일화를 사찰이라는 공간에 담아서
펼쳐 보이고 싶었다. 우리 불교사의 현장이 참으로 흥미진진한 역사의

사천 다솔사 안심료 앞 황금측백나무. 만해 한용운이 이곳에서 독립정신을 고양할 때 심은 나무라고 한다.

보고이자 상상력의 원천임을 잘 알고 있어서다.

예를 들어 백제 무왕과 선화공주의 원력과 지명법사의 노력으로 이루어진 미륵사는 공간적으로나 사상적으로나 삼국시대 말 불교의 위대한 집적체라고 할 만하다. 거기서 펼쳐진 미륵불과 미륵세계에 대한 염원, 또 사찰 곳곳에 수놓인 화려한 불교미술은 7세기 우리 불교의 융성함과 깊이에 대한 생생한 증거다. 문무왕의 절절한 비원이 담긴 감은사는 또 어떠한가. 왕이 죽으면서 용이 되어서라도 이 나라를 불국토로 이끌고 지키겠다는 서원을 한 나라가 이 지구상에 또 어디에 있는가? 하늘로부터 내려온 알에서 태어나서 인도 아유타국에서 온 어여쁜 공주를 황후로 맞아 가야를 이끌었던 수로왕의 전설은 우리 고대사의 싱싱한 생명력과 무한한 상상력 그 자체가 아닐까.

우리 민족의 얼과 문화가 무참히 짓밟혔던 일제강점기, 그 많은 독립운동가 중 아쉽게도 불교인으로서 그 선봉에 선 이 가운데 역사에 기록된 사람은 몇이나 되는가. 예컨대 다솔사만 하더라도, 한용운이나 최범술 같은 불교인이 이곳을 중심으로 도모했던 독립운동의 염원이 없었다면 우리 불교는 역사에 커다란 빚을 질 뻔했다. 미처 생각 못하고 의미 부여를 안 해서 그렇지, 따지고 보면 고맙고 귀중하게 생각해야 할 우리 불교사의 현장이 얼마나 많은지 모른다.

되돌아보면, 잘 된 글도 있는 것 같고 도무지 이렇게밖에 못 쓰는 걸까 하며 자책한 글도 무수하다. 그런 의미에서 반성을 겸하여 내 글에 대해 혼자 점수 좀 내보려 하니 독자 여러분들께서는 이해해 주시기 바란다. 언젠가 어느 배우가 자신이 출연한 영화의 자평을 부탁받자, "글쎄, 한 51점쯤 되지 않을까요?"라고 했다는 인터뷰 기사를 읽고는 꽤 거만하다고 느꼈었다. 50점 이하면 낙제인데, 거기에서 딱 1점 더 줘서 겨우 낙제나 면했다는 표현이지만, 오히려 은근히 자신의 연기에 대한 자신감을 내비친 것으로 읽혀졌기 때문이다. 그 배우를 흉내 내어 지금 내가 51점이라고 한다면 이건 자학이겠고, 그래도 한 60점은 되지 않았을까 조심스레 평해 본다. 하지만 내심으로는 독자들께서 "한 70점은 돼."라고 말해주었으면 하는 게 솔직한 바람이다.

마지막으로 이 글을 쓰면서 도움을 받은 여러분에게 감사를 드린다. 천성이 고약한지라 어디 조사를 가도 웬만하면 혼자 떠나는 습성이 있다. 그래도 늘 관심을 가지고 내 글에 대해 진심어린 충고를 해준 분들의 말씀은 여간 고마운 게 아니었다. 나는 일상을 글과 연관시켜 생각하는 버릇이 있는데, 그러다 보니 일상의 대화 중에서 글과 관련해서 아이디어를 얻고 배우는 바가 많았다. 그렇게 나의 우매함을 일깨워 주고, 정신을 번쩍 들게 해 준 분들을 여기에 하나하나 적을 수는 없지만, 그분들에게서 들은 소중한 애기들은 이 글 곳곳에 실어

놓았다. 이 책에서 혹시 조금이라도 괜찮은 면이 있다면 이는 바로 이런 분들의 덕분임은 물론이다.

여기에 실린 사진 중 상당수는 혜안출판사 오일주 사장이 직접 찍은 것이다. 책의 출판뿐만 아니라 원고에 맞춰 직접 전국을 누비며 좋은 사진을 찍어주었으니 고맙다는 말을 두 배로 해도 모자랄 것 같다.

두서없고 서툴기만 한 이 글을 보기좋게 담아내느라 오랜 시간 동안 공들여 준 편집부 여러분에게도 커다란 감사를 드린다. 이 분들이 아니었으면 이 책은 앞으로도 한참동안 나오지 못하거나 아주 볼품없이 선보였을지도 모른다. 다시 한 번 고마움을 전한다.

# 차례

# 경주 사천왕사

사천왕사 터

운이 좋았다. 그냥 마음 내키는 대로 아무 날이나 골라서 찾은 것인데 뜻밖에도 이 날 사천왕사(四天王寺) 터에서 발굴조사 설명회가 열리고 있었다. 사천왕사지는 2006년부터 국립경주문화재연구소에서 발굴중인데 그 제2차 중간발표가 바로 이 날이었다. 초대받아 간 건 아니었지만 덕분에 출토된 유물과 새로 발견된 유적들을 관계자들의 친절한 설명을 들으며 제대로 감상할 수 있었으니 얼마나 편한지 모르겠다. 우리나라 발굴 현장은 꽤 폐쇄적이라 관계자가 아닌 사람이 환영받는 경우는 꽤 드물다. 그러니 이런 호사를 누리는 게 운이 좋다 할밖에.

### 신라 명랑법사의 호국의지, 천년의 세월을 넘나들다

사천왕사는 우리나라에서 가장 오래된 호국(護國)불교의 현장이자

경주 사천왕사 당간지주

최초의 호국사찰이기도 하다. 한국불교의 가장 큰 특징 중 하나로 호국불교를 들곤 한다. 불교가 이 땅에 들어온 이래 어느 시대 어느 사찰이 호국의 가치를 등한시 했을까마는, 역사에 이름을 올린 사찰 중 사천왕사만큼 뚜렷한 자취를 보이는 곳도 많지 않다. 사천왕사가 공식적으로 창건된 것은 679년이지만 창건의 단초는 이미 675년(문무왕 9)에 시작되었다. 잠시 그때로 되돌아가보자.

660년과 668년 신라는 백제와 고구려를 차례로 무너뜨리고 한반도를 통일했다. 그렇지만 아직 정세는 매우 유동적이고 불안하던 시절이었다. 백제와 고구려 유민들의 저항운

동이 끊이지 않았고, 신라에 군사를 지원했던 당(唐) 역시 표변하여
신라를 압박하였다. 제일 강적인 고구려와 백제를 거꾸러뜨렸으니 이
제 하나 남은 신라만 무너뜨리면 한반도를 저들의 손아귀 속에 넣을
수 있겠다 싶은 판단이 들어서다. 어쩌면 신라의 지원 요청을 흔쾌히
받아들여 고구려와 백제 공략길에 나선 것도 따지고 보면 '이이제이
(以夷制夷)(오랑캐는 오랑캐로써 제압한다)'라는 중국의 전통적인 변
방국가 길들이기 전략의 발로였는지도 모르겠다. 이제 당은 그런 야
욕을 노골적으로 드러내 675년 신라를 무력 정벌하기 위한 50만 대군
을 출정시켰다. 신라 입장에서 보면 삼국 통일전쟁에 이은 이른바 나
당전쟁이 시작된 것이다. 신라는 다급해졌다. 설마 하며 믿었던 당에
게 의표를 찔린 것이다. 당은 중원을 호령하는 대국. 게다가 신라는 이
미 고구려와 백제와의 전쟁으로 국력을 거의 소진하지 않았는가. 아
무래도 승산이 서지 않는 전쟁이었다. 조야에 비상이 걸렸고, 풍전등
화의 위기감이 전국을 휩쓸았다.

그때 명랑법사가 위기를 구하겠노라고 나섰다. 반신반의 하는 왕과 조신들의 시선은 아랑곳 않고 그는 여유만만 하기만 했다. 명랑법사가 맨 먼저 한 일은 경주 신유림(神遊林)이라는 숲에 임시로 절을 꾸민 다음 채색 비단으로 건물을 짓고 풀을 엮어 '오방신상(五方神像)'을 만든 것이었다. 오방이란 동서남북 사방에다 중앙을 넣은 방위를 말한다. 불교에서 사방을 지키는 신은 바로 사천왕이다. 이미 눈치 챘겠지만, 사천왕사의 이름은 바로 여기서 나온 것이다. 오방신상이란 이 사천왕상과, 사천왕을 거느리는 불상으로 생각하면 될 것 같다. 사실 사방신이나 오방신은 어느 나라든 아주 오랜 옛날부터 전해오는 원시신앙의 하나였다.

명랑법사는 준비할 시간이 넉넉치 않으니까 나무로 깎거나 돌을 쪼는 것도 아니라 그냥 엉성하게 풀로 사천왕상과, 불상의 형상을 엮어 배치함으로써 우선 급한 대로 이렇게 법당의 형식을 갖춘 것이다. 그리고 여기에서 문두루 비법을 행했다.

그 결과는 어떠했을까? 『삼국유사』에 따르면 당군이 승선한 함대는 출정하자마자 거센 풍랑을 맞아 한 치도 전진하지 못하고 결국 회군하지 않을 수 없었다고 한다. 출전 벽두의 예기치 않은 불운으로 당군은 사기가 꺾이고 전쟁 수행의 의지마저 사그라지고 말았다. 명랑의 문두루 비법이 효과를 발휘한 것이다. 이 일을 계기로 당은 신라를 공격하기보다는 자기편으로 삼는 실리정책으로 선회했다.

신라로서는 바라는 이상의 성과를 거두었고 이를 기념하기 위해 4년 뒤 문두루 비법을 행한 자리에 사천왕사를 창건하였다. 사천왕은 불교의 여러 호법신중 가운데 으뜸으로 동서남북 사방을 호위하는 신장이니 그 이름만으로도 호국의 의지와 자신감이 엿보인다.

그런데 명랑법사가 행한 문두루 비법이란 과연 무엇이었을까? 아마도 도교적 주문과 인도의 토속신앙인 밀법이 복합된 주술이 아니었을까 한다. 문두루란 밀교의 하나로 산스크리트어 무드라(Mudra)를 음역한 것이다. 뜻은 '신의 부적', 또는 '신의 약속'을 의미하는 신인(神印)이며 신인종이라고도 한다. 물론 밀교의 경전인 『관정경』 등에 문두루 비법의 구체적 방식과 오방신에 대해 나와 있지만 과연 그 주술의 실제적 효과가 어떤지는 지금 여기서 말할 바는 아닌 것 같다. 어쨌든 명랑법사는 이 문두루 비법을 구사하여 당의 대군을 물리쳤고, 그 주술적 행위의 현장이 바로 사천왕사였다는 데 의미가 있다.

사천왕사지를 거닐면서 진정한 호국불교란 무엇일까 하는 생각을 해 봤다. 아무리 국운이 걸린 통일전쟁이라고는 하지만 불교가 전쟁에 직간접적으로 간여했다면 그것이 과연 진정한 불교일까 하는 의문을 누군가 제기했던 게 문득 떠올라서다. 살생을 하면서까지 이루어야 할 가치는 이 세상에 없다는 그 주장도 귀담아 들어야 한다. 그런 면에서 명랑법사가 문두루 비법으로 풍랑을 일으켜 당의 군대가 한반도에 발을 디디지 못하게 한 것은 참으로 잘한 일이었다. 싸우지 않고 이겼으니 이것이야말로 최고의 호국불교이구나 싶다.

어쨌든 문두루 비법은 이후 사천왕사에서 계속 이어졌다. 고려에 와서도 1074년(문종 28) 7월에 27일 동안 문두루 도량을 열었다. 말하자면 문두루 비법의 전문 도량이 바로 이곳이었던 셈이다. 물론 그 전에도 사천왕사에 관한 기록은 많다. 예컨대 경덕왕 시절 「도솔가」나 「제망매가」 등 주옥 같은 향가를 지은 월명 스님의 일화가 그것이다. 월명 스님이 달이 하늘 높이 걸린 어느 날 밤 피리를 불며 사천왕사 앞길을 지나가는데 그 소리에 취한 달님이 운항을 멈추었다고 한다. 사람들은 그 길을 월명리라고 불렀다. 또 9세기에는 사회가 어지러워지자 사천왕사 벽화 속의 개가 튀어나와 짖고, 탑 그림자가 거꾸로 선 채 움직이지 않았다는 이야기가 『삼국유사』에 나온다.

### '신이 노닐던 숲'의 사천왕사와 양지 스님의 걸작 사천왕상

사천왕사는 입지 조건도 매우 좋다. 뒤쪽으로 선덕여왕릉이 자리한 낭산이 있고 앞에는 망덕사지를 감싸안은 너른 들판이 펼쳐져 있다. 또 왼쪽은 신문왕릉이 있는 길지고, 오른쪽은 왕경으로 이어진다. 과연 그 옛날 '신이 노닐던 숲'이라는 신유림이 자리할 만한 터임을 한눈에 알 수 있다. 숲은 본디 신비로움을 감싸고 있기 마련이다. 하늘 높이 뻗은 아름드리 나무들이 들어선 울창한 숲은 인간이 범접하기 어려운 신성함을 느끼게 한다. 신유림은 불교가 들어오기 이전에는 토속신과 관련된 성지였을 테지만 불교 도입 이후로는 불교 성지로 바뀌면서 신라 사람들에 의해 이른바 전불(前佛)시대의 7처가람 중 하나로 꼽히기도 했다. 사천왕사가 이 자리에 들어선 것도 우연은 아닐 것이다.

발굴사무소 가건물 주위로 사람들이 모여 있어, 혹시 뭔가 있나 싶어 얼른 가보니 야외에 출토 유물들이 전시되어 있다. 사역 전체에서 여러 유물들이 출토되었는데 그 중 압권은 흙으로 빚은 사천왕상이

사천왕사지에서 2008년에 발굴된 사천왕상 조각. 흙으로 빚어 부분적인 묘사가 아주 섬세하게 표현되었다.

다. 이 사천왕상은 신라 최대의 조각가인 양지(良志) 스님이 만든 것이다. 흔히 신라 미술의 커다란 특징 중 하나를 국제적 감각에 입각한 높은 사실성이라고 말하곤 하는데, 이것이야말로 그러한 특징에 잘 부합하는 걸작들이다. 이 사천왕상들은 모두 전돌로 쓰기 위해 만들어진 것이다. 전돌의 화려함이 이 정도였다면 다른 시설이나 작품들의 수준이 어떠했을지는 넉넉히 짐작된다.

2010년까지 발굴이 이어진다는데, 그 사이 최고의 유물이 나올 가능성이 높아 기대가 크다. 사천왕사는 임진왜란 때 폐사된 뒤 유적과 유물들이 여간 아닌 수난을 당했다. 1920년대 초 한 일본인 수집가가 서탑지를 도굴해서 사천왕 부조상과 보상화문 전돌 등의 유물들을 박물관에 팔아버렸고, 게다가 1930년대에는 절터의 금당과 강당터 사이를 가로지르는 동해남부선 철도를 내면서 본래 그 자리에 있던 비석의 좌대인 귀부(龜趺)를 지금의 남쪽 가장자리로 옮겨버리기도 했다. 그 탓에 지금 두 귀부는 뛰어난 작품성에도 불구하고 절터 남쪽 끝자락 둔덕 바로 아래에 거의 방치된 수준으로 초라하게 놓여 있다. 불교계든 문화재 당국이든 나서서 귀부 주변을 정비하거나 사역 내의 좋은 자리로 옮겨야 할 것이다.

### 사천왕사를 숨겨라!

나는 사천왕사에는 당군을 격파하기 위한 방책과 전술을 연구하던 기구, 일종의 국방연구소가 설치되어 있었던 게 아닐까 상상하곤 한다. 685년, 당의 황제는 수년 전 풍랑으로 인해 군사작전을 수행하지 못하

비석 좌대인 귀부가 절터 한쪽에 방치된 모습

18

망덕사 터와 망덕사지 당간지주

게 된 배경에는 사천왕사에서 행한 비법이 있었음을 알고는 사신을
보내 사천왕사를 방문해서 진상을 알아오도록 했다. 헌데 신라는 사
신이 사천왕사에 가는 것을 매우 꺼렸다. 그래서 사천왕사 맞은편 자
리에 급히 절을 짓고 여기를 사천왕사라고 거짓으로 둘러대기도 했던
것이다(이 절은 나중에 망덕사가 된다). 사천왕사를 보여주어서는 안
될 이유가 바로 여기에 설치된 비밀기관 때문이 아니었을까 생각하는
것이다.

　절의 규모와 형태는 발굴을 통해 금당지와 주변 건물지가 분명하게
노출되면서 명확해졌다. 만일 그 옛날 당나라 군대를 격파할 비책을
연구하던 곳이 있었다면 어디쯤이었을까. 당나라 사신이 와도 결코 보
여줄 수 없어 건너편에 절을 급조하여 이를 사천왕사라고 둘러댈 정
도로 중요한 시설이 있었던 곳은 과연 어디였을까? 나는 최근 발굴조
사 때 밝혀진 강당지 서쪽의 북편 건물지로 추정해 보았다. 멀리 나지
막한 구릉 바로 아래라 쉽게 눈에 띄지도 않는다. 이 건물지의 용도는

사천왕사 금당 터와 주변 건물지

사천왕사 강당지 서쪽 북편의 건물지. 당시 국방의 기밀을 다루던 은밀한 장소로 사용되지 않았을까 추정된다.

사천왕사지와 선덕여왕 릉으로 들어가는 입구. 왼쪽으로 사천왕사의 당간지주가 보이고, 오른쪽 길로 가면 선덕여왕릉이다.

발굴로도 밝혀지지는 않았다.

 사천왕사지는 찾아가기 쉽다. 경주역 앞에서 불국사 방면으로 가는 버스 중 아무거나 잡아타서 통일전 초입에서 내리면 바로 맞은편이 사천왕사지와 선덕여왕릉으로 들어가는 입구다. 아담한 당간지주 한 쌍이 첫눈에 들어온다. 그런데 경주 택시기사 중에는 의외로 사천왕사지를 모르는 사람이 많다. 초행길에 이들만 믿고 가자고 하면 헤매거나 지나치기 일쑤다. 경주 같은 세계적 유적도시의 택시기사가 유적지를 잘 모른다는 것은 소양부족 탓이겠지만, 그만큼 사람들이 잘 찾지 않기 때문이기도 하다. 화려하지 않으면 눈길을 돌리지 않는 세태는 경주도 예외가 아닌 모양이다.

# 김제 금산사

금산사 내경

섣달 그믐. 언제나처럼 파란만장했던 한 해가 마지막으로 지는 날, 중부 지방에만 내린다던 눈이 예보와는 달리 호남으로 달려와 함박 눈을 내려주었다. 그렇잖아도 너른 김제평야가 온통 흰 눈밭으로 변신하여 눈이 부셨다. 덕분에 찻길은 고생이었다. 서울서 아침 일찌감치 호남고속도로를 타고 금산사(金山寺) 나들목으로 나왔지만 오는 길 내내 정체였고, 나중에 금산사를 나와 금구로 해서 전주로 나가는 길 역시 도리 없는 거북 걸음이었다. 급한 일이 있는 것도 아닌 터라 내게 교통대란은 남의 일이었다. 오히려 차 안에서 느긋하게 주변 경치를 감상하기도 하고 조용히 생각에 잠길 수도 있어 좋았다. 사찰 순례의 이력이 20년을 훌쩍 넘기고 있지만 역시 사찰 찾아가는 길은 게으른 여행이 최고라는 게 내 생각이다.

백제 땅에서 부르는 "미륵의 세상, 꿈의 나라"

미륵신앙의 중심도량인 금산사 전경

금산사를 말할 때 미륵신앙은 어김없이 한데 떠올려지는 복합어다. 미륵사상의 흔적은 호남지역에 특별히 많다. 석가모니 부처님 이후 혼돈으로 가득한 이 세상에 나타나 도탄에 빠진 사람들을 구원하는 분이 미륵부처님이다. 미륵부처는 일종의 메시아라고도 할 수 있다. 따지고 보면 어느 시대만을 딱 떼어놓을 필요 없이 언제 어디서나 사람들이 환영할 만한 사상이건만 우리나라에서는 유독 백제불교가 곧 미륵불교인 것으로 등식화되어 있다. 이런 생각에는 분명 함정이 많지만, 어쨌든 이런 일반론이 대중에게 각인된 데는 그만큼 금산사의 비중과 역할이 컸기 때문이기도 하다.

금산사의 창건주 진표율사 진영

금산사의 역사를 미륵신앙에 초점을 맞추어서 살펴보자. 금산사는 8세기에 진표율사가 창건한 것으로 아는 사람이 많지만, 사실은 그 이전 백제시대부터 이미 법등을 밝히고 있었다. 「금산사 사적」에는 599년(법왕 1)에 금산사에서 38명의 승려를 득도시켰다는 말도 있다. 그래서 금산사에서는 이 해를 창건 연도로 보고 있다. 다만 김제 출신의 고승 진표율사가 8세기 중후반에 금산사를 중창하면서 더욱 유명해졌고, 이어서 미륵사상을 표방한 미륵전의 건립으로 본격적인 미륵도량으로 거듭났다고 보면 될 것 같다.

진표율사는 몸이 망가질 정도로 혹독한 신체수련이 수반되는 '망신참'을 행하여 미륵보살로부터 교법을 전해 받은 뒤 금산사를 중창하였고, 이로부터 금산사는 우리나라 미륵신앙의 중심지가 되었다. 고려에 와서는 1079년(문종 33) 혜덕왕사가 전국에서 손꼽는 대사찰로 중

좌_김제 금산사를 대사찰로 중창한 고려의 혜덕왕사의 비
우_김제 금산사 부도밭. 이 자리에 법상종 경전의 간행과 연구를 진행한 광교원이 있었다.

창하고, 지금의 부도밭 자리에 광교원을 두었다. 광교원에서는 미륵을 주존으로 하는 법상종의 경전 간행과 연구를 진행하였으므로 금산사를 법상종 사찰로 얘기하기도 한다.

금산사가 미륵신앙의 중심도량이라는 말은, 이 공간을 통하여 수많은 사람들이 미륵불의 하생을 믿고 기다리면서 험한 날들을 견디고 이겨낼 수 있는 희망을 보듬어 왔다는 의미이기도 하다. 팍팍한 세상을 참고 살아올 수 있었던 종교적 믿음의 한가운데에 금산사가 있었다는 얘기다. 흔히 사회가 안정되면 10선을 닦아 도솔천에 오르려는 미륵상생신앙이 발전하고, 반대로 사회가 불안정하면 미륵보살에 의해 구원을 기원하는 미륵하생신앙이 발전하게 된다고 말한다.

백제 지역은 다른 지역에 비해 한이 많은 곳이다(혹은 그렇게 알려져 있다). 사실 꼭 백제만 지칭할 것도 없이 이 지역의 정서가 대체로 그랬다. 시인 이성부는 「백제행」에서 백제민의 감성을 이렇게 노래했다.

죽은 듯 다시 엎디어 흙에 볼을 비벼 보세
해는 기울어
쫓기는 남편은 어찌 됐을까?

흡사 신라와 당나라 연합군에 쫓기는 백제 패잔병의 아내가 읊는 것 같은 마음으로 표현했다.

물론 한 시인의 감수성 짙은 절창일 뿐이라고 말할 수도 있겠지만, 그 옛날 망국의 한을 남긴 백제 사람이 종교적으로 기댈 것은 바로 미륵밖에는 없지 않았을까 싶다. 그런데 미륵부처가 하생하면 이 세계는 낙토로 바뀐다.

"온 세상이 칠보로 장식되고, 사람들은 온 몸을 금은보화로 치장하여 보배가 땅에 떨어져 있어도 줍지 않으며, 사방은 늘 하늘나라의 음악처럼 아름다운 소리가 울려 퍼지고, 온 세상이 평화로워 원수나 도둑이 없으니 문을 잠그지도 않으며, 전쟁과 재앙이 없다. 사람들은 모두들 자비로운 마음을 갖고 있어 자식이 어버이 공경하듯 하고 어미가 자식을 사랑하듯 하며 말과 행동이 지극히 겸손하다.……"

『미륵대성불경』에 묘사된 미륵부처가 다스리는 세상의 모습이다. 이 정도까지야 바라지 않더라도 그저 지금 사는 것보다는 좀더 살기 좋기를 바라며 사람들은 미륵부처의 하생을 염원했다. 그리고 그 염원의 한가운데에 금산사가 있었다.

백제가 신라에 통일되었지만, 200여 년이 흐른 뒤 다시금 역사의 생채기는 덧나고 말았다. 통일신라가 와해되어 후삼국으로 분열되면서 이 지역에선 수백 년 전에 없어진 백제를 다시 일으키자는 부흥운동이 일어난 것이다. 이때 금산사를 중심으로 다시 한 번 미륵신앙이 요

동쳤다. 견훤(甄萱: 이것을 '진훤'으로 읽어야 한다는 주장도 있다)에 의해서였다. 그는 서기 900년에 전주에 도읍을 둔 후백제라는 나라를 세워 옛 백제의 부흥을 외쳤다. 그리고 민중의 마음을 한데 모으고 자신의 정치적 입지를 굳건히 하기 위해 미륵신앙을 내세웠다. 그런즉 그 중심에 백제시대에 미륵신앙의 가장 대중적 성소였던 금산사가 선 것은 당연한 일이었다. 이에 대해 소설가 김성동은 『미륵의 세상 꿈의 나라』에서 당시의 모습을 말하면서, "백제 유민들의 저항의식이 민중 종교의 모습으로 나타난 것이 바로 미륵하생신앙이다."라고 했다.

금산사의 미륵신앙은 근세까지 이어져, 절이 위치한 모악산은 미륵 신앙과 유사한 신흥종교의 집결처가 되었다. 그러자 순수한 미륵신앙 에서 벗어난 혹세무민의 종교활동으로 변질되어 그 폐해가 속출하면 서 미륵신앙의 이미지마저 퇴색되었다. 1966년 금산사에서 조직한 미 륵정심회는 이러한 무속과 미륵신앙의 혼효를 막고 미륵신앙 본래의 가치를 회복하기 위한 운동이었다. 미륵신앙의 본산인 금산사로서는 올바른 미륵신앙의 선양에 진력해야 할 책임을 하나 더 지고 있는 셈 이다.

### 미륵전 비롯한 국보와 보물들이 즐비

눈발이 줄어든 틈을 타서 경내 이곳저곳을 거닐어 본다. 우선 미륵 전 옆에 조촐하게 자리한 잣나무가 그리 높지 않은 꼭대기에 눈을 이 고 서 있는 게 보인다. 비록 울창하거나 무성하지는 않지만 빼놓을 수 없는 금산사의 상징 중 하나다.

달력 등에 나오는 금산사 전경 사진의 구도는 대부분 바로 이 잣나 무를 기준으로 한다. 말하자면 금산사의 포토라인인 셈이다. '뜰 앞의 잣나무'란 말이 딱 맞아 떨어진다. 이 잣나무를 보니 생각나는 일이

미륵부처님을 모셔 놓은 전각인 미륵전. 사진 오른쪽 미륵전 옆의 작은 나무가 잣나무.
2층에 「용화지회」, 1층에 「대자보전」이라는 현판이 달려 있다.

금산사 방등계단

금산사 노주

석련대

있다. 꼭 10년 전 이맘 때 금산사에서 하루 묵은 적이 있었다. 그날도 하루 종일 눈이 펑펑 내렸었다. 한밤중 칠흑의 어둠이 내린 경내를 혼자 배회했다. 이때가 사실은 그 절에 대한 인상이 정서적으로 머릿속에 각인된 순간이기도 했다. 이런 기억은 오랫동안 잊히지를 않는다. 절 주변은 온통 눈밭이었고 게다가 휘영청 뜬 보름달에서 내려온 고운 달빛마저 반사되니 그야말로 별천지에 온 느낌이었다. 이쯤 되면 열락이 따로 없고 환희심이 멀리 있지 않다.

그때 이 잣나무가 그렇게 크게 보일 수가 없었다. 미륵보살이 잣나무에 앉아서 내려다보고 있는지도 모른다는 생각이 문득 들었었다.

금산사에는 금산사 노주, 석련대, 혜덕왕사진응탑비, 오층석탑, 방등계단, 육각다층석탑, 당간지주, 심원암 북강 삼층석탑 등과 같은 국보와 보물이 즐비하다. 그 중에서도 미륵전은 금산사의 상징적 건물이라고 할 만하다. 건축적으로도 우리나라에서 보기 드문 3층 건물인데 지금의 모습은 1635년에 지은 것이다.

1층에는 대자보전(大慈寶殿), 2층에는 용화지회(龍華之會), 3층에는 미륵전(彌勒殿)이라고 각각 다른 편액을 걸었지만 실은 모두 미륵불의 세계를 다르게 표현한 같은 말들이다. 안에는 높이가 11.82m나 되는 본존미륵불을 모셨고, 협시로 역시 8.79m나 되는 법화림과 대묘상 보살상을 두었다. 본존상은 1938년 우리나라 근대 조각의 개척자

금산사 육각다층석탑             금산사 당간지주

금산사 미륵전 삼존불

로 평가받는 김복진(金復鎭)(1901~1940)이 석고에 도금한 불상이었다가 이후에 다시 조성한 것인데, 시대의 고고함을 따질 필요 없이 금산사의 상징으로서 소중한 작품이다.

천왕문을 나서며 돌아가는 길에 견훤이 지었다는 견훤석성을 지나갔다. 지금은 반 토막만 남아 굴다리처럼 나지막한 지붕을 이고 있지만 예전에는 꽤 규모가 컸을 것이다. 이 석성은 금산사를 에워싸듯 포진하고 있다. 금산사를 자신이 세운 유토피아의 경계로 삼으려 했던 견훤의 모습이 떠오른다.

금산사 입구의 견훤 석성

# 익산 미륵사

미륵사지 원경

호남선을 신나게 달리는 KTX는 함열역에는 눈길도 주지 않고 매정히 지나쳐 버린다. 예서 내리면 미륵사지가 훨씬 가깝건만. 다음 역인 익산에 내려 다시 되짚어오는 수밖에 없다. 저 어디쯤이 미륵사지일 텐데 하며 달리는 차창 너머로 내다보니 너른 들판 뒤로 튼실히 자리 잡은 미륵산이 보인다. 나주평야나 김제평야처럼 일망무제까지는 아니더라도 익산 역시 제법 들판이 너른 축에 속하여 미륵산은 더욱 높아 보인다. 그 아래가 바로 미륵사지다.

　　사람들이 잘 모를 뿐이지 익산 역시 경주나 부여 같은 유서 깊은 역사도시로, 도읍을 이곳으로 옮기려 했던 백제 무왕(600~641) 당시의 유적이 많이 남아 있다. 그리고 그 익산 천도의 웅대한 청사진 한 가운데는 미륵사가 자리잡고 있다. 무왕이 미륵신앙을 통해 대중의 힘을 모아 부국강병을 이루려 했던, 불교와 대중이 만나는 최초의 역사현장이 바로 미륵사지인 것이다.

미륵사지 당간지주. 뒤로 복원된 동탑이 보인다.

### 미륵세계 건설과 백제중흥을 꿈꾸다

　　미륵사가 창건된 과정은 『삼국유사』 「무왕」조에 잘 나와 있다. 간추려 보면 이렇다.

"무왕이 부인 선화공주와 함께 용화산(미륵산) 사자사의 지명법사를 찾아가던 길, 산 아래 연못가에 이르렀을 때 갑자기 미륵삼존불이 솟아나왔다. 왕과 왕비는 수레에서 내려 경배하였고, 미륵불의 계시임을 깨달은 왕비는 미륵삼존불이 용출한 연못 자리에 절을 지을 것을 왕에게 부탁하였다. 지명법사는 신통력을 발휘하여 하룻밤 만에 용화산 한쪽을 허문 흙을 날라 연못을 메워 터를 닦고, 금당 세 채와 탑 세 개를 지었다. 절 이름은 미륵사라고 하였다."

불교적 관점에서 이 창건설화는 『미륵하생경』에 보이는 미륵신앙의 완벽한 번안이라고 할 만하다. 용화산이 등장한 것은 미륵이 하생하여 용화수(龍華樹) 아래에서 성불한다는 것과 같은 뜻이며, 금당 세 채를 세운 것 역시 미륵불이 3회에 걸친 설법을 통하여 중생을 교화한다는 경전 속의 이야기와 같다. 그리고 무왕과 선화공주가 지명법사를 만나러 가던 용화산 위의 사자사는 미륵이 하생하기 전 도솔천에 있을 때 앉았다는 사자상좌(獅子床座)를 상징한다. 또 무왕이 용화산 아래를 지나다가 미륵불과 맞닥뜨린 것은 전륜성왕이 성불한 미륵불에게 나아가 설법을 들었다는 경전의 이야기와 시대와 배역만 다를 뿐 기본적으론 같다.

다시 말하면 무왕은 그 자신을 전륜성왕에 비겨서 미륵사를 창건했고, 미륵불이 상주하는 용화세계 같은 불국토를 건설하려 했던 것이다. 역사라는 스펙트럼 위에 미륵사를 올려놓아 보면, 쇠락한 나라를 다시 일으키고자 자신의 정치적 거점인 익산으로 수도를 옮기고 왕권의 상징으로서 미륵사라는 거대한 사찰을 창건토록 한 무왕의 웅략이 생생히 보인다.

백제에서 여타의 불교사상은 귀족불교의 성격이 짙은 데 비해 미륵사상은 서민문화와의 융합을 이끌어내어 사회통일과 왕권강화에 커다란 힘이 되었다고 한다. 미륵사의 창건은 바로 이러한 사회문화운동의 일환으로 전개되었으며, 백제가 미륵불이 나타나는 불국토임을 천명함으로써 백제의 중흥을 이끌어내었다는 것이다.


사실 무왕처럼 드라마틱한 삶을 산 군주도 드물다. 그의 생애는 역사와 설화가 한데 섞인 채 전해진다. 무왕이 선화공주와 결혼한 것부터가 그렇다. 선화공주는 신라 진평왕의 딸이다. 백제의 왕이 어떻게 신라 왕녀와 결혼할 수 있었단 말인가? 그의 출생과 왕위 등극에 관한 이야기는 차라리 환영을 보는 것 같다. 정사의 기록에는 그가 29대 법왕의 아들이라거나 혹은 27대 위덕왕의 숨겨진 아들이라는 설 등이 있다. 하지만 야사에는 어머니가 용과 관계해서 그를 낳았다고 전한다. 사실 어머니가 용과 관계해서 출생했다는 설화는 고대사에 심심찮게 보인다. 용의 아들로 태어났다는 것은 주인공의 아버지가 매우 지체 높은 신분이거나 세상에 알려져서는 곤란한 정치적 거물인데 비해 어머니는 미천한 집안 출신일 때 흔히 쓰는 수사법에 다름 아니다.

신화의 내용이 과학적이고 합리적이지 않다고 해서 무조건 부정해서는 안 되고, 그 안에 감추어진 상징과 의미를 들여다보는 게 바로 신화를 읽는 독법(讀法)이다. 이래야 신화가 싱싱해지고 살아 숨 쉬게 된다. 어쨌든 무왕도 그런 경우여서, 아버지 쪽은 철저히 베일에 가려져 있고 그저 홀어머니 밑에서 자란 것으로만 되어 있다. 그는 어려서

서동 생가터로 전하는 마룡지

부터 마(薯)를 캐어 내다팔며 살았다. 그래서 사람들은 그를 '마를 캐는 아이', 곧 서동(薯童)이라고 불렀다. 당시 신라 진평왕의 딸 선화공주는 백제에까지 알려질 정도로 소문난 미인이었다. 서동은 선화공주를 배필로 점찍었다. 그는 신라로 잠입해서는 저잣거리 아이들을 구슬려 서동과 선화공주가 밀회를 즐기는 연인 사이라는 내용을 담은 노래를 부르며 다니게 했다. 바로 「서동요」다. 이런 노래는 파급 효과가 큰 법. 대번에 신라 전체에 유행하게 되고, 급기야는 사실인 것처럼 알려지게 되었다. 난처해진 진평왕은 처음엔 선화공주를 구박했지만, 서동이 선화공주와의 혼인을 간청하자 그만 못 이기는 척 허락하고 만다. 선화공주와 함께 백제로 돌아온 서동은 마를 캐던 밭에서 황금을 캐어 부를 얻었고, 이를 기반으로 결국 왕위에까지 올랐다.

### 미륵사 서탑 사리조성기의 수수께끼

근래 이 무왕 부부와 미륵사 창건설화, 나아가 선화공주의 실재 자체에 대한 심각한 의문이 제기되어 아직도 결론이 나지 않은 채 논쟁이 식지 않고 있다. 그 격론의 단초와 과정에 대해서는 뒤에서 자세히 말하겠다. 어쨌든 백제의 미술을 가늠할 수 있는 훌륭한 자료인 사리장엄은 정작 그다지 큰 주목을 받지 못하고, 그보다는 사리장엄과 함께 나온 금판(金板) 사리조성기가 엉뚱하게(?) 화제의 초점이 되어버린 것이다. 사리조성기는 탑에 사리와 사리장엄을 넣게 된 인연과 과정을 적은 일종의 기록문인데, 일부 학자들이 여기에 씌어 있는, "639년 '백제 사택 씨의 딸'인 왕후가 사리를 봉안했다."는 문장을 근거로 해서 무왕의 왕후가 선화공주이며 미륵사는 600년 선화공주의 발원으로 지었다는 『삼국유사』 「백제 무왕」조의 기록이 전혀 허구라는 주장을 제기한 것이다. 무왕과 선화공주와의 결혼과 미륵사 창건은 단순한 설화가 아니다. 적어도 지금까지는 사실로 여겨져 왔다. 백제와 신라라는 두 적대 국가(따지고 보면 같은 민족이니 국가라는 표현이 안 어울릴 수도 있지만)의 왕자와 공주가 만나 결혼했고, 왕자는 다시 부인의 내조를 받아 일국의 왕위에 올랐다는 고전적 로맨스 외에, 미륵사와 익산 천도라는 유적과 역사적 사실이 있었고, 이것은 바로 무왕과 선화공주의 실존에 근거하고 있었기 때문이다. 그런데 선화공주가 무왕의 왕후가 아니었다니, 그럼 지금까지 사실로 믿어온 무왕과 선화공주의 사랑은 모두 허구였다는 것인가? 아닌 게 아니라 이 '설화 같은 사실'을 믿어왔던 사람들에게는 이러한 주장은 허탈감을 넘어서서 분노를 일으킬 만했다. 지역적으로는 특히 익산을 중심으로 한 전북 지방 사람들에게 더 그랬던 것 같다. 게다가 허구를 주장하는 사람들 중에는 무왕과 선화공주의 이야기를 자세히 전하는 『삼국유사』와 그 책을 지은 일연 스님에 대한 공박도 제법 해댔다. 그런 주장을 그대로 믿으면 『삼국유사』는 한낱 설화를 모은 책에 불과하고, 일연 스님 역시 허구를 사실인 양 기록해 사람들을 현혹시킨 사람 정도로 인식될 수밖에 없었다.

하지만 곧이어 반론이 잇달았다. 금판에 기록된 639년은 미륵사의 창건 연도가 아니라 탑을 세운 해로 볼 수 있고, '왕후'의 명칭이 나오면서 선화공주 이름이 표기되지 않았다 해도 그것만으로는 선화공주의 존재를 부정할 아무런 근거가 못 된다는 주장이 나왔다. 사실 나역시 그런 이론의 성립에 일조한 편이다. 오래 전 미륵사지 발굴단에 있었는데 당시의 발굴 상황이 『삼국유사』의 내용과 일치하는 점이 한둘이 아니어서 그 기록의 정확성에 탄복한 적이 있었던 것도 그런 생각을 하게 되는 근거가 되기도 했다.

어쨌든 이 논란은 아직까지 결론은 나지 않은 상태다. 2월 유물 공개 이후 2009년 여름까지 미륵사지 사리장엄을 주제로 한 전국 규모의 세미나도 대여섯 번은 열린 것으로 기억된다. 단일 주제를 이렇게 단기간에 여러 차례 다루는 예는 거의 없었으니, 이것만 놓고 보더라도 학계와 일반 국민들이 갖는 관심의 정도를 충분히 알 수 있다.

무왕이 선화공주와 결혼했는지 안 했는지, 그들이 미륵사 창건의 주체였는지 아닌지 아직 결론이 나지 않았으니 말은 아껴야겠지만, 다만 이런 생각은 해 본다. 금판 사리조성기에 나온 기록을 학술적으로 고찰하여 기존의 생각과 다른 주장을 내는 것 자체야 있을 수 있는 일이고, 또 학문의 다양성을 위해 필요한 일이다(그들에게는 응당 박수를 보내야 마땅하다). 하지만 그에 편승해 특정 종교와 그에 관련된 역사적 사실을 고의로 폄훼하려는 의도가 있었던 건 아닌가 하는 의혹도 없지는 않다. 깊은 연구와 성찰 없이 함부로 내뱉은 얘기로 인해 일연 스님의 노고가 깎아내려지고, 「서동요」 역시 한갓 지어낸 이야기로 전락해서는 곤란하다. 현재의 우리는 그렇다 치고 역사적 당사자인 무왕과 선화공주는 오죽 섭섭하겠는가.

백제 후기의 탁월한 군주인 무왕의 어린 시절, 그리고 선화공주와의 센세이션한 국제결혼(?) 이야기는 가히 환상적이다. 이것을 단지 신화요 전설이라고만 치부하고 말아야 할까? 사실 세월을 거슬러 올라갈수록 감수성이 풍부해지고 살아 펄펄 뛰며 갯냄새 물씬한 그런 신선한 역사가 고동치고 있다. 때로는 어느 게 역사고 어느 게 신화인지 모를 대목도 있다. 햇빛을 받으면 역사요, 달빛에 물들면 신화라는 말도 그래서 나온 모양이다. 바꾸어 말하면 모든 역사 속에는 신화나 전설이 웅크리고 있다는 뜻이기도 하다. 미륵사는 바로 그런 역사와 신화가 한데 섞여 있는 현장이다.

사실 앞서 말한, 미륵삼존불의 계시를 받아 무왕과 선화공주가 미륵사를 창건했다는 설화는 발굴을 통해 상당 부분 사실로 판명되었다. 미륵사는 1980년부터 1996년까지 발굴되어 황룡사지와 더불어 우

2009년 1월 미륵사지 서탑에서 나온 사리장엄 중 금판 사리조성기의 앞면과 뒷면

리나라 고고발굴사 상 가장 오랫동안 발굴된 유적으로 기록된다. 면적도 1338만 4699㎡로, 국내 절터 중 가장 넓다. 나란히 세워졌던 세 개의 탑 중 유일하게 남은 서탑(西塔), 석등의 부재 등은 창건 당시의 유물이다. 이 중 서탑은 우리나라에서 가장 오래된 석탑으로 본래 7층(혹은 9층)이었으나 조선시대 때 무너져 6층까지만 남아 있다가 최근 복원 수리중에 있다. 중탑은 목탑으로 추정되며, 동탑은 1993년에 복원되어 절터 한켠에 자리하고 있다. 하지만 이 탑은 어떤 문화계 인사로부터 '폭파시켜 버리고 싶은 탑'이라는 험한 소리를 들을 정도로 그다지 존중을 받지 못하고 있다.

서탑은 그동안 국립문화재연구소에서 몇 년에 걸쳐 해체 복원 작업을 해오고 있었다. 그러던 중 2009년 초 그야말로 기념비적인 유물들이 출토되어 온 국민을 흥분시켰다. 아직 늦겨울의 매서운 추위가 가시지 않은 2월, 서탑 해체 복원 중 심초석 아래에서 창건 당시 넣은 사리장엄 일체가 발견된 것이다. 더군다나 탑을 세운 이후 전혀 손을 타지 않은, 그야말로 1400년 만에 처음으로 알려진 귀중한 유물이었기에 그 가치는 더욱 컸다. 그동안 백제의 사리장엄이 온전하게 알려진 것은 불과 2년 전의 부여 왕흥사가 유일했는데, 이때 미륵사에서 사리장엄이 나오면서 우리는 백제 공예사, 아니 한국 고대미술사의

미륵사지 서탑.
현재는 해체 복원작업이 이루어지고
있다. 사진은 해체복원 전의 미륵사지
서탑

한 장을 새로 쓸 만한 자료를 얻었다. 미술사 부문만 아니라 고대사에
도 아주 소중한 자료임은 물론이다. 비록 사리장엄 수습을 지나치게
서두른 감이 있는 게 사실이고, 또 사리장엄이란 게 단순히 문화재적
가치만 있는 것이 아니라 신앙적 의미가 매우 크다는 점에서 불교계
와의 협의가 부족했다는 지적이 나왔지만, 이 발굴만큼은 2009년의
최고 발굴 성과임은 부정할 수 없을 것 같다.

미륵사지는 역사라든지 출토유물의 많고 적음 등 유형적 가치만으

로는 평가할 수 없다. 뭔가 가늠할 수 없는 무형의 기운이 아지랑이처럼 피어나면서 역사적으로 문화적으로, 마치 거인을 대하고 있는 듯한 기분을 느끼곤 하기 때문이다. 1990년부터 이듬해까지 미륵사지 발굴조사단원으로 있었던 나는 미륵산으로 올라가는 등산로 옆 작은 초가를 숙소로 썼는데, 밤마다 미륵사지 경내 구석구석을 홀로 거닐며 그 옛날의 미륵사를 상상하고 곧잘 황홀경에 빠지곤 했었다.

익산에는 백제 무왕의 유적이 곳곳에 남아 있다. 그 중 하나인 석

해체 복원 시 발견된 사리공

해체 복원 시 발견된 사리공을 조사하는 국립문화재연구소 조사팀

서탑에서 발견된 사리장엄

왕동에 있는 쌍릉으로 발길을 돌렸다. 쌍릉은 이름 그대로 두 개의 능인데, 무왕과 선화공주의 능이라고 전한다. 쌍릉을 조금 지나 북쪽으로 가면 '서동 생가터'라는 곳도 있다. 1,400년 전 그가 태어난 곳을 어떻게 정확히 알기에 생가터라고 고증했을까 싶지만 어쨌든 그 정도로 지역의 역사에 관심을 기울인다는 것 자체는 좋은 일이다.

가다 보니 익산 시내 몇 곳의 거리 이름이 예전과 달라진 게 눈에 띈다. '미륵사지로(路)', '무왕로' 등등의 이름이 도로표지판에 큼지막하게 적혀 있고, 게다가 '서동요 촬영지'라는 지명 아닌 지명도 도로표지판에 나온다. 무왕은 익산 천도와 미륵사 창건을 통해 미륵의 세상을 구현하려 했다. 비록 천도는 실패했지만, 그가 세운 미륵사는 이 땅에 건재하고 또 오늘날 도로에까지 그 이름이 붙게 되었으니 마냥 실패한 것만은 아닌 모양이다.

석왕동의 쌍릉 중 무왕의 능

무왕릉에 가까이 자리한 선화공주릉

미륵사 유물전시관과 미륵산

# 김해 초선대와 파사석탑

김수로왕의 탄생 설화를 전하는 구지봉의 바위. 낮은 봉우리 아래로 김해시가 내려다보인다.

가야(伽倻). 낙동강 유역을 근거지로 기원 전후부터 562년까지 존재했던 고대국가. 1세기 무렵 12부족이 6가야로 편성되었고 제법 발달된 철기문화를 통해 한반도 동남부를 지배했던 연맹체. 초대 왕은 붉은 보자기에 싸여 하늘로부터 내려온 금합 안의 황금알에서 태어난 수로왕(首露王). 이때가 서기 42년. 그는 6년 뒤 멀리 불교국가인 인도 아유타 국으로부터 허황옥(許黃玉)을 왕비로 맞이하였고, 서기 199년 158세의 나이로 죽을 때까지 이 이국의 신부와 함께 신화와 역사의 경계를 넘나들었다.

## 신화와 역사의 접점에서–신비의 왕국 가야 불교의 수수께끼

신비의 왕국 가야의 역사는 우리 고대사에서 가장 풀기 어려운 수수께끼 중 하나다. 600년을 유지한 나라의 역사가 『삼국유사』 「가락국기」에 나오는 고작 몇 줄이 전부고, 그 밖에 일본의 역사서에 단편적인 기록들이 전할 뿐이다. 그래서 가야의 역사는 온통 수수께끼투성이다. 근래 고고학적 발굴을 통해 철기를 사용한 선진문화의 실체가 조금씩 밝혀지고는 있어도 역사의 대부분은 여전히 미스터리로 남아 있다. 주류 사학계의 연구가 실체가 불분명한 가야사의 정형화에는 기여했으나, 고대사에서 필요한 역사적 상상력을 발휘하는 데는 오히려 독이 되었던 것도 분명해 보인다.

반면에 이른바 재야사학 쪽의 시각은 훨씬 스케일이 크다. 단순 연맹체 정도가 아니라 1세기에 멀리 인도와도 독자적 교통을 할 정도로 강대한 해상국가였으며, 가야 출신의 천황(10대 스진(崇神) 천왕)이 나올 정도로 일본에 직접적 영향력을 준 초강대국이었다는 주장이다. 여기에는 한국 고대사를 주름잡았던 잊혀진 고대왕국에 대한 짙은 향수가 느껴진다.

가야의 역사와 불교를 신화가 아닌 사실로 인정하고 연구함으로써 이 분야에 독특한 발자취를 남긴 사람이 있었다. 바로 이종기(李鍾琦)(1995년 작고)다. 신문언론인이자 아동문학가인 그는 가야의 옛땅을 모두 답사한 것은 물론이고 왕비 허황옥의 출신지인 아유타 국으로 비정되는 갠지스 강 중류에 있는 고대 인도의 아요디야 국까지 찾아가 그곳에서 가야와의 연관성을 추적한 뒤 1975년에 『가락국탐사』라는 책을 펴냈다. 순전히 아마추어의 입장에서 연구한 것이지만 그 책은 국내 사학계가 관심을 갖지 않던 부분을 다루었다는 점에서 '위업'이라 할 만했다. 어느 분야에서든 열정 넘치는 아마추어가 매너리즘에 빠진 프로를 능가하는 경우는 종종 있다.

가야사에 관해서는 불교사학계도 논의의 당사자다. 수로왕이 허황옥을 신부로 맞이할 때 인도의 불교가 함께 들어왔다는 것이 가야불교의 핵심이기 때문이다. 뱃길을 통해 허황옥과 함께 온 오빠 장유(長

김해 '가야의 거리'를 장식하고 있는 신화의 벽

遊)는 인도의 고승으로서 그로 인해 가야는 우리나라 최초의 불교국가가 되었다고 한다. 사실 '가야'라는 말 자체에 불교의 색채가 가득 묻어 있다. 주지하다시피 석가모니가 성도한 곳이 바로 부다가야 아닌가.

가야불교에 대한 의문은 늘 내 머리에서 떠나지 않았다. 고구려 소수림왕 2년, 372년에 중국 전진(前秦)에서 순도를 통해 불교가 처음 전래되었다는 것이 정설이고, 실제로 많은 사람들이 의심 없이 그렇게 알고 있다. 하지만 앞서 말했다시피 수로왕과 혼인하기 위해 인도에서 건너온 허황옥 일행이 파사석탑을 들여오고, 또 그의 오빠인 장유는 가야 영토 곳곳에 사찰을 창건했으니 결국 정황상 불교가 들어왔다고 보는 것이 자연스럽지 않는가. 이렇게 되면 교과서에 나오는 불교의 도입 시기와는 무려 300년의 차이가 생긴다. 그렇지만 가야불교를 부정하는 사람들은 이렇게 말한다.

허황후의 오빠 장유화상이 창건한 장유사 내경

"가야에 불교가 도입된 것은 『삼국유사』에 나오는 '수로왕이 허황후를 아내로 맞아 나라를 다스린 지 150여 년이나 되었지만 당시 아직 절을 세우고 불교를 믿는 일이 없었다.…… 제8대 질지왕 2년(452)에야 비로소 왕후사(王后寺)를 세웠다.'는 기록으로 보아 452년 이후일 것이다. 허황후가 인도에서 왔다는 것도 믿을 수 없다. 가야인들이 수만 리나 떨어진 인도를 알고 있었을 리 만무하니까. 그들은 불교가 전래된 후에야 비로소 불교의 성지인 인도의 존재를 인식하게 됐을 것이다. 따라서 허황후의 인도 출신설은 조작 내지 윤색된 것이다."

여기에 많은 역사학자들이 동조하고 있다. 나는 이러한 분위기에 도통 마음이 편치 않았고, 여러 의문점이 떠올랐다. 사실 김해를 중심으로 한 옛 가야의 영토에 자리잡은 사찰들에서는 예외 없이 허황후 이야기가 전한다. 이 지역 일대의 거의 모든 사찰에서 가야 창건설이 주장되고 있는 것을 어떻게 전설이라고만 치부할 것인가? 설령 그렇다고 해도 전설은 아무 이유 없이 만들어졌겠는가? 인도에서 가야까지 8,000km도 넘는 먼 바닷길이라지만 왜 결코 도달할 수 없는 길이라고만 생각하는가?

내가 가야사에 처음 관심을 갖게 된 것은 1970년대 후반 『가락국탐사』를 읽고부터였다. 고등학교 시절, 동네 서점에서 이 책을 우연히 손에 잡은 나는 신화와 현실을 넘나드는 가야 역사에 매료되었다. 전공을 사학으로 정한 것도 이 책의 영향 때문인지도 모르겠다. 대학엔 마침 김해에서 올라온 친구가 있었다. 이 친구와 나는 학교 근처의 허름한 라

장유사의 장유화상 사리탑. 가락국 제8대 질지왕 때 장유암을 재건하면서 세워진 것으로 전한다.

영화 〈달마야 놀자〉로 유명해진 은하사도 장유가 세웠다고 전한다.

면집에서 막걸리와 소주를 가운데 두고 역사토론을 벌이느라 야간통
금에 걸리기 일쑤였다. 평소에도 알아듣기 힘들던 그의 김해 사투리
는 빈 병이 늘어감에 따라 해독 불능 수준이 되곤 했지만. 김수로왕
과 허황후를 각각 시조로 하는 김해 김씨와 김해 허씨끼리는 통혼하
지 않는다는 것은 진작 알고 있었으나, 김해 김씨에게는 몽골반점과
비슷한 남다른 신체적 특징이 있어서 자기들끼리는 서로 확인할 수
있다는 이야기는 그에게서 처음 들었다. 대학 입학 후 첫 여름방학을
맞이하자마자 나는 이 친구의 김해 집으로 내려가 함께 김해 일대의
가야 유적을 쏘다녔는데 비록 청바지까지 뚫는 악명높은 '김해 모기'
에 물린 상처가 오랫동안 가라앉지 않았지만, 이때의 답사는 가장 소
중한 추억 중의 하나다.

가야시대에 창건되었다고 알려진 사찰의 범위는 꽤 넓다. 내가 다녀
본 바로는 김해를 중심으로 동쪽으로 합천 해인사, 서쪽으로 하동 쌍

수로왕비릉

계사, 그리고 북쪽으로 청도 대운암에 이르기까지 가야불교의 시조인
장유화상의 발자취가 남아 있다.

나는 가야의 영토 범위가 어디까지인가에 대해
고민할 필요가 없다고 본다. 가야 때 창건되었다
고 전해지는 사찰들의 분포가 곧 가야의 영토일
테니까. 공간적 범위를 김해 지방으로만 한정시
켜 보더라도 몇 가지 유물이 전한다.

대표적인 게 파사석탑(婆娑石塔)이다. 수로왕
비릉 옆에 있는 이 석탑은 허황옥이 가야로 시집
올 때 배에 싣고 왔다고 전한다. 붉은 빛이 도는
희미한 무늬가 표면에 남아 있는 등 우리나라에
서 나는 석질이 아니라서 수만 리를 건너온 이력
을 짐작케 한다.

파사석탑.
수로왕비인 허황후가 인도에서 배를 타고 올 때 가져왔
다고 전한다. 석탑 표면에는 붉은빛 도는 희미한 무늬들
이 보이며 우리나라의 돌이 아님을 알 수 있다.

초선대마애불에 떠도는 인도의 향기

금선사 옆에 있는 초선대(招仙臺)의 마애불상 역시 가야불교의 대
표적 상징 중 하나다. 5m 크기의 바위에 새겨진 이 불상은 대부분 고
려시대 것으로 본다. 하지만 가야불교를 믿는 쪽에서는 1세기 작품이
라고 확신한다. 그 근거로 상호가 전형적인 인도인의 모습을 닮았고,
가사 자락에 새겨진 국화꽃 형태가 인도불상에서 보이는 특징이라는
것이다. 이 불상 바로 앞에는 불족적 하나가 새겨져 있는데 이 역시
가야불교의 증거로 거론된다.

한파가 몰아치던 1월 중순, 거의 30년 만에 초선대 마애불상 앞에
다시 섰다. 그동안의 연륜 때문일까, 그때와 지금 보는 감흥이 사뭇 다
르다. 함께 간 불교조각가 친구가 보자마자 외친다.

김해 금선사의 모습. 오른쪽에 보이는 것이 초선대 마애불이다.

초선대 마애불. 얼굴에서 인도 귀족의 모습이 보이는데 이것이 가야불교의 증거라고 한다.

상_초선대 마애불의 가사 자락에 새겨진 국화꽃 문양
하_초선대 마애불 앞 불족적. 왼쪽 발자국으로, 인도 부다가야에 있는 오른쪽 발자국과 한 쌍이라고 전한다.

"각(刻)이 달라! 이건 가야만의 조각일 수밖에 없어!"

그의 말마따나 귀에는 인도 귀족이 흔히 차던 가락지 같은 귀고리가 걸려 있는 듯 보이기도 한다.

가야에 불교가 전파된 것을 1세기로 보아 우리나라 불교의 도입을 300년 이상 끌어올릴 수 있을지, 혹은 과장된 설화에 불과한 것인지 당장 결론을 낼 수는 없다. 하지만 역사란 문헌에만 의지한다고 해서 모두 풀리지는 않는다. 기록이 모든 것을 다 담아내지는 않기 때문이다. 그보다는 현상을 이해하는 게 중요하다. 신화와 전설을 포함하여 실제로 전해지고 있는 현상, 그리고 우리가 눈으로 직접 확인할 수 있는 유물과 유적. 이런 것을 무시하고 문자만을 따지면 핵심을 놓치게 된다. 가야사도 바로 그런 경우일 수 있다.

# 울산과 경주의 대왕암

"대왕의 憂國聖靈은 燒身后 龍王 되사..."(고유섭의 〈대왕암〉 시 중에서)

새해가 시작되고 나서 얼마 안 있어 갑자기 몰아닥친 추위로 전국이 꽁꽁 얼어붙었다. 기차에 내려 막 들어선 구포역 대합실 한쪽엔 텔레비전 화면 앞으로 많은 사람들이 모여 있다. 아마도 역 부근의 시장 사람들까지 몰려든 눈치다. 무슨 중대 발표라도 있는가 싶어 다가가 힘껏 까치발을 하고 올려다보니 가수 나훈아가 자신에 관한 괴소문들을 해명하는 기자회견이다. 맥이 빠지는 것을 느끼며 사람들 틈을 비집고 밖으로 나와 친구인 J화백을 기다렸다. 저만치서 그가 반갑게 손짓하며 다가온다. 헌데 예술가도 시중의 연예 소식은 빠뜨릴 수 없는지 J는 운전석에 앉자마자 가수 나훈아 얘기부터 꺼낸다. 자신과 여배우들과 관련된 루머를 부정하기 위해 오랜 침묵을 깨고 기자간담회 석상에 나와서는 단상에 올라가 자신의 '물건'을 꺼내 보이려는 시도가 한동안 장안의 화제가 되고 있다. 오죽 억울했으면 그랬을까 싶고, 또 한편으로는 그렇게밖에 자신의 결백을 증명하지 못하는 그의 부박함이 가소롭기도 했다. 하지만 J는 '남성다움'의 가치를 누구보다 강조하는 친구인지라 그의 행동을 용기로 치켜세우느라 침을 튀기며 열변을 토하고 있다. 그렇지 않다는 내 생각도 말할까 하다가, 오늘 차를 신세지는 입장이라 순조로운 탐방을 위해서는 그냥 있는 게 좋을 것 같아, 잠자코 지도만 꺼내들었다.

　일정은 문무대왕의 유적을 찾아 경주 대왕암과 이견대를 들러 감은사지까지 가는 것으로 잡았다. 헌데 그 전에 먼저 꼭 들러볼 곳이 있다. 경주 감포가 아닌 울산 앞바다에 있는 또 다른 대왕암이다. 문무왕의 수중릉이 두 곳에 있지는 않을 터인데 울산 대왕암은 과연 무엇인가.

울산 대왕암은 울창한 솔밭 샛길을 따라 내려와 바로 동해의 푸른 물이 한눈에 들어오는 절경에 위치하고 있다.

## "나 죽어 나라의 평화 지키는 용이 되리라"

울산시내로 들어와 해변에 자리한 울기공원으로 향했다. 이 안에 대왕암이 있다. 1904년 우리나라에서 세 번째로 세워진 울기등대가 있는 공원 입구를 지나 대왕암까지 걸어가는 길은 훌륭한 산책로이기도 하다. 100년이 넘는 울창한 솔밭 샛길을 걸으니 저절로 가슴에 시원한 공기가 차오는 것이 느껴진다.

울산 대왕암은 경주 대왕암보다 수십 배는 더 큰 바위로, 바닷가 바로 코앞에 잇대듯이 놓여 있다. 바닷가라고는 하지만 모래사장이 없고 절벽 끝으로 바로 바닷물이 넘실댄다. 대신 동해의 푸른 물이 한눈에 들어오며 시야가 시원하게 트여 있어 여간 절경이 아니다. 육지에서 바위까지 철제 도로가 나 있어 쉽게 건너가 볼 수 있지만, 그 때

울산 대왕암은 전체 모습이 흡사 용처럼 생겼다. 문무왕비가 용으로 화했다는 전설도 이 바위의 모습에 따라 생겼음 직하다.

문에 바위의 전체 모습은 가려지는 흠도 있다. 놀러온 남녀 일행이 모여 있다가 지나가는 우리더러 사진을 찍어 달라고 부탁한다. 사진은 J가 찍고, 나는 일행이 한쪽으로 모이는 틈을 타서 얼른 대왕암의 전경을 찍었다. 오늘 J는 운전기사에 사진기사까지 겸하느라 수고가 많다.

그런데 왜 이 바위를 대왕암이라고 부르는 것일까? 아마도 바위의 모습이 영락없이 용의 형상을 하고 있다는 점과 관련이 있는 듯하다. 전설에는 문무왕이 아닌 문무왕비가 앞서간 문무왕처럼 동해의 호국 용이 되어 이 바위에 잠겼다고 한다. 바위의 모습이 용을 닮다 보니 죽어서 용이 된 문무왕의 경주 대왕암과 연관되어서 이곳을 왕비의 능으로 부연시켜 나온 전설인 것 같다.

울산 대왕암에 올라 위에서 내려다보면 깎아지는 낭떠러지 아래로 물길이 들어오는 광경이 보이는데 그 모습이 경주 대왕암에 나있는 물길과 흡사하다.

　그렇지만 그것 말고도 여기를 대왕암이라고 부르는 이유가 또 있지 않을까 싶다. 바위에 올라 위에서 내려다보니 아닌 게 아니라 한쪽에 나 있는 단애로 물길 들어오는 광경이 경주 대왕암의 그것과 흡사했다. 또 이 바위 앞쪽으로 십여 미터 떨어진 곳에 작은 바위섬이 하나 있는데 이 역시 모습만 보면 경주 대왕암과 아주 비슷하다. 아마도 이러한 연유 등으로 해서 이 바위를 '댕바위', 곧 대왕암이라 불렀던 것 같다. 하지만 경주 대왕암에는 바닷물이 드나들도록 만든 인공 수로,

유골 안장을 위해 마련한 바위 한가운데의 움푹 팬 공간 등 능으로서의 특징이 있지만 이런 것이 이곳에서는 보이지 않는다.

울기공원을 나와 다시 차를 몰아 드디어 경주시 양북면 봉길리 감포 앞바다에 도착했다. 모래사장에 서니 문무대왕암이 아주 가깝게 바라다 보인다. 바닷가에서 불과 200m밖에 떨어져 있지 않아 헤엄을 쳐서도 닿을 수 있을 것 같지만 실은 어지간히 파도가 잔잔하지 않고선 배타고 건너가기도 어렵다. 예전에는 대왕암까지 관광객들을 배로 실어 날랐는데 요즘은 안전 때문에 통제되고 있다. 그만큼 보기보다 파도가 억세다는 뜻이다.

그나저나 문무왕의 능은 하필 바다에 떠 있는 바위섬에 마련된 것일까? 그 해답은 『삼국사기』에 나오는 그의 유언을 보면 알 수 있다.

> "우리 강토는 삼국으로 나누어져 싸움이 그칠 날 없었다. 이제 삼국이 하나로 통합돼 한 나라가 되었으니 백성들은 평화롭게 살게 될 것이다. 허나 동해로 침입하여 재물을 노략질하는 왜구가 걱정이다. 내가 죽은 뒤 용이 되어 불법(佛法)을 받들고 나라의 평화를 지킬 터이니 나의 유해를 동해에 장사지내라. 화려한 능묘는 공연한 재물의 낭비며 백성을 수고롭게 할 뿐 죽은 혼은 구할 수 없다. 내가 죽고 열흘 뒤에 화장할 것이며, 검약하게 행하라."

위민정신의 극치요 불법 준행의 모범이 아닐 수 없다. 문무왕의 위대성은 삼국통일에 있는 것이 아니라 바로 이런 백성과 불교수호를 위한 단심(丹心)에 있다고 나는 생각한다. 그리고 문무왕의 그 단심을 가장 극명하게 상징하는 게 바로 이 수중릉일 것이다. 일반인에게는 이 문무왕릉이 『삼국사기』에 기록으로만 전하다가 1965년에야 '발견' 된 것으로 알려져 있다. 하지만 『세종실록』, 『동국여지승람』 등에 『삼

대왕암이 바라다보이는 입구에는 문무왕과 대왕암에 주목한 우리나라 최초의 미술사학자 고유섭과, 대왕암이 전설의 문무왕 수중릉임을 밝힌 황수영 박사의 글을 새긴 돌이 나란히 서 있다.

국사기』를 인용한 기록이 있고, 경주 부윤으로 부임한 홍양호(洪良浩)(1724~1802)가 이곳을 찾아 감회를 적은 글도 있는 것으로 볼 때 문무왕릉의 실재는 오래 전부터 알려져 있었다고 봐야 한다.

감포 앞바다에 떠 있는 작은 바위섬에 전설 속의 문무왕수중릉이 근대에 들어와 역사현장으로서 문무왕에 주목한 이는 우리나라 최초의 미술사학자 고유섭(高裕燮)(1905~1944)이었다. 일제강점기에 개성박물관장을 지냈던 그는 「나의 잊히지 못하는 바다」 등의 절창으로써 이곳이 문무왕의 수중릉이요 신라의 성지임을 천명했다. 그 뒤 제자 황수영(전 동국대 총장) 박사가 스승의 유지를 평소 가슴에 새기다 1965년 대왕암에 '상륙'하여 처음 조사를 실시함으로써 바로 전설 속의 문무왕 수중릉임을 확인하였다. 이 일은 당시 신문들이 문무왕릉의 '발견'이라고 연일 대서특필할 정도로 커다란 화제였다. 황수영 박사는 그 뒤 스승을 기리고자 문무왕릉이 바라다보이는 바닷가에 스승의 글 「나의 잊히지 못하는 바다」를 돌에 새겨 세워두었다. 1918년

겨울바다 백사장에서 바라본 경주 대왕암.
문무왕의 유골이 안장된 수중릉으로 불교식의 사리장치가 있을 것으로 추정된다.

생으로 구순을 넘기신 선생께서 십 수년 전 나를 데리고 대왕암을 찾은 뒤 이 빗돌을 매만지며 스승을 추억하면서 감회에 젖던 모습이 어제인 양 눈에 선하다.

이 대왕암에 대한 실측 및 사진촬영 등의 정밀조사에 따르면 바위 중앙을 십자로 파내어서 파도가 들어오고 나가는 수로로 삼았다고 한다. 그럼으로써 아무리 큰 파도가 치더라도 바위 안쪽 공간의 수면은 항상 일정하게 유지되도록 한 것이다. 또 그 위에는 남북 방향으로 길고 넓적한 큰 돌이 놓여 있다. 문무왕의 유골은 이 돌 밑에 마련된 어떤 장치 안에 안장되었을 것으로 추정된다. 이는 사리를 봉안한 불탑의 사리장엄 장

문무대왕릉 내부. 중앙에 판석 모양의 돌이 얹혀져 있다. 이 안에 문무왕의 유골이 안장된 시설이 있을 것으로 추정된다.

지금까지 이견대로 알려져 온 이견정.
하지만 이견대는 이 자리가 아니라 이견정 뒷쪽 산 정상에 있었을 가능성이 높다.

치와 기본적으로 맥이 닿아 있으니, 문무왕릉이 바로 불교사의 중요
한 현장인 이유이기도 하다. 더군다나 문무왕릉은 감은사지와 따로
떨어뜨려 놓고 생각할 수 없다. 불제자로서의 문무왕의 모습을 다시
한 번 되새기게 한다.

　백사장을 나와 이견정으로 향했다. 문무왕의 아들 신문왕이 아버
지가 그리울 때마다 찾아와서 멀리 대왕암을 바라보던 이견대(利見
臺)다. 1970년, 황수영 박사를 비롯한 조사단은 예로부터 이견대 자리
라고 알려진 몇 군데를 탐문한 다음 그 중 가장 가능성 높은 곳에 정
자를 짓고 '이견정'이라는 편액을 달았다.
　하지만 근래 선생께서는 당신이 비정한 이견대, 곧 지금의 이견정
자리를 의심하곤 했다. 1996년의 일로 기억된다. 선생께서 나를 불러
이렇게 말하였다.

"자네, 이견대에 한 번 가보게. 아무리 봐도 지금 이견정 있는 자리가 옛날 그 이견대가 있던 곳이 아닌 것 같아. 그 뒷산에 평평한 터가 있는데, 그곳이 이견대 자리일 것 같아. 자네도 가보고 확인해서 내 대신 발표해 보면 좋겠어."

촌로들의 말에 의지해 비정했던 이견대 자리가 잘못된 것 같으니, 지금이라도 바로잡는 게 좋겠다는 하교였다. 하지만 게으른 나는 그 뒤로도 몇 번인가 선생님으로부터 같은 얘기를 듣고도 실천에 옮기지 못하다가 오늘에야 비로소 찾아온 것이다. 자신을 책망하며 이견대 자리로 추정되는 뒷산으로 천천히 걸음을 옮겼다.

# 경주 이견대와 감은사

이견대로 추정되는 현 이견정 뒷쪽 나지막한 산 정상에서 내려다본 대왕암

1965년, 문무왕릉조사단이 감포 앞바다에 떠 있는 작은 바위섬이 바로 문무왕릉의 수중릉이라고 발표하자 국민들은 경악에 가까운 놀람을 보였다. 물론 새로운 발견에 대한 기쁨과 경탄이 깔려 있는 그런 반응이었다. 세상에 불가사의하고 신비로운 일이 많다지만 이렇게 진귀한 예는 그리 흔하지 않기 때문이다. 세계 유일의 수중왕릉이 아닌가. 게다가 문무왕이 죽어가면서 말한, 자기는 죽어서 바다 속의 용이 되어서라도 백성을 괴롭히는 왜구가 침범하지 못하게 지키겠노라는 유언도 사람들의 심금을 울렸다. 그 애국애민의 정신에 감격한 것이다. 당시 우리 국민들은 애국에 죽고 애국에 살던 시절이었으니 그럴 법도 하다.

## 아들 신문왕이 부왕릉을 참배한 진짜 이견대 자리는 어딜까

어쨌든 이 일로 인해 사람들의 관심은 증폭되었고 한 걸음 더 나아가서, 그렇다면 문무왕의 유언에 따라 바다 한가운데에 능을 마련한

이견대로 추정되는 산상에서 바라본 문무왕릉. 바닷가에서 바라본 것보다 훨씬 조망이 좋아 이곳이 신라시대에 이견대가 있던 원래 자리임을 짐작하게 해준다.

신문왕이 부왕의 능을 참배하는 장소로 지은 이견대(利見臺)는 어디일까 하는 데까지 관심이 이어졌다.

그런데 그 정확한 위치가 기록에 나와 있지 않다. 수중릉이 잘 바라다보이는 바닷가 근처였으리라는 것 외에는 알 수가 없다. 1960년대 후반, 지금의 이견정 자리가 바로 그곳이 아닐까 하고 건물까지 지었는데 지금 와서는 지극히 회의적이다. 당시 발굴도 해봤지만 신라시대의 유적은 전혀 나타나지 않았다. 지금의 이견정 자리는 진짜 이견대가 있던 곳이 아니라 조선시대 역원(驛院) 터였을 것으로 짐작된다. 그리고 길 건너 산 위가 원래의 이견대 자리일 가능성이 제기되고 있다. 당시 지금의 이견정 자리를 『삼국유사』에 기록된 이견대로 추정했

이견대지로 추정되는 곳. 지금은 풀이 우거져 있고 한쪽에는 조선시대 후기에 세운 민묘가 있다.

던 황수영 박사가 오히려 가장 적극적으로 이러한 산상설(山上說)을 주장하고 있다. 지금 나는 바로 그 산상의 이견대 자리로 가고 있다.

이견정 바로 뒤, 경주로 가는 929번 도로와 나정 방면으로 뻗어 있는 31번 도로가 만나는 길을 건너면 바로 대본초등학교다. 학교 정문 옆으로 난 조그만 산길을 따라 10분 쯤 올라가니 앙상한 가지만 남은 겨울나무들 사이로 한 무더기의 돌무지가 기다랗게 옆으로 이어진 것이 보인다.

한눈에 봐도 아무렇게나 놓인 돌들이 아님을 알겠다. 무너져 있기는 해도 나름대로 정연하게 포개져 있다. 가까이 다가가서 보니 과연 인위적으로 쌓아올린 석축이다. 그것도 몇 백 년 전의 조선시대 것도 아니고 그보다 훨씬 오래 전 천년도 넘은 신라시대 때의 석축이다. 대학 시절 삼년산성이며 온달산성이며 틈나는 대로 전국의 신라시대 성곽을 찾아다니던 시절이 있었다. 어쨌든 그 때 길러진 안목이 여기서 쓸모를 발휘한다. 좀더 올라가보니 그 위에 또 다른 석축이 놓여 있고, 그 위에도 한 단, 이렇게 모두 3단으로 쌓여 있다. 마지막 석축을 딛고 올라서니 평평한 대지가 나왔다. 일부러 다듬기 전에야 산 속에 이런 대지가 저절로 생길 리 없다. 그렇다면 바로 이곳이 이견대지일 것이다. 주위를 살펴보니 한 50평 가량 되는 대지에 근래 세운 것 같은 무덤 2기가 앞뒤로 자리잡고 있다. 바로 이곳이 이견대 자리구나 하며 다소 열띤 마음으로 주변을 거닐었다.

그 옛날 초석으로 썼음직한 다듬은 돌 몇 개가 뒹굴고 있을 뿐 일대는 온통 풀밭 천지라 오랜 시간 동안 방치되어 있었음이 한눈에 드러난다. 한가운데에 서서 동해를 바라보았다.

그야말로 일망무제!

시야가 확 트여 있다. 문무대왕릉이 여기보다 가까운 이견정에서 바라본 것보다 훨씬 더 또렷하게 눈에 들어온다. 이견대 자리로서 이보

이견대 추정지에서 능선을 따라가며 이어지는 길은 기림사로 가는 통행로이자 지름길이다. 여기에서 바라다본 감은
사지 앞 대종천.

다 더 적당한 곳은 있을 성 싶지 않다. 시야도 좋고, 또 여기라면 어림
짐작해서 앞면 5칸, 옆면 3칸짜리 누각이나 건물이 들어서기에 넉넉
할 것 같다. 뒤를 돌아서서 좀더 산쪽으로 가보니 둔덕을 하나 사이에
두고 역시 평지가 나온다. 이견대 부속 건물이 있었음직한 자리로 보
인다. 이 자리에서 아래를 바라보니 유장하게 바다로 흘러 들어가는
대종천 물줄기가 햇빛에 반짝거리고, 그 앞으론 감은사지가 시야에
들어온다. 과연 이 자리가 이견대지일 것이라는 확신이 든다. 적당한
기회에 발굴이 이루어져 더 확실하게 증명될 수 있으면 좋겠다.

　이견대로 추정되는 이 자리에서 능선을 따라 내처 가면 기림사까지
길이 이어진다. 신라시대의 통행로일 것이다. 감은사가 다음 행선지이
므로 바라보기만 하고 발길을 돌려 내려와 국도변을 따라 감은사(感
恩寺)로 향했다.

나라 지키는 용이 드나들던 감은사에는....

감은사는 문무왕 생전에 짓기 시작했으나 그는 완공을 못 보고 승하하고, 682년 신문왕이 부왕의 뜻을 이어 완성했다. 절 이름을 '감은사'로 지은 것은 죽어서도 동해의 용이 되어 신라를 지키겠다는 문무왕의 '은혜에 감읍'한다는 뜻이니 이는 곧 문무왕에 대한 헌사에 다름 아니다. 그러기에 『삼국유사』에는 금당 아래에 용이 드나들 수 있도록 만든 통로인 용혈을 두어 용이 된 문무왕이 해류를 타고 출입할 수 있도록 배려하였다는 기록이 보인다. 황당한 얘기 같겠지만, 1967년 절터가 발굴될 때 실제로 금당 아래에서 용혈에 해당하는 유구가 나와 사람들을 놀라게 했다. 적어도 당시 신라 사람들에게는 용이 된 문무왕은 현실이지 신화가 아니었던 것이다.

감은사 전경. 동서로 나란히 자리한 삼층석탑에서 각각 신라시대 사리장엄이 발견되었다.

감은사 법당 아래의 용혈.
용이 된 문무왕이 해류를 타고 드나들 수 있도록 한 시설이었다는 설이 있다.

감은사지에는 우리나라에서 가장 높은 삼층석탑 2기가 동서로 나란히 서 있다. 창건 때 세웠으니 무려 1,300년이 넘은 고탑이다. 지금 서탑은 한창 보수중이라 커다란 장막에 둘러싸여 있다. 1966년 서탑이, 1996년 동탑이 수리될 때 각각 전각(殿閣) 형태의 사리장엄이 나왔다. 나는 감은사 사리장엄이야말로 세계에서 가장 아름다운 사리장엄이라고 생각한다. 서탑에서는 사리 1과가 나왔고 동탑에서는 사리 10여 과가 나왔다. 서탑의 그것은 진신사리, 그리고 동탑의 사리는 아마도 문무왕의 사리가 아닐까 추정하기도 한다.

제법 추운 날씨임에도 감은사지에는 중학생으로 보이는 학생들이 모여 있다. 방학 중 현장탐방 과제 해결차 부모와 함께 나온 모양이다. 몇 명씩 짝을 지어 절터를 둘러보고 있는데 그 중 두 학생 옆으로 다

가가 봤다. 한 학생이 곁에 선 친구에게 묻는다.

"여기, 어때?"

"뭐, 별로 볼 것도 없네."

"그렇지? 여기가 왜 유명한지 모르겠어."

용이 된 문무왕의 신화도, 지하시설의 유구도, 신라에서 가장 오래
된 삼층석탑 2기도 어린 학생들에게는 별 볼 일 없는 곳으로 비춰지
고 있다. 나는 순간 쓰디쓴 비애감이 느껴졌지만, 이걸 학생 탓으로 돌
릴 수 없음을 잘 알고 있다. 아무리 의미 깊은 유적인들 감상하는 사
람들에게 제대로 알려주지 않으면 한낱 썰렁한 폐허로밖에 보이지 않
을 테니까. 감은사지에는 관람자를 위한 친절한 안내문을 도무지 찾

감은사 서탑 사리장엄          감은사 동탑 사리장엄

아볼 수가 없다. 감은사의 역사를 몇 줄 간략하게 적어넣은 안내판 하나가 고작이다. 천편일률적인 형태의 무성의한 안내판 하나로 모든 설명이 다 된다고 생각하지 말고, 절 구석구석의 묵은 때 하나까지 자세한 설명이 담긴 그런 안내판이 있어야 한다.

　장구한 역사 중에는 역사와 신화가 한데 섞여 있음을 종종 보게 된다. 역사와 신화가 한데 얽혀 구분이 되지 않고, 또 굳이 구분할 필요를 느끼지 못하는 그런 경우다. 역사는 지혜를, 신화는 꿈을 선사한다. 이 둘이 서로 대립되는 불편한 존재가 아닌 것이다. 어쩌면 신화와 역사를 굳이 구분해서 나누려는 것도 사람들의 얄팍한 앎 때문이 아닐까 싶다.

　문무왕릉, 이견대, 감은사 모두가 동해 바닷가 입구에 자리하니 이들을 묶어 동해구(東海口) 삼대유적이라 부를 만하다. 한국미술사의 비조 고유섭 선생이 일찍이 "경주에 가거든 문무왕의 위대한 자취를 찾으라."고 갈파했던 곳이 바로 이 동해구였다. 좀더 넓게 보면 기림사와 장항리사지도 포함시킬 수 있다. 토함산 석굴암 대불이 바라보고 있는 곳도 바로 이 동해구 언저리다. 여기에는 신라의 통일영주이자 불교수호의 화신인 문무왕의 넋과 자취, 위대한 불교국가 건설의 꿈을 실현하려 한 신라인의 정신이 고스란히 담겨 있다. 이 정도면 신화와 역사가 한데 어울려 숨 쉬는 현장으로서 유네스코 세계문화유산에라도 등재할 만하지 않을까?

# 서산과 태안의 마애삼존불,
# 예산 사면석불

서산 마애 삼존불

이글거리는 불길 속에 갇힌 채 속절없이 무너져 내리는 숭례문을 전 국민이 무력하게 지켜봐야 했던 2008년 2월의 어느 일요일 밤. 통분에 못 이겨 밤새 통음했다. 다음 날로 예정된 답사를 앞두고 체력을 비축해야 하건만 그게 문제가 아니었다. 그 답답한 심정을 100년 전, 일본에 나라를 뺏긴 통탄의 서러움에 빗댄다면 지나친 과장일까. 이튿날 아침 퀭한 얼굴을 한 채 기차역으로 향했다. 그런데 매표창구 앞에서 갑자기 행선지를 바꾸고 싶어졌다. 처음엔 백제불교의 역사를 더듬어보려 불교 초전지인 전남 영광의 법성포를 들른 다음 불갑사를 찾으려 했지만, 문득 백제의 미소로 유명한 서산마애불, 그리고 태안마애불이 보고 싶어졌다. 갑작스런 변경이었지만 어차피 답사란 예정된 것보다는 즉흥적인 것도 있어야 맛이 아닌가.

### 남은 흔적만으로도 백제 미술의 아름다움이 가득

예산역에 내렸다. 예산 토박이에다 지금도 예산고등학교에서 교편을 잡고 있는 친구 S가 마중 나와 있다. 방학을 틈타 나와 함께 답사길에 나서기로 한 것이다. S는 대학 내내 붙어 지내던 친구다. 둘다 어디 얽매이지 못하는 성격이라 졸업 후 회사에 취직하기보다는 동업할 계획도 세웠지만, 그런 치기는 뜻하지 않던 일로 어그러졌다. 그 뒤 나는 공부의 길로 들어섰으나 순탄치 않았고, S는 교단에 투신하여 지금까지 20여 년을 잘 봉직하고 있다. 그 옛날 동업계획이 무산된 게 그에게는 축복이었을 거라고 나는 생각하곤 한다. 보헤미안에 가까운 둘의 성격상 장사가 잘 되었을 리 없기 때문이다. 차에 올라타자마자 느닷없이 행선지를 갑자기 바꾼 데 대해 미안해하니, 차 시동을 걸던 그가 아무렇지도 않다는 듯 느릿느릿 무덤덤하게 말한다.

"그려. 어디든 가면 되지 그게 뭐 대수여. 워뗘, 그냥 가~아."

예산 사면석불 중 서쪽의 아미타여래상.
백제 후기의 미술 중 걸작품으로 꼽힌다.

상_예산 사면석불의 옷주름
하_예산 사면석불 머리광배

예산 사면석불과 보호각

어디든 가면 되지 행선지 바뀐 게 무슨 대수냐는 거다. 이래서 충청
도 사람들이 좋다.

서산과 태안의 마애삼존불상이 오늘 답사의 주목표지만 그 전에
예산 사면불을 빼놓을 수 없었다. 예산에서 622번 지방도로로 가니
봉산면 화전리 입구에 사면석불을 알리는 표지가 보인다. 근래 새로
만든 주차장에 차를 대놓고 몇 걸음 안 올라가서 네모난 바위 네 면
에 약사불(동), 아미타불(서), 석가불(남), 미륵불(북)을 각각 새긴 사
면불을 마주했다.

가까이 다가가 바위를 돌면서 천천히 감상했다. 과연 걸작이다. 옷
주름이 매우 깊고 가슴 아래에서 U자형으로 겹쳐 있고, 원형의 머리
광배에는 불꽃무늬·연꽃무늬가 새겨져 있는데 이는 백제 특유의 양
식이다. 지금은 머리 부분이 많이 훼손된 채 서향과 북향만 남아 있
고, 따로 끼울 수 있도록 되어 있는 손도 모두 없어졌다.

하지만 현재의 모습만으로도 백제 조각 중 단연 으뜸에 속하는 작품임을 알겠다. 옆에서 S도 감탄사를 연발하면서, 예산에 살면서도 오늘 처음 와보았노라고 고백한다. 학생들에게 이 불상을 보여주고 싶다고도 한다. 하기야 입시지옥에 찌든 학생들이 가끔씩 이런 작품을 보면서 머리를 식히면 얼마나 좋겠는가.

1983년 밭을 갈다가 발견된 이 사면석불은 발견 당시 학계에 큰 관심을 불러일으켰다. 그 예술성의 고고함 때문이었다. 백제의 문화를 자신의 뿌리라고 여기는 일본의 학자들이 더욱 관심을 가졌다. 그 무렵 대학원생이던 나는 일본에서 나오는 관련 논문을 번역해서 학과 교수와 동료들에게 보여주기 바빴다.

### '동방의 로마제국' 백제의 신비로운 미소여!

내가 오늘 택한 답사는 백제문화 중에서도 가장 화려한 7세기의 불교미술인데 이 모두는 특히 바다와 관련되어 있다. 불교가 중국으로부터 백제에 전해진 것은 주로 물길을 통해서였다. 백제는 국토의 서남단에 자리하여 동남부의 신라, 북부의 고구려에 막혀 있는 꼴이었다. 당시 외교의 전부라 할 수 있는 중국과 일본과의 육로 통행은 애당초 생각할 수도 없는 상황이었다.

그 대신 백제는 바닷길을 뚫었다. 고구려나 신라보다도 더 일찍 바다를 경험했고 그 바다를 자신의 장기로 삼았다. 백제는 특히 남중국의 불교계와 깊은 인연을 맺었다. 중국의 불교문화가 백제에 직수입되었음은 당연하다. 성왕 때는 양에서 『열반경』이 수입되었다는 기록도 있다. 이 모든 게 중국과 가장 가까운 뱃길을 두고 있었기에 가능했다. 따라서 다른 많은 문화와 마찬가지로 백제에 불교를 전래해 준 것도 바로 바다였으리라는 데 이견이 별로 없다.

서산이나 태안에 걸작인 마애삼존불이 조성된 배경으로서 역시 이

서산 마애삼존불. 얼굴마다 백제의 미소라고 불리는 신비로운 미소가 가득하다.

바다를 첫 번째로 꼽는 것도 그 때문이다. 해양불교로서의 백제 불교와 문화를 가장 상징적으로 웅변하는 것이 바로 서산마애불과 태안마애불이다.

서산마애불 입구에 도착했다. 들어온 길로 조금 더 가면 보원사지다. 보원사지는 나가는 길에 보기로 하고 먼저 마애불로 걸음을 옮겼다. 계단을 올라 관리사무소를 지나 자그마한 문을 하나 넘으니 마애삼존불이 정면을 향하고 있다. 한겨울의 평일이어서인지 참배객이 우리 외에는 아무도 없다. 합장 후에 연신 카메라 셔터를 눌러댔다. 연꽃잎을 새긴 대좌 위에 여래입상을 사이에 두고 양쪽에 보살상이 배치된 구도다. 여래상은 얼굴이 둥글고 풍만한데 미소 짓고 있는 모습이 꽤나 인상적이다. 이 미소는 백제 불상 특유의 모습으로, 넉넉하고 자비로운 인상을 보여준다. 머리에 관을 쓰고 있는 오른쪽의 보살입상은 얼굴에 본존과 같이 살이 올라 있는데, 눈과 입을 통하여 역시 만면에 미소를 풍기고 있다. 왼쪽은 반가상, 이 또한 얼굴 가득히 미소를 띤 둥글고 살찐 모습이다. 삼존상 모두 보통 세련된 솜씨가 아니다.

서산 마애삼존불의 존재가 일반에 알려진 것은 지금으로부터 50년 전이었다. 인근 주민들에게는 이곳이 고란사지로 전해져 왔었다. 1958년 고란사지에서 우연히 금동불상이 출토되기까지 마을 사람들은 이 불상을 그저 산자락에 있는 여느 흔한 불상으로만 생각했지 백제 불교 최대의 조각품인지는 몰랐었다. 이듬해 본격적인 조사가 이루어지고, 그에 따라 7세기 백제시대의 작품임이 판명되었다. 그 때의 일화가 하나 있다. 은사인 황수영 교수가 어느 학술회장에서 이 서산마애불 발견을 기념하여 학계에 보고할 때였다. 그 때는 환등기라는 게 몹시 귀할 때였는데, 실내의 전등을 모두 끄니 마치 극장에 있는 것 마냥 깜깜했다. 선생께서는 슬라이드로 찍은 불상 사진을 스크린에 보여주며 하나하나 열심히 설명해 나갔는데, 갑자기 청중들이 집중하는 게 아니라 웅성웅성 하는 듯한 느낌이 들었다. 웬일인가 싶어 설명을 잠시 중단하고 "무슨 일이지요?" 하고 사회자에게 물어보았다. 사회자가 전하는 말은, '선생님의 얼굴 모습과 서산마애삼존불 본존불상의 얼굴이 너무 닮아서요, 그래서 사람들이 신기하다고 저러는 겁니다.' 하는 거였다. 선생은 당황스럽기도 하고, 또 멋쩍기도 해서 슬쩍 웃으셨다. 그랬더니 청중들이 모두 "와아~" 하고 웃으면서 박수를 쳐대는 게 아닌가. 이번에는 직접 청중에게 왜 그러냐고 물었더니, 조금 전에 슬라이드를 볼 때도 불상과 얼굴이 아주 닮아서 재밌었는데, 방금 웃는 모습은 그야말로 영락없는 본존불상 얼굴이라 그 인연이 너무 신기해서 그렇다는 대답들이었다. 그래서 학술회장은 그렇게 화기애애하게 끝났더라는 이야기를 선생께서 내게 직접 해 주셨다. 약간 두툼하게 올라 솟은 눈두덩, 가늘게 휜 반달형 눈, 후덕한 얼굴의 살집 등이 아닌 게 아니라 지금 봐도 서산마애불 본존상의 얼굴과 판박이처럼 닮았다. 아흔이 넘으신 나이에 아직도 매일같이 손에서 책을 놓지 않으시는 선생을 생각하면 그 발밑에 한참 못 미치는 못난 제자로서 얼굴을 떨어뜨리곤 한다.

최근 보호각이 철거되면서 삼존불의 모습은 더욱 정겹게 다가온다. 삼존불이 새겨진 바위는 위쪽을 의도적으로 깊게 파내서 삼존불의 머리 위는 마치 우산처럼 앞쪽이 불룩 튀어나와 있다. 바위면에 직접 와 닿는 비바람을 막기 위함이다. 천 년이 훨씬 넘게 이어져 온 비결이 바로 이것이었다. 게다가 마애불 양쪽으로도 주변에 산이 둘러쳐져 있어 세찬 바람을 막아주고 있는 것도 한몫 하고 있다.

어느새 해가 뉘엿뉘엿 하다. 보원사지와 삽교 석조보살상을 보느라 시간을 꽤 지체한 것이다. 서둘러 태안으로 향했다.

태안마애삼존불.
삼존불 밑의 연꽃 모양의 대좌는 백제
의 전형적인 대좌 모습을 보여준다.

 태안 앞바다는 아직 기름유출의 여파로 아우성이지만 태안읍은 평
온했다. 태안은 서해안 개발로 가장 많은 발전을 이룬 지역 중의 한
곳이다. 마애불이 있는 백화산으로 향하는데, 안내판이 제대로 되어
있지 않아 약간 헤매야 했다.

 백화산은 이 지역 사람들의 주요 등산코스이기도 한데, 정상 조금

못 미쳐 작은 대지가 있고 여기에 삼존불이 새겨진 커다란 바위가 있다. 옆에 태을암이 있다. 이 마애불도 서산마애불이 발견된 것과 거의 비슷한 시기에 알려졌다. 부채꼴 바위면 중앙에 보살상을 두고 좌우에 불상을 배치한, 2위의 불입상과 1위의 보살입상이 한 조를 이루는 특이한 삼존불 형식이다. 서산마애불과 마찬가지로 중국과의 교통요충지에 자리함으로써 중국 불상과의 영향 관계를 파악하는 데 매우 중요한 작품이다.

바위 바로 옆으로는 산 정상으로 향하는 도로가 바짝 붙어 있다. 1959년에 생긴 이 도로 때문에 마애불이 새겨진 바위의 일부에 균열이 생기고 조각면도 다소 손상되기도 했다. 그런데 지금도 별로 좋은 상태는 아닌 것 같다. 도로가 계곡을 가로지르는 탓에 도로를 받치고 있는 옹벽에 맺힌 습기가 마애불에까지 흘러내리고 있기 때문이다. 삼존불 옆으로 1미터도 안 되는 부분은 벌써 시커멓게 썩어 금방이라도

태안마애불의 좌협시보살 주변의 갈라진 면 흔적

떨어져 나갈 것 같다. 임시로 습기를 제거해서 될 문제가 아닌 것 같다.

마애불을 좀 멀리서 바라보려고 맞은편의 높다란 바위에 올라갔다가 뜻밖의 것을 발견했다. 바위 바닥면에 새겨진 바둑판을 본 것이다. 열아홉 줄로 그어진 바둑판을 보니 조선시대 무렵에 새긴 것 같다. 이곳에서 바둑을 두었을 그 옛날의 신선들이 누구였을지 궁금했다.

오늘 내가 찾은 유적들은 7세기 백제 불교미술의 정수를 보여주는 걸작들이다. 서산과 태안의 마애삼존불이 7세기 백제불교의 상징이라면, 예산 사면불은 7세기 백제 불교미술의 화룡점정(畵龍點睛)이라 할 만하다. 이만한 작품들을 만들어 낼 수 있는 시기는 7세기밖에 없다. 어느 역사학자는 백제를 '동방의 로마제국'으로 표현했는데, 만약 그렇다면 그건 바로 7세기의 백제를 두고 한 말이 아닐까 싶다. 마애불 앞에서 내려다보니 멀찌감치 태안반도가 바라다보인다. 거기에 찬란했던 백제의 문화가 겹쳐 보이고 있었다.

태안마애삼존불 옆의 태을암

상_'태을동천'이라는 글자가 새겨진 마애불 앞의 바위
하_'태을동천' 바위면에 새겨진 바둑판

# 강릉 굴산사지와 신복사지 1

굴산사지의 거대한 당간지주

강원도는 묘한 곳이다. 강원도처럼 여러 가지 이미지가 한데 겹쳐지는 곳도 드물다. 우리나라의 대표적 산악지대이자 오지라는 인식이 우선 떠오르지만 한편으론 싱싱하고 오염되지 않은 건강함을 늘 '강원도'라는 말에서 느낀다. 국토를 남북으로 갈라놓은 경계선이 꽂힌 분단의 현장이라는 이미지도 빠지지 않는다. 여기에 남자들에게는 최전방 GOP로 상징되는 혹한과 전장을 방불케 하는 긴장의 군대 경험이 오버랩 되곤 한다. 군복무를 최전방에서 보낸 사람보다는 그렇지 않은 사람이 훨씬 많건만 군대 얘기는 언제나 최전방에서 시작해서 최전방으로 끝난다. 오십을 바라보는 내 친구들도 군대 얘기만 나오면 아직 그 얘기다.

## 우박처럼 쏟아진 불교문화 세례의 현장

사람들은 강원도를 사랑한다. 여름 휴가지로 제일 먼저 꼽는 곳이 강원도 동해안이고, 또 외롭고 적적할 때면 가장 먼저 강원도의 바닷가를 찾고 싶어한다. 마치 그곳에 가면 사랑하는 사람이 기다리고 있기라도 한 양. 이번 여행은 권대흥·조인경 등 평소 잘 알고 지내는 편집디자이너 두 명과 함께했다. 특히 권대흥 실장은 10여 년 지기로, 술친구이자 책에 관련해서 서로 도움을 많이 주고받는 사이다. 조인경 씨는 권 실장과 함께 일하는 동료다. 이들은 우연히 꺼낸 내 답사여행 얘기를 듣자마자 동행을 자청했다. 디자이너에게는 감각이 중요한 것, 강원도와 겨울바닷가가 바쁘고 힘겨운 일상으로 무디어진 감각을 되찾아줄 것으로 기대했는지도 모르겠다. 하기야 그게 아니더라도 겨울바다는 어느 누구에겐들 매력적이지 않을까마는.

불교 유적 탐방이 주목적이었으나 그래서 이들을 위해 강릉에서 가까운 바닷가를 추가로 넣었다. 답사에 나선 날 저녁, 구절양장처럼 휘어지는 롤러코스터 같은 도로를 몇 개인가 지나 우리는 주문진에 도착했다. 가자마자 항구의 한 허름한 식당부터 찾았다. 디자이너 둘은 바다를 좀더 가까이 보겠다며 추위에도 아랑곳없이 가게 문 앞에 자리를 잡았다. 칠흑같이 어두운 밤바다를 바라보며 여기저기 떠 있는 등대 같은 오징어잡이배들이 환상처럼 보인다며 꿈꾸듯 말한다. 나 역시 감회가 남다르다. 젊은 날의 방랑이 시작된 곳이 바로 이 주문진항이었으니까. 20여 년 전 '이까(오징어)배'를 타고서 겨울 한철 내내 청춘의 열병을 저 차디찬 바다 한가운데서 식혀야 했었다. 주문진에서 시작된 방랑은 바다와 함께 계속되었고, 그 종착역은 목포항이었다. 서너 달 이까배 승선으로 지치고 지친 심신을 달래기 위해 홀린 듯 목포에 내린 나는 비린내 진하게 배어 있는 목포항 주변의 한 선술집을 찾아들어갔다. 거기에서 지금은 찾아보려야 찾아볼 수 없는 작부의 젓가락 장단에 맞춘 노래 가락을 들으며 소주만 마셔 댔다. 꼬박 이틀 동안 통음한 뒤에야 뭔가 매듭이 지어진 느낌을 가졌고, 다시금 일상으로 돌아갈 수 있었다. 종종 그 시절을 떠올리면 마치 환상처럼 느껴지곤 한다. 오늘 다시 주문진 바닷가에 와 일행들과 소줏잔 기울이며 밤늦도록 이런저런 얘기들을 나누면서도 문득문득 20여 년 전의 그 바다가 주마등처럼 스쳐가는 걸 느꼈다.

강원도 중에서도 강릉과 원주는 불교문화 면에서 독특한 풍격을 갖추고 있다. 특히 신라 말 고려 초에는 다른 지역을 압도하는 그 무엇이 있었다. 이번 여행의 주목적은 강릉과 원주를 중심으로 강원도 지역에 우박같이 쏟아졌던 불교문화 세례의 현장을 살펴보는 것이다.

첫 행선지는 강릉의 굴산사지(堀山寺址)다. 구정면 학산리에 있는 이 절터는 통일신라 말 최고의 선지식 범일국사(梵日國師)(810~889)가 851년에 창건하여 신라 구산선문 중 하나인 사굴산문파를 연 곳이다. 9~10세기 신라에서는 참선 수행을 강조하는 선종이 한국불교의 대세로 떠올랐다. 그 즈음 전국에 선종을 표방한 아홉 곳의 대표적 수행집단(사찰)이 생겼으니 이것이 바로 구산선문이다. 그 중에서 사굴산문은 강릉의 굴산사를 중심으로 모인 선종 집단이다. 그리고 그 사굴산문을 연 이가 바로 범일국사다.

통일신라 후기의 불교사에서 가장 주목되는 점 하나가 불교의 지방화가 아닐까 싶다. 신라에 불교가 수입된 이래 대부분 거대 사찰이 수도인 경주 부근에서 건립되고 국가의 통제 혹은 적극적 간여 속에 불교가 발전해 나갔다. 하지만 9세기 이후가 되면 전국 각지에 경주의 대찰에 견줄 만한 사찰들이 속속 건립된다. 국가중심, 귀족중심에서 지방화와 민중화라는 뚜렷한 변화가 일어나고 있었던 것이다.

구산선문이란 바로 그러한 불교 지방화의 시대적 흐름을 대변하는 상징이다. 그 중 특히 눈에 띄는 곳이 바로 이 강원도 지역이다. 수도인 경주에서 보자면 꽤나 궁벽하고 험한 풍토를 지닌 지역이었을 텐데 의외로 사굴산문이 성립하면서 불교가 융성했다. 당시 불교의 융성은 요즘의 선진화란 말과 한 가지였다. 그도 그럴 것이 철학, 인문학, 문학, 미술 등 각종 분야가 불교를 기반으로 해서 발전해 나갔으니 불교는 곧 가장 고급 학문이었던 것이다. 강원도에 쏟아진 불교문화의 세례로 인해 강원도는 비약적 발전을 이루었을 것이다.

이러한 지역적 환경은 이곳을 기반삼은 왕건(王建)(877~943)이라는 지방호족을 전국적인 인물로 키워내는 자양분이 되었고 이는 다시 고려의 건국으로 이어졌다. 그러니 사굴산문의 성립은 한국불교사에서 보통의 사건이 아닌 셈이다.

하지만 아쉬운 것도 많다. 이 같은 역사의 흐름을 뒷받침할 만한 기록과 문헌이 너무나 빈약하다. 그래서 우리는 지금 굵직한 윤곽만 이해할 뿐 그 안의 세밀한 점선과 면은 전혀 알아볼 수가 없다. 굴산사

굴산사지 전경. 통일신라시대인 9세기에 세워진 구산선문 중 하나인 사굴산문의 중심도량. 중심지역만 2만 평이 넘는 드넓은 대지 위에 자리한다.

의 세밀한 역사가 너무 없는 것은 물론이고 범일국사에 대한 연대기 역시 소략하기 짝이 없다. 어쩌면 역사를 기록과 문헌으로만 다루는 문헌사적 입장에서 본다면 지금 말한 게 모두 환상이요 허구라고 해도 할 말이 없을지도 모른다.

하지만 다행히 우리에게는 그때 남겨진 미술품이 있다. 없어진 기록 대신 미술품이 역사를 말해주고 증명해 주고 있다. 비록 문자처럼 다변(多辯)은 아니나 대신 훨씬 정직하다. 문자와 달리 미술품은 거짓말을 안 한다. 그런즉 이 미술품을 통해서 역사를 재구성할 수 있어야 한다.

## 도량은 사라져도 당간지주는 당당히 남아

아침 일찍 주문진항을 출발하여 구정면 학산리에 자리한 굴산사지

굴산사지 당간지주.
높이 540cm로 국내 최대다. 경주에서 만들어진 여느 당간지
주와는 달리 힘 있고 강렬한 남성적 미를 보인다.

에 들어섰다. 사역은 보기 드물게 넓다. 대략 50만 평 정도라고 말하지만 경계가 분명하지 않으니 더 클 수도 있다. 1949년에 일어난 대홍수는 당시 논밭이던 이곳을 휩쓸고 지나가면서 고색창연한 옛날의 주춧돌들을 드러내 보여주었다. 하지만 그 뒤로도 오랫동안 관심에서 벗어나 있다가, 1986년에야 발굴이 되었다. 그러다 2002년 강원도 일대에 커다란 피해를 주었던 태풍 '루사'로 인해 다시 한 번 부분적인 발굴이 있은 다음 지금의 모습을 보이고 있다.

절터에 들어서면 우선 커다랗게 솟은 당간지주 한 쌍이 눈에 들어온다. 옛날 절 입구에서 깃발을 달던 시설이다. 멀리서 보면 마치 영국의 선사시대 거석 기념물인 스톤헨지같이 거칠고도 장엄한 분위기를 풍긴다. 아니, 만주 벌판에 자리한 광개토대왕비에 비유하는 게 더 적합할지도 모르겠다.

굴산사지 부도.
9세기 후반 범일국사의
부도일 것으로 추정된
다.

가까이 가보니 아닌 게 아니라 신라시대의 여느 당간지주와는 사뭇 다른 분위기를 풍긴다. 한 쌍의 지주가 서로 모양도 다르고, 윗면은 굵고 아랫면은 좁다. 예컨대 분황사 앞 당간지주처럼 단정하고 예쁜, 마치 모범생 같은 풍모가 전혀 아니다. 높이 540cm로 우리나라에서 가장 크다는 수식이 아니더라도 크고 거칠고 우악스런 맛이 있는 선 굵은 이미지로 주변을 압도한다.

바로 이 점이 굴산사가 경주지역의 사찰들과 다른 성격을 지니고 있었을 거라는 짐작을 하게 해준다. 말하자면 굴산사 당간지주가 경주지역의 그것과 달리 이른바 지방적 성격을 보이는 까닭이 굴산사의 사격 자체가 경주의 사찰과는 달랐기 때문이라는 가설을 성립시켜 주는 것이다.

디자이너 둘은 이 당간지주를 본 순간 떡 벌린 입을 좀체 다물지 못하고 있다. 그들 눈에도 사진 속에서 흔히 보아 왔던 얌전하고 단정한 경주의 당간지주들과 다른 그 무엇이 다가온 모양이다. 예술가들은 감각이 보통 사람과 다르게 훈련되어 있기에 그 차이를 이들이 먼저 알아차렸는지도 모르겠다. 조인경 씨가 무

굴산사지 당간지주.
그 앞에 앉은 답사에 동행한 디자이너와 비교해서 당간지주의 거대한 크기를 알 수 있다.

심한 표정으로 당간지주 앞 철책에 걸터앉았다. 그런데 그 모습이 당간지주와 아주 잘 어울린다. 확실히 작품은 사람의 숨결과 같이 해야 더 빛이 나는 걸 실감했다. 양해를 구하고 사진을 찍었다. 권대흥 실장도 같이 찍자고 하니, 자신이 들어가면 사진 망친다고 굳이 뒷걸음이다(사실은 그가 들어가면 그의 중후한 분위기와 이 당간지주가 더 잘 어울릴 게 분명하다).

"대단해, 대단해!"를 연발하며 발길을 떼지 못하는 그들을 끌다시피 해서 저 끝에 있는 범일국사 부도 쪽으로 향했다. 언덕 위에 자리하고 있어서 당간지주 있는 곳에서는 보이지 않는다. 민가 한 채를 지나 둔덕에 올라서니 평지 한 가운데에 부도가 있다. 이 부도는 일제강점기인 1936년에 처음 조사되었다고 한다. 그런데 어떤 기록에는 조사

범일국사의 탄생설화를 전하는 돌샘. 태풍 때 휩쓸려 사라진 것을 복원한 것이다.

당시 부도 아래에 지하시설이 있었고 거기에 16나한을 모신 석실이 발견되었다고 한다. 지금 상식으로는 이해가 잘 안 되는 일이다. 부도 아래에 지하시설을 별도로 둔 경우는 전혀 없기 때문이다. 사실 여부가 몹시 궁금하지만, 아직까지는 관련 기록을 찾아보지 못했다.

이 부도는 창건주 범일국사의 부도일 것으로 여겨지고 있다. 부도의 형태로 볼 때 9세기 후반 국사의 입적 연대와도 일치하고, 무엇보다도 이만한 조각품을 만들어 사리를 모실 만한 사람으로 범일국사 외에는 생각하기 어렵기 때문이다.

디자이너들이 궁금한 게 갑자기 많아졌다. "범일국사가 누구지?", "굴산사는 도대체 어떤 절이지?", "이 부도에 화려한 장식이 많은 이유는 또 무어지?" 이젠 내가 대답할 차례다.

# 강릉 굴산사지와 신복사지 2

신복사지 삼층석탑과 공양하는 모습의 보살좌상

굴산사는 영동지방 최고 최대의 사찰이었건만 역사에 대해서는 기실 말할 게 별로 없다. 관련 기록이 너무나 적어서다. 범일국사가 창건한 것은 알겠는데, 그 다음부터는 거의 공백이다. 비록 단편적인 기록이나마 문헌학자들이 솜씨를 발휘해서 이것저것 보태다 보면 어찌어찌 재구성은 할 수 있다. 하지만 굴산사에 대해서는 "범일국사가 창건했고, 언제 폐사되었는지 모른다."는 있으나마나 한 설명 한 줄에 그치고 만다.

### 눈 감으면 천인 악단 합주소리 들릴레라……

도무지 비벼볼 언덕조차 없는 것이다. 하지만 이것밖에 없어서야 말이 안 된다, 그래도 최소한 몇 줄이라도 더 보태봐야 하지 않겠느냐, 그런 입장에서 고려 초의 유명한 문신 최승로(崔承老)(927~989)가 지은 상소문을 참고로 삼을 만하다고 본다.

그 상소문에서 "임금께서 신하를 보내어 굴산사의 승려 여철(如哲)을 맞이하시니 여철은 과연 복 받은 사람입니다." 하는 대목은, 왕이 사신을 보내 맞이할 정도로 중요한 인물이 거하던 굴산사의 비중을 말해준다고 할 수 있다.

또 1331년(공민왕 2)『경덕전등록』이라는 책을 펴낼 때 굴산사의 승려 혜식(惠湜)이 참여했음이 서문에 보이므로 적어도 이때까지는 이어져 왔다고 볼 수 있다. 다만 조선시대에 들어와 1530년에 펴낸 전국의 지리서『신증동국여지승람』에 이 절의 이름이 빠져 있는 것으로 보아 이 무렵에 폐사된 게 아닐까 추정된다.

대략 이런 요지로 범일국사 부도 앞에서 디자이너들에게 설명했다. 듣기에 따라서는 어려운 이야기일 수도 있건만 이들은 사뭇 진지한 태도로 경청한다. 나는 이들의 자세에 용기를 얻어 노천 강의를 이어갔다.

"그렇다면 이런 대찰을 창건한 범일국사는? 9세기를 대표하는 최고의 승려 중 한 사람이지. 15세에 출가하여 829년 스무 살 때 당나라에 건너가 당시 최고의 선사로 꼽히던 제안(濟安) 스님 밑에서 6년 동안 공부했어. 847년에 귀국했을 때는 국가적으로 커다란 환대를 받았지. 이후 입적 때까지 굴산사에서 40년 동안 머물렀는데, 경문왕·헌강왕·정강왕 등 세 명의 왕이 모두 그에게 왕사나 국사가 되어주기를 권유했으나 한 번도 응하지 않고 수도와 불경 연구에만 전념했던 거야. 사람들은 그를 그 시대의 진정한 사표로 우러러보았지. 한 마디로, 세속의 명리와 헛된 명예에 얽매이지 않은 진정한 선지식으로 존경받았던 거지. 그의 제자 중 신라불교를 대표하는 숱한 고승들이 이어졌고, 그가 세운 굴산사가 훗날 사굴산문파로 불릴 정도로 융성하게 된 것은 이처럼 다 그럴 만한 까닭이 있어서일 거야."

아무리 좋은 이야기라도 너무 길면 지루하고 싫증난다. 하물며 불교문화 강의는 태어나서 처음인 사람들임에랴. 나는 이들이 하품이라도 하기 전에 서둘러 마치고서 함께 범일국사의 사리를 봉안한 부도 둘레를 한 바퀴 돌았다.

최고 선승의 부도답게 아주 화려하고 정교하게 만들었다. 특히 겉면에 새긴 부조가 놀랄 만큼 섬세하고 아름답다. 9~10세기의 부도는 땅에 닿는 바닥면이 팔각이고 그 위의 몸체는 원형을 하고 있어서 '팔각원당형'이라고 부른다. 몸체는 또 아래서

범일국사 부도에 새겨진 피리부는 천인상. 적당한 살집, 세밀한 표정 등에서 현대의 오케스트라 합주 이상의 것을 보는 듯했다.

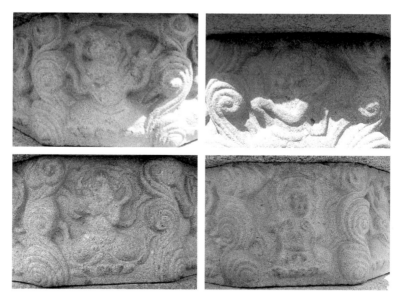
범일국사 부도의 조각 중 천인 조각

부터 하대석, 중대석, 그리고 맨 위를 옥개석이라고 부르는데 각 부분마다 가지가지 조각을 새겨넣기 마련이다.

　범일국사 부도의 조각은 특히 몸체 중간에 새겨진 악기를 연주하는 여덟 명의 천인(天人)이 압권이다. 연주하는 악기도 다 달라서 장구, 나팔, 바라, 비파, 피리, 생황, 공후, 대금 등인데 이 중 공후는 서양의 하프와 비슷하다. 이들을 자세히 들여다보면 실제로 연주하는 포즈 그대로를 아주 실감나게 표현했다. 눈을 감으면 흡사 이들 천인 악단의 합주 소리가 들릴 것도 같다.

범일국사 부도는 특히 섬세하고 아름다운 조각이 돋보인다.

　이만한 조각을 갖춘 부도는 찾아보기 어렵다. 강릉단오제 때 모시는 '대관령 국사 성황당신'이 바로 범일국사라는 말이 있을 정도로 범일국사는 이 지역에서는 전설적인 인물이니 어찌 보면 당연한 일이기도 하다.

미술계에서 하는 이야기 중에 '아는 만큼 보인다'는 말이 있다. 미술 감상은 수학과 달라서 공식(이론)에 대입하면 나오는 답(감상)이 아니다. 자기 스스로가 아름다움을 느낄 줄 알아야 한다. 또 어떤 작품이 나타내는 상징성과 의미를 알아야 비로소 거기에 감추어진 아름다움을 깨닫게 된다. 그런즉 일방적으로 설명하고 나서 "정말 아름답지?" 하고 윽박지르듯 말해봐야 되는 게 아니다. 나는 동행인들에게 부도의 각 부분을 손으로 하나하나 짚어가며 그 의미와 상징을 설명하니 전문지식이 없는 이들도 어느 정도 이해되는 모양이다. 아래위로 끄덕거려지는 턱이 좀체 멈출 줄 모르고 입에서 탄성이 연신 쏟아져 나온다.

### 꿇어앉은 공양보살상의 만면에는 풍만한 미소가 흐르고

이제 굴산사지 탐방은 이쯤 해두고, 슬슬 신복사지로 갈 차례다. 신

신복사지 전경

신복사지의 삼층석탑과 보살좌상.
보살상은 불사리가 봉안된 석탑을 향해 공양하는 자세를 하고 있다.

복사지(神福寺址)는 시내에서 그다지 멀지 않은 내곡동에 있어 쉽게 찾아갈 수 있다. 굴산사와 마찬가지로 범일국사가 창건하였고 입지조건도 평지지만 규모 면에서는 차이가 많다. 하지만 여기엔 현재 굴산사지에 없는 중요한 유물 두 점이 있다.

바로 삼층석탑과 보살상이다. 이들은 각각의 분야에서 고려를 대표할 만한 작품들로서, 굴산사와 더불어 강릉지역 불교문화의 정수를 보여준다. 동행인들은 여기서도 벌린 입을 다물지 못한다.

이처럼 독특하고 빼어난 미술품이 이런 궁벽(?)한 곳에 있다는 게 믿기지 않는다는 표정이다. 그 옛날 신복사가 굴산사와 연계되어 강릉의 불교를 이끌었을 위용이 눈에 선하다. 신라 말 고려 초에 새로운 시대를 열어젖혔던 강릉지방의 불교문화의 위세를 넉넉히 짐작할 수 있을 것 같다.

고려 석탑의 조형미 중 걸작에 속하는 삼층석탑도 그렇지만, 무엇보다도 이 보살좌상은 고려 조각이 왜 아름다운가를 잘 말해준다. 왼쪽

신복사지 보살좌상. 꿇어앉아 무엇인가를 가슴께에 들고 있는 이러한 공양상은 매우 드문 형식이다.

다리를 세우고 오른쪽 다리는 꿇어앉은 자세로 석탑을 향하여 공양하는 자세에 두 손은 가슴에 모아 무엇인가를 잡고 있다. 원통형의 높다란 관을 쓰고 있는 얼굴은 풍만하며 만면에 웃음을 띤 아주 사실적인 작품이다.

한편으로는 경주지역 조각에서는 나타나지 않는 그런 따스함까지 보인다. 이런 형식의 보살상은 우리나라에 몇 점 없다. 보물 제87호인 이 보살상의 지정 명칭은 '신복사지 석불좌상'. 엄연히 보살상임에도 불상으로 명명되어 있다. 명칭이나 내용 설명에서 잘못된 불교문화재가 한둘이 아니건만 문화재청이나 종단에서는 별로 신경 쓰지 않는 눈치다.

### 매너리즘에 빠진 불교를 새롭게 일구다

신라 말 고려 초, 강릉을 비롯한 동해안의 불교문화는 어떤 것이었을까? 사실 강릉을 비롯한 삼척, 동해 등의 지역은 고려 때부터 왜구의 침략에 시달림을 많이 당한 곳이다. 또 통일신라 후기부터 고려가 건국되는 이른바 후삼국시대라는 혼돈의 시대 때는 치열한 전장이 되기도 했다. 자연 백성들은 극심한 피해를 당했고, 현세도피적이 되었으며, 그런 까닭에 이 지역의 주민들은 미륵신앙에 몰입하게 되었다는 게 불교사 책에 나온다.

하지만 나는 좀 다르게 본다. 이들은 혼돈을 혼돈으로만 여기지 않고 보다 큰 세상이 열리는 기회로 삼았을 것이라고. 그렇지 않고서야 광대무변한 굴산사에 세워진 원초적 힘이 넘치는(마치 솟대와 같은) 당간지주, 정교하기 짝이 없는 범일국사 부도, 그리고 환희에 넘치는 신복사지 보살상과 장엄한 석탑 등이 나타난 배경을 설명할 길이 없다. 굴산사지와 신복사지, 그리고 여기에 있는 이 작품들은 매너리즘에 빠진 불교를 새롭게 일구어낸 고려 불교의 현장이라고 보는 것이다.

답사를 마친 며칠 뒤 서울에서 만나 뒤풀이를 겸한 자리에서 동행중 한 명은 이렇게 고백했다. "이번 답사는 개인적으로 참으로 인상적인 여행이었어. 나는 불교미술 하면 석굴암이나 불국사 다보탑이 최고인 줄만 알았는데, 그와는 다른 차원의 탑과 불상이 전국 도처에 있는 줄은 몰랐던 거지. 자네가 애써 말한 '강릉 지방의 독특한 불교문화' 같은 건 솔직히 무슨 말인지 잘 몰라. 하지만 우리나라 불교문화의 저력이 만만찮다는 것은 이번에 제대로 배운 것 같아."

나는 강원도는 한국불교의 아마존과 같은 곳이라고 생각한다. 광활한 미지의 숲이 펼쳐져 있고 그 안에 우리가 미처 발견하지 못한 황금의 나라가 존재할 것만 같은 그런 곳. 한편으로는 잘 아는 것 같지만 막상 아는 것이 별로 없는, 우리에게 미답의 영역으로 남아 있는 그런 곳이라고 느끼는 것이다.

# 원주 거돈사지와 법천사지

거돈사지 전경. 드넓은 터에 삼층석탑, 불대좌, 원공국사탑비 등이 들어서 있다.

주문진과 강릉까지 동행했던 두 디자이너와는 강릉을 나오면서 헤어졌다. 그들은 서울로 돌아가고, 나는 혼자 원주로 가는 버스에 몸을 실었다. 여정을 끝까지 함께 못하고 헤어진 것은 모처럼 찾은 겨울바다인데 이대로 떠나기 아쉽다며 경포대에서 하룻밤을 더 보내느라 예정된 날짜를 넘겼기 때문이다. 그들은 해야 할 일을 놔두고 온 지라 바삐 올라가야 했지만, 나는 딱히 서둘러 해야 할 일이 있거나 찾는 사람이 있는 게 아니라 혼자 남은 것이다. 사실 여행이란 모름지기 혼자 하는 게 참맛이라고 생각해온 나인지라 이 결정을 크게 섭섭해하지 않고 다음 목적지로 향했다.

### 천 년전 영광은 간데없고

원주는 거돈사지와 법천사지가 목적지다. 원주 터미널에서 부론면까지 버스로 이동하고, 여기에서 택시를 타고 거돈사(居頓寺) 터로 갔다.

거돈사는 고려시대 초 원주의 대표적 거찰로, 약 8,000평 정도로 확인된 절터에 삼층석탑을 비롯해서 원공국사의 부도탑비 등이 남아 있다. 이들은 모두 고려 불교미술을 대표하는 걸작들이라 옛날 거돈사의 위상을 알게 해준다.

사실 거돈사의 역사에 대해서는 관련 기록이 별로 없다. 만일 이 유물들마저 없었다면 거돈사의 실체도 몰랐을 게다. 한림대학교의 발굴을 통해 건물지며 주춧돌들이 드러나 있다. 절터 중앙으로 가보니 금당터가 있고 그 한가운데에 불상을 올려놓는 대좌가 놓여 있다. 황량한 터에 쓸쓸하게 풍상을 겪고 있지만 처음에는 이 위에 당당하고도 아름다운 불상이 앉아 있었을 것이다. 대좌의 높이만 2m가 넘으니 그 위에 올라앉았을 불상의 웅대한 모습은 상상되고도 남는다. 비록

금당터 가운데에 놓여있는 불상 대좌

거돈사지 삼층석탑.
뒤로 보이는 것이 금당터다. 언덕 위에는
2007년에 세운 원공국사 부도의 복제품이
있다.

지금은 주인을 잃었지만 그 옛날 대중들을 내려다보고 있었을 부처님
의 모습이 눈에 선하다.

하지만 지금의 거돈사지는 그런 옛날의 영광을 떠올리기에는 너무
형편없는 모습으로 되어 있다. 황량한 절터로 남았기 때문은 아니다.
어느 곳이든 절터는 절터대로, 비록 화려한 전각은 없다 하더라도 나
름대로 탐방할 만한 의미와 운치가 있기 마련이다. 불교에서 말하는
무상(無常)함을 절터처럼 단박에 느끼게 하는 곳이 어디 있겠는가.

### 원공·지광국사 법향기만 절터에 '가득'

금당터 앞에는 고색창연한 삼층석탑이 우뚝 자리해 있다. 이 삼층

106

석탑은 일반 석탑과는 달리 토단을 마련하고 3단의 장대석을 가지런히 쌓아 사각형 단을 만든 다음 그 위에 탑을 세운 점이 특이하다. 아마도 강원도 지역의 특색인지도 모르겠다. 탑 앞에는 직사각형의 배례석(拜禮石)이 가지런히 놓여 있다.

삼층석탑에서 북쪽으로 약 50m쯤 가니 원공국사의 탑비가 있다. 이 탑비는 원공국사의 일대기를 적은 비석이다. 용의 머리를 한 거북을 조각하고 그 위에 비석을 얹은 9~10세기 승려탑비의 전형적인 모습을 하고 있다. 용머리의 사실적인 표현과 역동감 있는 표현 등에서 고려 초기 탑비의 최고봉으로 꼽힐 만한 작품이다.

탑비의 주인공 원공국사(930~1018)는 고려 초기의 유명한 학승이다. 959년 중국에 유학하여 천태학을 배웠으며, 970년에 귀국할 때까지 그곳에서 공부하는 한편 『법화경』 등을 강의하며 명성을 떨치기도 했다. 귀국 후 왕사와 국사로 추대되었고, 1018년 거돈사에서 입적하였다. 고려의 다섯 왕으로부터 극진한 대접을 받았던 스님은 한때 맥이 끊겼던 천태학을 다시 계승한 천태학의 명수였다. 이러한 거장이 거돈사에서 입적한 것으로 보아 이 절은 고려 초기 천태종의 대표사찰이었을 가능성이 매우 크다.

그런데 이 탑비 옆에는 부도가 있었다. 그런데 일제강점기에 이미 폐사된 터라 아무도 거돈사를 돌보지 않는 틈을 타 와다 미노루(和田稔)라는 일본사람이 멋대로 해체해서

거돈사지 원공국사 탑비

서울의 자기 집 뜰로 가져갔다. 고려의 대 학승의 부도가 한낱 일본인의 정원을 장식하는 석물로 전락해 버린 것이다. 해방이 되고 1948년에야 환수하기는 했으나, 제자리인 거돈사까지는 가지도 못하고 경복궁으로 옮겨지는 데 그치고 말았다.

몇 년 전 경복궁에 있던 국립중앙박물관이 용산으로 이전함에 따라 지금은 용산에 있다. 아무리 박물관 내에 있다 한들 강원도를 대표하는 국보가 기구한 운명 탓에 제자리를 떠나 천리 타지에 가 있는 게 결코 바람직하다고는 할 수 없다. 원주의 뜻있는 사람들은 오래 전부터 이 원공국사 부도탑을 제자리로 다시 옮겨줄 것을 요청해 왔다. 당국은 문화재보호법을 들어 오불관언으로 일관하다 작년 11월 진품은 그대로 두고 복제품만 거돈사지에 세우는 데 동의했다.

용산 국립중앙박물관에 있는 원공국사 부도

문화재는 제자리에 있을 때 가장 아름답고 가치도 있다. 복제품은 아무리 잘 만들어도 결코 진품과 견줄 수 없다. 수몰지구도 아니건만 제자리로 원상복귀시키는 게 가장 훌륭한 문화재 보호책임을 왜 모르는 것일까?

거돈사는 그러나 여기저기 파 헤쳐진 구덩이며 바람과 비에 찢기고 헤어진 포장들로 보기에 여간 심란한 게 아니다. 10년 전 시작한 발굴이 몇 년 째 중단되어 절터가 방치되어 있어서다. 발굴이야 필요한 일이지만, 이렇게 하다 말면 그처럼 보기 나쁜 게 없다. 속사정이 어떤지는 모르지만 어서 마무리 되어서 잘 정비되기를 바랄 뿐이다.

거돈사지 바로 앞에서 개울을 건너면 정산초등학교다. 1995년 봄 폐교되어 지금은 사람 인적이 드물게 되었는데, 이곳 운동장 한쪽에 당간지주 하나가 넘어진 채 놓여있다. 말할 것도 없이 거돈사지 당간 지주다. 본래 당간지주란 사찰의 영역과 사격을 알리는 당(幢)이라는 깃발을 걸기 위한 것이라 두 개가 한 쌍을 이루는 것인데 어찌된 일인지 지금은 하나밖에 남아 있지 않다. 높이 9.6m로 작지 않은 크기고, 겉면도 그렇게 세밀하게 다듬지 않은 채 만든 것이 굴산사지 당간지주와 느낌이 비슷하다. 크고 거칠면서도 웅장한 맛을 느끼게 해 주는 게 통일신라 후기 이 지역 미술의 특징일지도 모르겠다. 그 옛날 거돈사의 웅장한 규모를 사람들에게 가장 먼저 알렸을 이 당간지주는 그렇지만 지금은 제 자리를 잃고 제 짝도 잃고 저 흙바닥에 그냥 드러누워 있어 흡사 중병에 걸려 병상에 누운 환자를 보는 듯해 마음이 꽤 불편하다. 거돈사지가 발굴을 마치고 잘 정비되어 본래의 자리로 옮겨놓는다면 그나마 나을 텐데 하는 마음이다. 그동안 거돈사지의 관리가 얼마나 형편없었는지, 당간지주 외에도 학교 화단 여기저기에도 탑 부재 일부가 있고, 또 주변 마을 민가에도 절터에 있었던 석재들을 쉽게 볼 수 있다고 한다(나는 마을에 있다는 석재들은 아쉽게도 못 보았다). 비단 이곳만이 아니라, 전국 곳곳의 절터에서 이와 비슷한 광경을 보아 왔다. 지금과 같은 절터 관리로는 이런 일들이 일어날 수밖에 없다. 보다 근본적인 대책이 어서 세워져야 함을 절실히 느꼈다.

거돈사지를 나와 다시 택시를 불러 법천사지로 향했다. 가는 도중 원주에서 활동하는 사진작가에게서 연락이 왔다. 내가 원주에 온 것을 알고는 찾아오겠다고 전화를 해온 것이다. 나는 완곡하게 사양했다. 그가 늘 바쁜 것을 잘 알고 있는 터에 일부러 시간을 내게 하는 게 미안하기도 했고, 또 모처럼 혼자 나선 호젓한 여행길을 방해받고 싶지 않은 생각도 있었다.

이렇게 원주 여행은 혼자서 다녔지만 결국 나중에는 그에게 신세를 지고야 말았다. 서울에 돌아와 글을 쓰기 위해 사진을 꺼내보니 내 낡은 카메라가 기어코 탈을 내 파일이 다 손상되어 있었다. 할 수 없이 그 사진작가에게 거돈사지와 법천사지 사진을 찍어달라고 부탁했다. 물론 바쁜데 심부름이나 시킨다는 타박은 감수해야 했다. 차라리 그때 함께 다녔으면 좋았을 걸.

### 수난의 역사 고스란히 안고 있는 보물들, 제자리로 돌려보내야

법천사(法泉寺) 터는 부론면 법천리 명봉산 자락에 펼쳐져 있다. 아직 발굴이 진행중이라 거돈사와는 달리 정돈된 맛은 없다. 법천사는 일찍이 725년에 창건되었지만 고려 문종 때 지광국사(智光國師)(984~1067)가 머물면서 비로소 거돈사와 더불어 쌍벽을 이루는 강원도의 대찰이 되었다. 조선 초기에도 명성을 이어갔는데, 유명한 학자인 유방선(柳方善)이 이곳을 좋아하여 머물 때 한명회(韓明澮)·서거정(徐居正)·권람(權擥) 등이 찾아와 그에게서 배웠다. 이들은 모두 훗날 내로라하는 대학자들이 되었으니 법천사는 한편으론 조선 초기 유학의 산실이기도 한 셈이다. 이곳 삼층석탑에는 그들의 이름이 새겨지기도 했다. 하지만 임진왜란 때 폐허가 된 뒤로 중창되지 못한 것 같다.

절터에는 금당 북쪽에 지광국사 탑비를 비롯하여 불상과 광배, 불두 등 다양한 석물들이 있다. 또 지광국사 탑비 옆에는 지광국사의 부도가

법천사 당간지주

좌_법천사지에는 불상, 광배, 불두 등의 다양한 석물이 남아있다.    우_법천사지 지광국사 탑비

경복궁에 있는 법천사지 지광국사 부도.
경복궁에 있는 다른 유물들은 경복궁 내에 있던 국립중앙박물관이 2005년 용산으로 이전할 때 함께 옮겨졌지만,
이 지광국사부도탑은 안전성에 심각한 문제가 있어 그 자리에 남게 되었다.

법천사 부근 법천리 고분군에서 발견된 중국 청자. 중국에서도 쉽게 향유하기 어려웠을 이런 고급 제품의 발견은 곧 원주 지역의 선진성을 상징한다.

있었는데, 1910년 이후 일본으로 반출되었다가 해방과 더불어 반환되어 서울 경복궁 뜰에 놓였다. 앞서 본 거돈사지의 원공국사 부도탑과 비슷한 수난을 당한 것이다. 거돈사지의 원공국사 부도나 법천사지의 지광국사 부도, 그리고 또 다른 사찰문화재들이 박물관의 뜰이나 장식하는 데 그치지 말고 본래의 절터로 돌아오는 방법이 없을지 궁금하다.

사실 불교사나 불교미술사 하는 사람들은 잘 인식하지 못하는 게 하나 있다. 법천사가, 그리고 이 지역이 고려시대에 중요한 지역이었음은 법천사뿐만 아니라 법천리에서 출토된 청자로도 확인된다는 점이다. 지금 국립중앙박물관에는 양(羊) 모양의 청자가 있다. 이것은 법천리 고분군에서 출토된 것인데 4~5세기에 중국에서 만든 것이다. 중국에서도 보기 드문 명품이다.

이를 통해 원주지역이 일찍부터 중국 문물을 독자적으로 흡수했을 가능성을 점쳐볼 수 있다. 나는 이 같은 선진성이야말로 이곳의 불교 문물이 다른 지역에 비해 월등한 발전을 이루는 토양이 되었을 것으로 생각한다.

거돈사와 법천사 외에 고려시대 원주지역에는 흥법사라는 거찰도 있었다. 뿐인가, 구룡사를 비롯해 석남사·국형사 등의 고찰들도 통일 신라 후기에서 고려시대에 걸쳐 번성했던 원주지역의 불교문화를 보여주는 단초들이다. 특히 흥법사지에는 문화적으로 통일신라의 전성

흥법사에 있었던 염거화상탑과 흥법사 진공대사 부도 및 석관(현 용산국립중앙박물관)

기라 할 수 있는 9세기 중반의 염거(廉居)(?~844), 통일신라 후기에서 고려시대 초기에 걸쳐 활동하며 태조 왕건의 왕사를 지냈던 진공(眞 空)(855~937) 대사 등의 고승이 머물렀던 곳이라 그 사격이 만만찮음을 알 수 있다. 지금은 드넓은 절터에 삼층석탑만 외롭게 남아 있지만, 전에는 진공대사의 부도와 석관, 염거화상의 부도가 있었다. 이들은 모두 일제강점기의 혼돈 때 이런저런 이유로 제자리에서 벗어났다가 지금은 용산 국립중앙박물관으로 옮겨졌다. 특히 석관은 당시 승려의 다비와 그에 따른 장례문화의 일단을 짐작케 해준다는 점에서 중요한 자료다.

이러한 자료를 통해 보면 신라시대 경주에 집중되었던 불교가 고려에 들어와 국토의 전 지역으로 뻗어나갔는데, 그 중에서도 원주 일대는 불교가 특히 발전한 곳 중 하나였다는 것을 잘 알 수 있다. 이 지역에는 또 통일신라를 풍미했던 신선술이나 도참사상과 연관된 유적들이 전해온다. 불교와 더불어 이 같은 새로운 문화의 발현은 곧 원주와 강릉을 비롯한 강원도가 다른 지역과 달리 문화적 흡인력이 강했던 곳이라는 증거라고 할 수 있다. 그리고 그 한복판에 강릉의 굴산사와 신복사, 원주의 거돈사와 법천사 등이 자리하고 있는 것이다.

거돈사지 금당지와 삼층석탑

# 서울 봉은사

봉은사는 도심 속 마천루에 둘러싸여 있지만 천년고찰의 고즈넉함을 간직하고 있다.

수도 서울에서도 강남구는 가장 번화하고 화려한 부자 동네로 꼽힌다. 그 강남 중에서도 요지에 속하는 삼성동 한복판에 봉은사가 유유자적 자리하고 있다. 봉은사 앞의 큰길 이름도 '봉은사로(路)'이니 대접도 꽤 잘 받고 있는 것 같다. 바로 코앞은 코엑스나 아셈 같은 마천루급 고층건물들이 즐비하고, 봉은사 담장을 맞닿아 식당이나 카페 등이 에워싸고 있다.

봉은사 입구인 일주문

누각인 법왕루

도심속 사찰의 숙명이 본래 그렇긴 하여도 좀 심하다싶을 정도인데, 하지만 막상 봉은사의 정문인 진여문을 들어서는 순간 도시의 때는 간데없이 사라짐을 느낀다. 인구밀도 최고에 소음도 역시 최고인 번잡하기 짝이 없는 대도시에 있으면서 이렇게 산사 같은 분위기를 간직하고 있는 봉은사가 대견하고 고맙기까지 하다.

1960년대까지만 해도 봉은사에 가려면 마포나루나 뚝섬나루에서 배를 타고 들어가야 했다는 말을 들으면 사람들은 믿기지 않는다는 표정을 지으며 황당해한다. 강남의 중심 복판에 있는 봉은사엘 배 타고 들어갔다니!

사실 봉은사에서 한강 물길은 그다지 멀리 떨어져 있지 않다. 직선거리로 몇 킬로미터만 가면 한강이다. 그래서 조선시대만 해도 봉은사는 유학자들이 뱃놀이를 즐기는 환상의 코스였다. 주로 지금의 강남구 압구정을 출발해 용산구 한강로에 있던 호수인 동호, 성동구 금호와 저자도 등지를 거치는 게 봉은사 뱃놀이의 주요 행선지였던 것 같다.

## 마천루의 숲에 들어선 고요한 산사

한양의 내로라하는 양반들치고 한 번쯤 봉은사 뱃놀이 코스를 즐기지 않은 사람이 없다 해도 과언이 아닌 것이, 그들이 남긴 봉은사 뱃놀이 시(詩)는 어림잡아도 100수가 훨씬 넘기 때문이다. 봉은사 뱃놀이 유람객 중에는 우리가 익히 알 만한 명사들도 많이 포함되어 있다. 조선 초의 저명한 학자 정인지와 영의정 한명회를 비롯해서 조선 유학의 거두 퇴계 이황, 조선의 최고 문장가인 이자, 최경창, 백광훈 등 그야말로 기라성 같은 조선의 명사 준걸들이 봉은사를 즐겼다. 백곡처능, 연담유일, 설담추봉 등 당대의 고승들 역시 봉은사 상춘객 명단에서 빼놓을 수 없는 인물들이다.

세상은 많이 변했다. 한강을 뒤뚱뒤뚱 오가던 나뭇잎처럼 작은 거룻배는 집채만 한 호화로운 유람선으로 바뀌었고, 얼마 전까지만 해도 봉은사 신도들을 나르던 나룻배가 묶여 있던 뚝섬에는 수상스키장이 성업중이다. 한강에 걸친 다리만도 철교를 포함해 30개에 육박한다. 세월의 흐름 속에 유수처럼 변해버리는 서울의 풍물 중에서 그래도 더디게 움직이는 게 있다면 바로 천 년 전부터 그 자리에 그대로 버티고 있는 봉은사일 것이다. 그러니 봉은사 주변이 너무 화려하고 번잡하다고 불평하는 것은 온당하지 않다. 부박하게 변한 건 봉은사가 아니라 그 주변이니까.

봉은사의 역사를 말할 때 가장 미묘하면서도 확신하기 어려운 게 창건 부분이다. 봉은사에서는 『삼국사기』와 『삼국유사』의 기록을 들

코엑스 부근의 승과평 표지석

어 794년에 연회국사가 창건했다고 말한다. 하지만 일부 불교사학자들은 『삼국사기』 등에 보이는 봉은사는 경주에 있던 절이고, 지금의 봉은사는 15세기부터 그 확실한 역사를 더듬어 볼 수 있다고 한다.

특히 서산대사와 사명대사가 바로 봉은사에서 열렸던 승과(승려들의 과거시험)에 합격하면서 나라의 중추로 성장할 수 있었다는 점에 대해서 아는 분이 별로 많지 않다. 지금 봉은사 건너편 코엑스 건물이 들어선 곳 일부는 봉은사에서 주관한 승과가 있던 자리여서 '승과평'이라 불렸고, 그 표지석도 있다. 이 무렵 봉은사는 나라에 의해 선종수사찰, 곧 '선종의 으뜸 사찰'로 지정될 정도로 위상이 높았다. 봉은사의 전 역사에서 가장 자랑스러운 부분일 것이다.

이렇게 봉은사는 학계에서 의견일치를 보지 못하는 창건 부분을 잠시 젖혀놓고 보더라도 우리나라 역사에서 차지하는 비중이 매우 높다. 하지만 지금 나의 관심은 1960년대 이후의 봉은사로, 한국 현대불교사 중에서도 바로 이 부분을 예의주시해야 한다고 믿고 있다.

특히 기억해야 할 부분은 1964년 봉은사에 결성된 대학생수도원의 수행상이다. 한국대학생불교연합회(현 대불련) 구도부(求道部)는 새로운 불교운동을 펼치기 위해 봉은사에 대학생수도원을 두고 여기서 용맹전진하였다. 지금의 판전 옆 명성암이 그때의 수행처이자 보금자리였다.

이들의 수행을 치기어린 젊은이들의 일시적 발심 정도로 치부해 버

봉은사 대학생수도원생들과 자운 스님. 자운 스님은 대학생수도원 운영에 헌신적이었다.

린다면 그건 오판이다. 이들은 학업과 수련을 하나의 수행 과정으로 일치시키고자 매일같이 배를 타고 학교와 봉은사를 오가며 10년 넘게 정진하였으니 이만한 끈기와 열정도 보기 드물 것이다. 조실 청담 스님, 지도법사 광덕·법정·법안 스님, 지도교수 박성배·서경수·이기영 교수 등의 면모만 보더라도 이 봉은사 대학생수도원의 구성과 운영과 목적이 결코 녹록치 않았었음을 알 수 있다.

그 결과 이들 봉은사 대학생수도원 식구(이들은 스스로를 가리킬 때 '봉은사 식구들'이라고 부른다. 내게는 그 말이 더욱 정겹게 느껴진다)들은 나중에 출가한 스님도 있고, 대부분 정계·관계·언론계·학계 등 사회 각계각층에서 나름대로의 역할들을 충실히 해나가며 불교계 발전의 밑거름이 되고 있다.

대학생수도원은 1970년대 중반에 해체되었지만 이들은 여전히 끈끈한 정을 이어가고 있다. 대학생 수도원 출신은 대략 50명 정도 되는

데, 지금 지면에 실명을 열거하며 밝히기는 뭣하지만 나는 그 멤버들의 활동을 비교적 소상히 잘 지켜보고 있는 편이다. 작지만 큰일들을 이루어 나가는 그들의 모습을 보면서, 언젠가 20세기가 까마득한 역사의 저편으로 흘러가 있을 때쯤이면 한국불교 중흥의 장이자 수도의 요람처로서 봉은사와 봉은사 수도원이 기록될 것이라고 믿는다.

나는 2006년과 이듬해에 걸쳐 미국 뉴욕 주립대에 방문학자로 가 있었다. 그때 그곳 동양학과 교수로 재직 중인 박성배 교수와 많은 이야기를 나눌 기회를 가졌다. 말했다시피 박 교수는 봉은사 수도원의 지도교수였다. 봉은사 수도원 식구들로부터 그에 대한 얘기는 익히 들어 알고 있었지만 직접 만나본 것은 거기에서가 처음이었다. 70대 중반의 나이가 믿기지 않을 정도로 활력이 넘쳐 40대 후반인 내가 스스로 초라하게 느껴질 정도였다. 처음에는 당시의 얘기를 많이 들을 수 있을 것으로 기대했으나 학교나 롱아일랜드의 자택에서 나눈 대화에서 봉은사 얘기는 그렇게 많지 않았다. 도미한 지 40년이 넘었으니 이제 관심도 시들어진 것인가 생각되기도 했다. 하지만 대화를 나눌수록 1960년대 봉은사 식구들하고 함께한 수행의 나날들, 그들과 함께 문경 김룡사에서 성철 스님의 설법을 듣기 위해 3천 배를 했던 일이며 도선사 등지로 함께 떠난 구도행각 이야기들이 쉼 없이 쏟아져 나왔다. 동국대학교 인도철학과 교수로 있다가 출가해 성철 스님의 문하에서 3년 동안 수행한 일, 이후 퇴속하자 성철 스님이 전무후무한 '퇴속 기념 법문'을 베풀어 주신 일, 그리고 곧이어 1969년 미국으로 도미해 새로운 인생과 학문을 개척해 나가 지금 그의 연구실이 미국 뉴욕의 한국불교연구 일번지가 되기까지의 일은 얼마나 흥미로웠는지 모른다. 나중엔 대화의 대부분이 봉은사와 봉은사 식구들 이야기로 채워지기도 했다. 그분에게도 역시 봉은사 시절은 잊으려야 잊을 수없는 소중한 추억이었던 것이다. 내가 미국을 떠날 때 나는 마지막

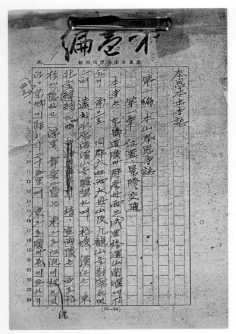

인사도 "돌아가거든 봉은사 식구들에게 모두 꼭 안부 전해주세요."였다. 최근 출판된 박성배 교수의 에세이집 『재미 불교학 교수의 고뇌』(혜안)에는 1960년대 봉은사 수도원에 대한 농도 깊은 이야기가 담겨 있다. 또 그의 학문은 2009년에 나온 『한국사상과 불교』(혜안)에 잘 녹아 있다. 어찌 보면 그로 인해 이루어진 한국불교의 미국 전파는 오래 전 봉은사에서 싹이 튼 것이 아닐까 생각된다.

봉은사에 관해서 하나 더 말할 게 있다. 고려와 조선시대의 봉은사 위용에 대해서는 앞에서 말했거니와, 일제강점기에 와서도 봉은사는 전국 31본산의 하나가 될 정도로 사격이 높았다. 그 당시인 1940년대에 저명한 불교사학자 안진호(安震湖)(1885~1965)는 봉은사의 역사를 담은 『봉은본말사지』라는 글을 썼다. 봉은사의 역사를 집대성한

것은 물론이요, 관련된 시문과 인물, 봉은사에 소속된 경기지방의 말
사들까지도 모두 수록한 방대한 저술이었다.

하지만 이 글은 현재 육필의 초고 상태로만 남아 있을 뿐 아직 출
판되지 못하고 있다. 사찰의 역사를 담은 사지의 중요성은 다시 말할
필요도 없다. 그 옛날 선종수사찰이자 지금은 대중과의 친화, 활발한
도심포교, 대중과의 긴밀한 호흡 등 모든 면에서 앞서가고 있는 봉은
사가 이 중요한 사료를 왜 아직 활자화하지 않고 있는지 내게는 불가
사의하다.

# 화성 용주사

용주사 내경

흔히 효(孝)는 유교의 전유물로만 안다. 효란 덕이나 충, 그리고 의리 등과 마찬가지로 유교에서 발전시킨 고유한 가치로만 생각하고, 효야말로 불교에서 매우 강조되었던 덕목 중 하나였음을 아는 사람은 꽤 드물다. 부모의 은혜가 무엇보다도 소중하다는 것을 깨우친 『부모은중경』이라는 불경이 있고, 일연 스님이 지은 『삼국유사』에도 불교 효행의 사례를 모은 「효선」이 중요한 자리를 차지하고 있음을 아는 사람은 얼마나 될까. 사실 불교와 효는 흙과 나무처럼 밀접한 관계인데 미처 그런 생각을 못하는 사람이 많다.

그런 의미에서 우리 불교사에서, 특히 유학이 사회의 이념으로 굳게 자리잡았던 조선시대에서 효로써 불교의 가치를 드날렸던 역사 현장을 한 번쯤 찾아가보지 않을 수는 없는 일. 바야흐로 봄이 무르익어 가는 무렵 경기도 화성의 용주사(龍珠寺)를 찾았다.

### 비운의 사도세자를 향한 정조의 애틋한 효심과 불심이 어우러진 현장

그에 앞서 『불교신문』사의 A기자, H기자와 함께 수원에 들렀다 가기로 했다. 얼마 전 이 지역의 향토사연구자 한 분에게서 수원 이목동 비석거리에 있는 선정비 2개의 비좌가 제 것이 아니라 사찰 비석의 그것을 갖다 쓴 것 같다는 제보가 신문사에 들어와 있었던 것. 선정비는 수령의 치적을 기념해서 세운 비석이다. 신문사에서는 그때 곧바로 나에게 사실 여부를 확인해줄 것을 요청했으나 그동안 미뤄왔다가 이번 용주사행을 기회삼아 이제야 가보기로 한 것이다.

이목동 비석거리엔 수원지역에서 옮겨온 조선시대 비석들이 길 한쪽에 그득히 줄지어 서 있다. 가서 보니 대부분 고을 원님네들의 선정비다. 그 중에서도 비석을 받치는 비좌가 거북 형태로 되어 있는 2개가 단연 눈에 들어왔는데, 바로 문제의 그 비석들이다. 거북 모양의 비좌는 특별히 귀부(龜趺)라고 부른다.

우리나라에서는 통일신라시대 이래로 고승들을 기념하는 비석의 대좌는 대부분 귀부를 쓰기 마련이었다. 또 고승의 비석이 아니더라도 사찰의 역사를 기록해 놓은 사적비에도 귀부가 놓였다. 다시 말하면 귀부는 불교 관련 비석의 전용 대좌였다 해도 과언이 아니라는 얘기다. 이런 상식을 갖고 봐도 선정비에 귀부가 쓰인 게 이상한데, 게다가 비석의 크기와 귀부와의 비례가 전혀 맞지 않고, 또 서로 석질도 다르다. 비석과 귀부가 서로 제짝이 아닌 게 한눈에도 보였다. 아마도 비석을 세울 때 사찰에 있던 귀부를 가져다가 억지로 끼워맞춰 넣은 모양이었다.

수원 이목동 비석거리에 놓인 귀부

다만 제보자의 의견처럼 이 귀부들이 신라 말 고려 초에 용주사에 머물렀던 염거, 혜거 두 스님의 비석과 관련 있는지는 좀더 연구해 봐야 할 것 같다. 귀부 양식이 그보다는 후대의 것으로 보이기 때문이다. 어쨌든 불교 비석의 귀부에 선정비의 그것을 얹어놓은 게 정상일 리는 없다. 작은 일 같지만 눈여겨보고 알려준 제보자의 정성이 고맙게 느껴지는 한편, 이를 방치한 관련 기관의 무신경에 슬며시 화도 났다.

선정비란 대개 수령이 임기를 마치고 떠날 때 지역민들이 자발적으로 세우는 게 통례였다. 이 비석의 주인공들 역시 역사적으로 훌륭한 인물들이건만 이리 해놓으면 결국 그들의 명성에 흠이 된다는 것을 왜 모르는 걸까.

용주사 입구. 울창한 소나무 아래로 계행을 새겨놓은 입석들이 좌우에 늘어서 있어 마치 왕 앞에 좌우로 도열한 문무백관과 같은 분위기를 풍긴다.

　대충 이런 소견을 기자에게 말해주고는 용주사로 향했다. 용주사 초입에 들어서니 주변이 굉장히 어지럽게 느껴진다. 사도세자와 정조의 능인 융건릉과 용주사 주위에 아파트가 건설될 예정이라 택지조성 공사가 한창인 탓에 주변 도로며 마을 입구가 이리저리 파헤쳐진 때문이다. 고층아파트로 상징되는 도시화를 여기라고 막을 수야 없다손 치더라도 하필 우리나라 효의 대표적 현장인 용주사의 고즈넉함과 정갈함을 해치면서까지 이렇게 가까이 들어서야 하는지, 못내 아쉽기만 하다.

　용주사가 효심의 사찰로 불리게 된 연유는 이렇다. 일찍이 신라시대인 854년에 갈양사라는 이름으로 창건되었다가 조선시대 후기 병자호란 때 불타 없어진 이 절이 다시 중창될 수 있었던 것은 순전히 정조임금의 효심에 힘입어서다.

잘 알다시피 정조의 아버지는 복잡다단한 정치역학 속에서 부왕인 영조의 미움을 받아 억울하게 죽음을 맞은 비운의 사도세자다. 정조는 어린 나이에 그 비운의 현장을 목도하였고, 왕이 되어서 더욱 더 아버지인 사도세자를 사무치게 그리워했다. 그러던 어느 날 정조는 보경 스님으로부터 『부모은중경』 설법을 듣고는 크게 감동하였다. 그리고는 거센 반대를 무릅쓰면서 아버지의 넋을 위로하기 위해 양주 배봉산에 있던 묘를 옮겨와 현릉원(뒤에 융릉으로 승격)이라 하고, 그 능을 수호할 사찰로서 용주사를 커다랗게 중창하였다.

정조는 수시로 능을 찾고 용주사를 찾아 아버지의 극락왕생을 기원했다. 역사상 한 나라의 군주로서 이만한 효행을 보인 이는 동서고금을 막론하고 없지 않을까.

용주사가 낙성된 날, 정조는 용 한 마리가 여의주를 물고 승천하는 꿈을 꾸었다. 그리하여 정조는 절 이름을 용주사라 지었고, 이 뒤로 용주사는 불심과 효심이 한데 어우러진 곳으로서 자리매김하게 되었다. 우리나라의 전래동화나 전설 중에는 효에 관한 일화가 으뜸을 차지한다. 그런즉 어찌 정조의 효 하나만을 최고인 양 추켜세울 수 있을까마는, 그 효의 뒤안길에 불교와 용주사가 자리하고 있는 것은 분명 간과할 일은 아닐 것이다.

정조는 영조와 더불어 18세기 '조선의 르네상스'를 이끈 영명한 군주였다. 근래 정조의 개혁정치를 주제로 한 역사서가 붐을 이루며 출간되었고, 모 TV방송국에서 그를 주인공으로 한 드라마가 목하 커다란 인기를 끌며 방영되기도 했다. 그만큼 정조는 현대인들에게 각별한 관심을 끄는 존재다. 나는 그러한 배경에는 그가 이룬 탁월한 정치적 업적도 물론 있겠지만, 그보다는 그의 효심이 큰 의미를 지니기 때문이라고 생각한다. 그리고 그의 효심은 바로 용주사와의 인연으로 더욱 빛난다고 할 수 있다. 이런 까닭에 용주사는 불교에서 효를 얼마나 중요하게 여기는가를 단적으로 보여준다.

용주사에는 효행교육원과 효행박물관이 있고, 또 효성전(孝誠殿)(2008년 6월 호성전(護聖殿)으로 바뀜)과 부모은중경탑이 있으니 하

용주사 대웅보전

나의 절로서 이만하게 효성을 강조한 사찰이 어디 있겠는가. 대웅전 후불탱화와 병풍을 당대 최고의 화가인 단원 김홍도를 시켜 장식케 한 것도 정조가 얼마나 용주사를 아꼈는지 알 수 있게 하는 대목이다.

나와 H기자, 그리고 수원에서 오늘 합류한 또 다른 신입 H기자 등 우리 일행 세 사람은 용주사 탐방을 마치고 나와 바로 길 건너편에 자리한 아파트 공사장의 현장사무소를 찾아갔다. 얼마 전 공사 도중에 사도세자의 재실 주변에서 정조와 관련된 새로운 건물터를 발견했다는 소식을 들어서다.

상_화성 용주사 내의 효행교육원
하_용주사 내의 효행박물관

역사에는 사도세자의 능을 자주 찾아뵙고 싶었지만 왕의 몸으로 그럴 수가 없었던 정조가 사도세자의 위패를 모셔놓은 재실 앞에 자신의 초상화를 걸어놓게 했다고 나온다. 그림 속의 자신으로나마 아버지의 능을 매일같이 뵈려 한 것이다. 만약 새로 발견된 건물터가 바로 그러한 역사를 뒷받침하는 건물터라면 새로운 중요한 자료를 하나 더 얻게 되는 셈이다. 우리는 사실을 확인하기 위해 공사 관계자를 찾았다. 그러나 그들의 태도는 고압적이고 비협조적이어서 우리의 질문에 대해 모르쇠로만 일관하였다. 내 두 배만 한 체구의 H기자가 우리 대표로 나섰건만 그 역시 맥없이 돌아설 수밖에 없었다. 건물터 확인은 아쉽게 실패했어도 어쨌든 이것 하나만 놓고 보더라도 정조의 지극한 효성을 다시 한 번 느낄 수는 있었다.

석가부처님은 제자들과 더불어 길을 가다가 길가에 널브러진 뼈를 보고 갑자기 엎드려 절하였다. 깜짝 놀란 제자들이 연유를 묻자, "저 한 무더기의 마른 뼈들이 혹시 내 전생의 할아버지이거나 부모님일지도 모르기에 절하였노라." 이에 감동한 제자들이 어떻게 하면 부모님의 은혜를 갚을 수 있는지 여쭈자 부처님은 이렇게 말했다.

"만일 어떤 사람이 왼쪽 어깨에 아버지를 업고, 오른쪽 어깨에 어머니를 업고서 수미산을 백천 번을 돌고돌아 살이 닳아 뼈와 골수가 드러나더라도 부모님의 깊은 은혜는 다 갚았다고 할 수가 없다."『부모은중경』에 나오는 이야기다.

화성 용주사 내의 부모은중경탑.
뒤로 보이는 건물이 호성전이다.

홍살문은 보통 왕릉이나 서원에 두며 절에서 이런 홍살문을 세우는 경우는 아주 드물다.

# 대구 동화사 비로암 삼층석탑과 사리장엄

한식을 하루 앞둔 주말의 오전, 평소와 다르게 북적거리는 동대구역에 내렸다. 식목일인데다가 주말, 그리고 한식까지 겹쳐서인지 평소보다 훨씬 많은 사람들이 오가느라 큼지막한 동대구역은 전에 없이 비좁아 보인다.

10년 전쯤, 대구 H대학의 겸임교수로 있으면서 5년 넘게 서울에서 기차로 출퇴근한 적이 있었다. 얼마나 자주 동대구역을 이용했는지 나중에는 개표 역무원들과 마주칠 때마다 서로 눈인사를 나눌 정도였다. 그때는 대구라는 유서 깊은 도시에 걸맞지 않게 기차 역사가 작은 편이었지만 지금은 KTX 덕에 아주 크고 멋진 플랫폼으로 탈바꿈해 있었다. 요즘의 기차 역사는 대부분 규모가 커지고 시설도 번듯해지기는 했지만, 반면에 서로서로 손을 흔들며 반갑게 만나고 아쉽게 헤어지던 인간미 넘치는 옛날 분위기는 거의 나지 않는다. 저기 저쯤이 학교에서부터 따라와 올라가는 내게 학생들이 손 흔들어 주던 곳이지 하며 10년 전을 떠올리려 해도 잘 되지 않는다. 모든 것이 디지털화된 시대를 살면서 케케묵은 아날로그 감성을 아직도 나는 버리지 못한 것일까.

### 왕권쟁탈의 핏자국, 불교의 자비심으로 씻어내

역에서 나와 10분 남짓 걸어가 파티마병원 앞 버스정류장에서 1번 버스를 타니 1시간도 채 안 되어 동구 도학동, 동화사 입구에 내려준다. 팔공산 자락 곳곳마다 나뭇가지에는 한창 물이 올라 꽃망울을 터뜨리려 하고 있고, 개나리며 진달래가 활짝 피어 있다. 드문드문 모여 있는 벚꽃나무들도 만개했다.

오늘 동화사를 찾은 것은 동화사 역사 속에 깃든 통일신라시대 왕권쟁탈 암투의 비극과 용서를 살펴보기 위함이다. 한 사찰에 왕권쟁

탈과 관련된 일화가 스며 있는 경우는 매우 드물다.

동화사는 493년에 극달 스님이 창건했으니 1,500년이 넘는 오랜 역사를 지니고 있는데, 지금과 같은 영남지역을 대표하는 거찰로 자리잡은 건 9세기 이후에 들어서부터다. 그것은 각종 기록과 더불어 지금 남아 있는 여러 가지 유물을 통해서도 확인된다.

오늘날에는 조계종 본사의 하나로서 드넓은 경내 여기저기에 20여 동이나 되는 많은 전각이 들어서 있고, 국보며 보물이며 그야말로 숱한 문화재를 전하는 동화사건만 오늘 나는 다른 곳은 다 놔두고 오로지 산내암자인 비로암 주위만 맴돌고 있다.

바로 이곳에 신라 후기 비운의 왕권쟁탈전의 흔적이 남아 있기 때문이다. 남쪽 주차장에서 올라오면 동화사 대웅전 경내로 들어서기 바로 앞 오른쪽 나지막한 대지 위에 자리잡은 곳이 비로암이다. 지금

은 법당과 산신각, 그리고 요사로만 이루어진 작은 규모로, 관광객으로서 동화사를 방문한 사람들은 그냥 지나쳐버리기 십상인 조용한 곳이다. 바로 이곳에 신라왕국의 존망을 위태롭게 할 정도로 왕권쟁탈의 거친 풍운이 휘몰아쳤던 역사의 흔적을 간직하며 서 있는 삼층석탑의 유래를 아는 사람들은 더더욱 드물다.

사실 핵심은 탑보다는 여기에 봉안된 사리장엄이다. 탑은 사리를 봉안하기 위해 만드는 것인데, 사리를 담아두는 용기나 장식품을 사리장엄이라 부른다. 1967년 비로암 삼층석탑을 수리할 때 발견된 사리를 담았던 항아리(동국대학교박물관) 겉면에는 비극적 생을 살다간 민애왕(閔哀王)을 추모하기 위해 863년에 경문왕(景文王)이 이 삼층석탑을 세웠다

동화사 비로암 삼층석탑.
9세기에 민애대왕을 추모하기 위해 세워졌다.

는 내용을 담은 245자가 새겨져 있다. 여기까지는 이해하는 데 별 문제가 없다.

그런데 실상 돌아간 왕을 위해 현세의 왕이 특별히 사리탑을 만들어 주는 경우란 극히 드물다. 그렇다면 민애왕은 어떤 인물이기에 경문왕이 특별히 그를 추모해야만 했던 것일까? 또 민애왕과 동화사는 어떤 관계였을까? 의문이 꼬리에 꼬리를 문다.

비로암 삼층석탑에서 발견된 민애대왕 사리호.
비운에 간 민애대왕을 추모하기 위한 글이 새겨져 있다.

이러한 수수께끼를 풀기 위해서는 우선 9세기 중반에 일어났던 일대 정변(政變)의 경과를 알아야 한다. 838년과 839년의 단 두 해 동안 왕 두 명이 죽고 세 명의 왕이 잇달아 즉위하는 초유의 정변이 일어났다. 이 골육상쟁의 무대에 주연으로 등장하는 사람은 제43대 희강왕과 제44대 민애왕, 제45대 신무왕 등 세 명의 왕이고 그 밖에 장보고와 김우징 등 당대 최고의 권력자들이 조연으로 나선다.

사리호의 주인공이 민애왕이므로, 민애왕을 중심으로 얘기를 풀어 본다. 사실 민애왕은 본래 왕자는 아니었고, 신라 최고위 관직인 시중(侍中)인 김명(金明)이다. 그가 왕위에 오르게 된 발단은 제42대 흥덕왕(재위 826~836)이 후사를 남기지 못하고 죽은 데에서 비롯된다. 왕위계승자로는 서열상 흥덕왕의 사촌 동생인 김균정(金均貞)(?~836)과 오촌 조카 김제륭(金悌隆)이 우선후보였는데 이 두 사람이 양보 없이 서로 대립하였다.

그런데 민애왕 김명은 김제륭과 오래 전부터 정치적 입장을 같이하고 있었으므로 김제륭을 왕으로 적극 추천하였다. 숙질간인 김균정과 김제륭 두 세력은 궁궐 안에서 치열한 전투를 벌인 끝에 김균정은 전

사하고 그의 아들 김우징과 김양이 부상당한 채 도망갔다. 김우징은 중앙권력과는 상관없이 독자적으로 해상세력을 구축하고 있던 청해진의 장보고(?~846) 진영으로 피신하여 뒷일을 도모하였다.

왕권경쟁에서 일단 승리한 김제륭은 곧바로 즉위하여 제43대 희강왕(僖康王)(재위 836~838)이 되었다. 민애왕 김명은 최고의 공신으로 대우받았지만 야심이 넘쳤던 그는 거기에 만족하지 않고 2년 뒤 쿠데타를 일으켰다. 희강왕은 그들을 제압할 힘이 없음을 깨닫고 자결하였다. 이렇게 하여 김명은 약관을 조금 넘긴 스물두 살이라는 나이에 제44대 민애왕으로 즉위했다.

한편 청해진 장보고의 그늘 아래 숨어 지내던 김우징은 장보고에게서 군사 5,000명을 빌어 반군을 결성했다. 그의 군대는 838년 12월 지금의 전라남도 나주에서 전투를 벌여 관군에 대승하고 승기를 잡았다. 김우징은 그 여세를 몰아 경주로 진격하였고, 이듬해 1월 대구에서 양측은 사활을 건 일대 결전을 벌였다.

미리 말하거니와, '민애대왕 사리호'로 불리는 이 사리장엄을 봉안한 석탑이 대구 동화사 비로암에 세워진 것도 바로 대구에서의 치열한 전투 때문이었다. 이번 전투는 김우징의 대승으로 막을 내렸다. 패배한 민애왕은 민가에 숨었으나 결국 발각되어 스물셋이라는 젊은 나이로 생애를 마감한다.

승리한 김우징은 제45대 신무왕(神武王)(재위 839)으로 즉위했다. 3년 전 왕위에 오르려다 민애왕 김명에게 패하여 죽은 선친 김균정의 원한도 풀고 자신도 최고의 자리에 오른 것이다. 그렇기는 하지만 신라의 대표적인 두 가문 사이에 벌어진 이 상쟁은 정치적으로 커다란 후유증을 남겼다. 이대로 가다가는 사회가 크게 분열될 판이었을 것이다.

그러자 신무왕의 후손 제48대 경문왕이 오랜 갈등을 해소하고자

정변이 일어난 지 24년째 되는 863년에 가문의 원수였던 민애왕을 위해 동화사 비로암에 탑을 세우고, 거기에 민애왕을 추모하는 글을 새긴 사리항아리를 봉안토록 하였다. 더 이상 서로 죽이고 죽는 어리석음을 되풀이하지 말자는 결연한 선언이기도 했을 것이다. 동화사 비로암 삼층석탑은 바로 이처럼 복잡한 정쟁 속에 죽어간 왕들을 추모하기 위한 목적에서 세워졌다.

비로암 삼층석탑 앞에서 바라보면 팔공산의 연봉들이 끝 간 데 없이 멀리 이어지고 있는 게 보인다. 그 옛날 권력욕에 이끌려 골육상쟁을 벌이다 참회하며 여기에 탑을 세웠던 이들은 무슨 생각을 하며 저 팔공산을 바라다보았을까?

천 년도 넘은 옛날이야기라고는 해도 권력을 향한 인간의 속성이 과연 크게 달라진 게 있을까 싶다. 이 탑이 세워진 뒤 실제로 당시 모든 갈등과 원한이 다 풀어졌는지는 알 수 없다. 예나 지금이나 정치는 정치일 뿐, 단순히 제스처로만 끝나고 깊숙이 자리잡은 정적 간의 갈

등은 그대로 남아 있었을 수도 있다. 하지만 불교에서는 자비와 용서를 제일의 가치로 친다.

왕권쟁탈의 욕심은 피비린내 나는 살육을 불러왔지만 결국 그 핏자국을 씻어낸 건 불교의 자비심이었다. 우리나라 불교역사상 이만한 헛된 욕망과 참회의 장이 또 어디 있겠는가. 그리고 그러한 역사적 현장이 바로 동화사였다는 점은 기억해 둘 만한 일이 아닐까.

# 구미 도리사

도리사를 감싸안은 태조산의 웅장한 모습

친구 중에 H는 유독 재주가 뛰어났고, 공부도 발군이었다. 행실도 그만하면 좋았으니 그야말로 넘버원 친구였다. 다만 마음이 유달리 약하다는 것이 단점이라 우리는 그에게 '유리 가슴'이라는 별명을 붙여주었다. H는 사랑에 무척 서툴렀다. 대학 때 장래를 약속했던 여자 친구는 제대하고 나니 이미 한 남자의 아내가 되어 있었고, 어렵사리 새로 사귄 애인은 부잣집 딸이었는데 시쳇말로 가진 거라고는 두 주먹밖에 없던 터라 여자 친구 부모의 허락을 얻지 못했다. 그녀는 그를 버렸고, 그도 상심 끝에 미국으로 떠났다. 그토록 사랑했던 여인에게 버림받고 같은 하늘 아래 산다는 게 고통이었을 그의 심정이 이해가 갔다. 신파극 같은 사랑이었다. 뭘 물어봐도 입가에 애매모호한 웃음만 흘리던 습관도 그때부터 보였던 것 같다. 미국 가기 전, 그가 한 번은 얼큰히 취하자 명색이 죽마고우인 내게 수줍은 듯 고백했다.

### 묵호자 스님, 신라공주의 병 고치고 도리사 창건

"도리사 올라가기 전에 철쭉이 잘 피어 있거든. 나는 그 철쭉만 보면 마음이 편해져. 그 중에도 보라색 철쭉이 가장 좋아."

도리사와 선연하게 빛나는 보라색 철쭉이 그에게 어떤 의미인지 취중에 들은 것 같다. 그러나 그에게는 미안한 일이지만 나는 도리사의 복사꽃만 떠올리느라 귀담아 듣지 않았다. 그렇게 10년이 흘러갔다. 오랜만에 미국에서 H가 전화를 걸어왔다. 내가 요즘 한창 사찰 탐방 중임을 알고 있던 그는 말 끝에 도리사에는 안 가보느냐고 물었다. 미안하다는 듯한 말투로, 가거들랑 철쭉꽃 좀 사진 찍어서 보내달라고 하면서.

봄이 무르익는 4월 초순. 경북 구미시 해평면 송곡리 도리사를 찾았

상_도리사 적멸보궁
하_적멸보궁 안에서 내다본 사리탑

상_도리사 내경
하_도리사에서 바라다본 구미시

다. 기차를 타고 구미역에 내려 해평으로 가는 버스를 타니 일주문 앞에서 내려준다. 여기서부터 경내까지는 꽤 멀어 아무리 잘 봐주어도 40분 이상은 족히 걸어야 할 것 같다. 아직은 춘삼월 호시절이니 그래도 걸을 만했다.

멀리서 바라보니 도리사를 감싸안은 태조산의 자태가 꽤 웅장하다. 태조산은 『삼국유사』에는 냉산(冷山)으로 나온다. 산자락 주변에 늘 선선한 기운이 감돌아서 이런 이름이 붙었을 것이다. 다른 곳에 비해 기온이 낮은 것은 이곳이 강에서 그리 멀리 떨어져 있지 않은 탓도 있다. 낙동강이 생각보다 가까워 산 정상에서 내려다보면 서쪽으로 널따란 해평(海坪)(바다같이 너른 들)이 보이고 그 너머로 유유하게 흐르는 낙동강이 시야에 들어온다. 사실 우리나라 불교의 전파에는 물길이 큰 역할을 했다. 신라에 불교를 전한 아도도 물길을 따라 이곳까지 내려왔을 가능성이 높다. 남한강(전등사, 신륵사)을 타고 충청도 금강(중원 탑평리 사지, 미륵사지, 법주사)을 지나 낙동강으로 내려오는 코스는 곧 초기 불교 전파의 루트이기도 하다. 사대강 등 물길관리가 요즘 커다란 관심사로 떠오르는데 어쨌든 학술적 관점에서라도 누군가 나서서 물길에 따른 사찰 입지를 연구하면 좋은 성과가 나올 것 같다.

불과 얼마 전까지만 해도 '선산 도리사'라고 했지만 지금은 '구미 도리사'라고 해야 한다. 1995년 행정구역 조정에 따라 선산군(善山郡)이 구미시에 통합되었기 때문이다. 이제는 행정규모가 훨씬 큰 구미에 얹혀 있지만 이 지역 사람들은 아직 선산이라는 이름에 애착이 많다. 『삼국유사』에도 나오는 연조 깊은 선산이라는 지명이 이렇게 맥없이 사라지는 게 작금의 도시화지만, 지명도 문화인데 우리나라에서 문화는 개발에 눌리기 일쑤다.

도리사에는 신라 최초의 사찰이라는 관사(冠詞)가 따라붙곤 한다. 그래서 '해동 최초가람', '신라불교 초전법륜지'라는 말이 도리사를 수식한다. 도리사 창건에는 묵호자(墨胡子) 또는 아도(阿度) 스님과 모례(毛禮)와의 아름다운 이야기가 스며 있다. 신라에 불교가 공인된 것은 527년 법흥왕 때 일인데, 기실 훨씬 이전에 이미 불교는 전파되어 있었다.

고구려와의 접경지인 이곳에 400년대 중반 무렵 불교 전파를 위해 고구려에서 묵호자가 내려왔다. 당시 신라는 눌지왕이 다스리고 있었는데 불교를 대놓고 포교하는 건 금지되어 있어서 매우 위험한 일이었다. 그는 우선 선산에 있는 모례라는 사람의 집에 은거하면서 기회를 엿봤다. 그러던 차에 중국 양(梁)나라에서 신라에 향(香)을 보내왔는데, 조정에서는 이것이 무엇에 쓰는 물건인지 몰라 전전긍긍했다. 묵호자는 이에 조정에 찾아가서 향의 용도와 사용법을 알려주었다. 일이 되려고 그랬는지 마침 신라공주가 병을 앓았다. 백약이 무효했는데, 묵호자는 자신이 고쳐주겠다고 나서서 향을 피우고 염불을 외워 병을 고쳐주었다. 감격한 눌지왕은 그의 소원대로 불법을 펼 수 있도록 허락하였다. 하지만 눌지왕이 죽자, 대신들은 묵호자를 핍박했다. 묵호자는 도망하다시피 나와 모례의 집 굴속에 숨은 후 다시는 나오지 않았다. 이상은 『삼국사기』에 나오는 이야기다. 그런데 재미있게도 『삼국유사』에도 거의 유사한 내용이 소개되어 있는데, 다만 주인공

이 묵호자가 아닌 아도로 되어 있는 점이 다르다. 그래서 학자들은 묵호자와 아도가 동일 인물이 아닐까 하는 강한 심증을 갖고 있다.

험한 환경 하에서 불교를 알리기 위해 핍박을 무릅쓰고 내려온 아도(또는 묵호자)나, 그의 후견인이자 불자로서 죽음을 두려워하지 않고 아도를 숨겨준 모례는 신라 불교의 최대 은인인 셈이다. 그런 의미에서 아도가 은거했던 모례네 집이야말로 한국불교사상 손꼽히는 성지라고 할 수 있다.

도리사가 창건된 것도 바로 이때였다. 공주의 병을 고쳐주고 왕궁에서 돌아와 모례네 집으로 돌아오는 길, 아도는 부근에서 겨울철임에도 불구하고 복숭아꽃·배꽃이 만발한 것을 보았다. 이곳을 포교의 근거지로 삼으라는 계시로 생각한 그는 절을 짓고서 도리사(桃李寺)라고 이름을 지었다. 이후 신라에서 불교가 크게 발전하고, 원효·의상 등이 나타나 한국불교의 꽃을 피웠던 점을 생각할 때 신라에 불교를 처음 싹틔운 아도와 모례, 그리고 그 첫 꽃봉오리인 도리사의 의미는 아무리 강조해도 지나치지 않는다.

일주문을 지나 천천히 올라가며 한가롭게 주변을 살펴보았다. 이 주변이 옛날 아도 스님이 절을 창건했을 때 복숭아꽃과 배꽃이 피던 자리가 아니었을까 어림짐작도 해 가면서 올라가자니, 차 타고 휙 하니 가는 것보다 이것저것 눈에 보이는 것도 많아서 좋다. 어느새 널찍한 주차장이 보이고, 조금 더 올라가니 입구가 나온다.

절 문턱에는 요사와 강당 등으로 쓰는 큼직한 3층짜리 시멘트 건물이 주변을 압도한다. 고색창연한 도리사의 모습을 기대하고 올라온 사람들이라면 그 의외의 모습에 놀랄지도 모르겠다.

하지만 도리사의 진짜 경관은 그 뒤로 올라가면 나온다. 극락전이 자리한 경내가 바로 그곳이다. 왼편 산자락에는 아도 스님의 흉상이

도리사 극락전.
조선시대의 건물이다. 창건 당시의 도리
사는 지금의 주차장 부근이었다고 한다.

있고, 그 앞으로 극락전과 사리탑 등이 있다.

극락전 앞으로 난 길을 내려가니 그 옛날 아도 스님이 수행했다는 좌선대가 나온다. 언젠가 기를 연구하는 사람들이 바로 이 자리가 도리사의 기맥이 가장 왕성하게 흐르는 지점이라고 말하는 걸 들은 적이 있다. 나도 한 번 앉아볼까 망설이다가, '에이, 나 같은 사람이 앉으면 아도 스님이 화내시겠지' 하며 돌아섰다.

극락전으로 돌아오니 바로 뒤쪽 약간 높게 마련된 자리에 석종형 부도탑이 하나 보인다. 1977년 이 탑을 수리할 때 신라시대의 사리장엄이 발견되었다. 지금은 직지사 성보박물관에 보관되어 있는데, 국보

도리사 아도 스님 흉상

도리사 아도화상의 좌선대. 신라시대 아도 스님이 이
곳에 앉아 참선을 했다고 전한다.

도리사 사리기.
석종형 부도에서 발견된 것으로, 신라시대의 전형적인 전각형 사리기다(직지사 성보박물관 보관).

도리사 석종형 부도탑.
조선시대 부도로 사리기가 발견되었다.

로 지정된 전각 형태의 육각형 신라시대 사리기가 그것이다. 발견 당시 아도 스님의 행적과 관련하여 비상한 관심을 불러일으켰다.

또 극락전 앞에 있는 사각형 사리탑도 눈여겨봐야 할 유물이다. 이런 유형은 우리나라에서는 아주 드물어 학계에서는 고려시대의 탑으로 보고 있다. 하지만 4~5세기 중국에서 유행한 승려 부도탑과 비슷하여 아도 스님의 부도탑으로 볼 수도 있지 않을까 싶다. 이처럼 도리사에는 1,500년 전 아도 스님과 관련된 유물과 유적이 여럿 전한다.

사실 나는 아도의 포교는 미완성으로 끝난 게 아닌가 생각한다. 공주의 병을 고쳐주며 일시적으로 눌지왕의 지지를 얻기는 했어도 왕의 사후에는 다시금 기득권자들에게 심한 배척을 받으며 쓸쓸히 숨어야 했으니 말이다. H가 도리사를 자주 찾았던 것도 그런 사실(史實)을 자신의 실패한 추억에 오버랩해서 위안을 삼은 게 아닐까 순간 생각해 봤다. 하지만 내가 생각해봐도 웃기지도 않는 엉터리 주장 같기는 하다. 그나저나 철쭉은 아직 때가 아닌지 피지 않았다.

도리사 석탑.
고려시대 탑이라고도 하지만, 4~5세기 중국에서 이런 형태의 부도탑이 유행했던 점으로 미루어 아도 스님의 사리탑이 아닌가 생각해 본다.

# 부여 왕흥사

발굴 중인 왕흥사터

때는 바야흐로 봄이 한창이고 남도로 향한 길목은 기대 밖으로 곳곳이 막혀 있었다. 이번 탐방은 대전에서 김제, 전주, 영광, 해남으로 가는 코스를 잡았는데, 국도는 대전을 지나자마자 정체되기 시작하더니 김제로 들어가는 길목에 와서는 기다랗게 줄을 지어 서 있다. 모든 차량은 길 중간 중간에 설치된 임시 검문소에서 차렷 자세로 선 채 고무호스에서 내뿜는 세찬 물세례를 받아야만 통과되었다. AI(조류 인플루엔자) 때문이었다. 일명 조류독감이라는 이 '가축 흑사병'은 남도를 큰 혼돈 속에 몰아넣고 있었다. 특히 이 병의 발원지로 알려진 김제 부근부터 호남 전역은 심한 몸살을 앓고 있었다. 우주복 같은 옷을 걸친 방역요원들은 지나가는 차마다 세워 놓고 약을 뿌려대는데, 그걸 맞으려 줄지어 있다 보니 마치 영화에서 본 우주전쟁이라도 일어난 양 기분이 묘하다. 운전석에 앉은 친구는 차창에 뿌려지는 물대포를 직접 맞기라도 한 것처럼 얼굴을 찡그린다. 아닌 게 아니라 방역검문소 몇 곳을 잇달아 지나가다 보니 나중에는 마치 우리가 병원균을 옮기는 사람 같아 마음이 몹시 편치 않았다. 게다가 주변의 분위기도 보통 살풍경이 아니다. 지나는 사람들 대부분 눈만 빠끔히 내놓은 커다란 마스크를 쓰고 있고, 중간에 들른 식당이나 상점 등도 텅텅 비어 있다. 이래서야 기분상 도무지 탐방할 맛이 나질 않는다. 탐방이든 여행이든 마음이 편해야 할 것 아닌가. 그래서 우리는 의논 끝에 답사코스를 바꾸기로 했다.

### 무상한 세월에 잊혀진 백제불교 흥륭의 꿈

　사실 부여는 진작 가보아야 했을 곳이었다. 신라에 앞선 백제불교의 유적이 곳곳에 남아 있으니 백제불교를 이해하기 위한 필수코스라고 할 수 있다. 그렇건만 이런저런 이유로 아직도 못 갔던 것인데 AI

터만 남은 왕흥사 전경. 왕흥사는 사진에서 보듯이 동서로 유유히 흐르는 백마강 건너편의 넓은 지역을 사역으로 삼았던 것으로 추정된다.

를 핑계 삼아 차를 돌려 드디어 부여로 향하였다.

첫 행선지는 왕흥사지로 정했다. 부여읍에 들어가 조금 외곽으로 나오면 진산인 부소산을 감싸안으며 구비구비 흐르는 기다란 강이 보인다. 트로트 노래 「백마강 달밤」, 「꿈꾸는 백마강」에 나오는 바로 그 백마강이다. 백마강을 가로지르는 백제대교를 건너 규암 방면으로 약 1km쯤 가니 너른 벌판이 나타난다. 이곳이 바로 백제 후기의 불교를 상징하는 왕흥사다.

지금은 절터만 남은 왕흥사(王興寺)는 족보에 나오는 유명한 사찰이기는 하지만, 실상은 아주 최근에야 그 숨겨진 가치가 알려졌다. 577년 창건되어 660년 백제 멸망과 함께 폐사가 되었으니 사찰로서 운영된 시간이라야 100년이 조금 넘을 뿐이다. 하지만 그렇게 짧은 역사라도 아주 중요한 의미를 간직하고 있다.

근래까지 왕흥사는 『삼국사기』와 『삼국유사』에 기록된 것처럼, "산기슭과 물가에 접해 있고, 채색과 장식이 장엄하고 화려하다. 또한 꽃과 나무가 빼어나 춘하추동 아름다움을 갖추고 있어 왕이 매번 배를 타고 가 향불을 올리고, 아름다움을 감상하였다."는 곳 정도로만 알려져 있었다.

　하지만 최근 이루어진 고고미술사적 성과에 힘입어 백제 왕실, 특히 위덕왕(威德王)의 원찰이었다는 사실이 새롭게 밝혀졌다. 이를 정확히 알기 위해서는 얼마간 역사를 거슬러 올라가 살펴볼 필요가 있다. 위덕왕의 태자 때 이름은 창(昌)이었다. 할아버지가 유명한 무령왕(武寧王)이고, 아버지는 수도를 공주에서 부여로 옮기면서 쇠퇴일로를 걷던 백제를 일약 강국으로 중흥시킨 성왕(聖王)이다.

　성왕의 동상은 지금 부여 도심 한복판의 로터리에 자리잡고 있어 부여 사람이면 싫든 좋든 하루에도 몇 번씩 우러러 보아야 한다. 그만큼 성왕은 부여와 관련이 깊고, 또 후기 백제의 문물을 발전시킨 성군으로 인식되고 있다. 하지만 그의 일생이 화려하고 순탄했던 것만은 아니다. 오히려 그의 말년은 비참했다. 충북 옥천의 관산성에서 벌어

부여 시내의 성왕 동상

왕흥사지 목탑지에서 출토된 사리장엄구. 백제미술의 아름다움이 잘 드러나 있다. 특히 사리함 겉면에 왕흥사의 창건 배경과 관련된 29자의 명문이 음각되어 있어 귀중한 자료가 된다.

진 신라와의 전투 끝에 전사하였고, 태자 창은 그 장면을 무기력하게 지켜보아야 했다. 창은 전장에서 돌아와 즉위하였지만 죄책감에 크게 괴로워했다. 그래서 얼마 안 있어 출가하여 수도에만 전념하겠노라고 선언했다. 그러나 신하들의 극력만류로 결심을 접어야 했다. 대신이라면 좀 뭣하지만, 어쨌든 자기 대신 100명의 출가를 허락하는 선에서 대리만족을 이루었다.

아무튼 위덕왕은 불교 홍포에 매우 적극적이었다. 국내는 물론, 외교적으로 가까운 관계였던 일본에 절을 짓는 전문가들을 보내는 등 불교와 불교문화를 전파하는 데 각별히 공을 들인 것이 그 한 예다.

문헌에 나오는 위덕왕과 불교에 관련된 이야기는 여기까지다. 헌데 작년 10월 왕흥사지를 발굴하던 도중에 목탑지에서 사리장엄이 발견되어 상황이 달라졌다. 백제의 사리장엄은 아주 드물기에 이것만 가지고도 얘깃거리가 충분한데, 여기다가 "丁酉年二月十五日 百濟王昌 爲亡王子立刹 本舍利二枚 葬時 神化爲三"이라는 29자의 글자가 사리함에 음각되어 있었다.

사리장엄에 글자가 새겨진 것 자체가 드문 일이고, 더군다나 그 내용이 왕과 관련된 것은 지난번 소개했던 동화사 비로암 사리장엄 정도다. 게다가 왕흥사 사리장엄은 별도로 만든 석제 사리함 안에서 사리 내함과 외함, 사리병 등으로 이루어진 사리장엄 일체가 발견되었다는 점에서 더욱 흥미진진한 관심을 불러일으켰다.

### 왕흥사는 당대 최고의 백제 불교사원이었다

명문 중 제일 앞에 나오는 정유년은 577년으로,『삼국사기』에 나오는 600년이라는 왕흥사 창건연대보다 23년 앞선 것으로 확인되었다. 그런데 이것보다 훨씬 중요한 것은, "2월 15일, 백제왕 창이 죽은 왕자를 위해 절을 지었다. 본래 사리는 2매였으나 봉안할 때 신비롭게도 3매로 변하였다."는 내용이다. 이 명문은 여러 가지로 화제를 불러일으켰다. 우선 왕이 자신보다 먼저 세상을 뜬 왕자를 위해 절을 지었다는 것 자체가 새로 접하는 사실이다. 게다가 본래는 2매였던 사리가 갑자기 3매가 되었다는 일화도 흥미롭다. 혹자는 '亡'을 '三'으로 보아 '죽은

왕흥사에서 발굴된 기와를 쌓아놓은 모습

왕자'가 아니라 '셋째 아들'이라고 봐야 한다지만, 어찌되었든 왕흥사가 왕실과 관련된 중요 사찰이라는 점은 변함이 없다.

또 미술사적으로 본다면, 사리장엄을 만든 솜씨가 일견 소박해 보이지만 실은 갖은 공교를 다 부린 백제 특유의 '눈에 쉽게 띄지 않는 멋'을 잘 간직한 아주 훌륭한 작품이어서 이래저래 왕흥사의 사격을 높여주고 있다.

나는 백제 불교의 4대유적지로 익산 미륵사, 김제 금산사, 공주 대통사, 부여 능산리사지를 꼽고 있었는데, 여기에 왕흥사지를 새로 추가해야겠다고 생각했다. 사실 그동안 우리는 왕흥사의 가치를 거의 몰랐다고 해도 과언이 아니다. 그렇게 숨겨진, 혹은 미처 몰랐던 백제 불교 흥륭의 역사가 유물을 통해 비로소 알려진 것이다. 글로써 하는 문헌사도 물론 중요하지만, 유물이나 미술품으로 보는 역사도 이래서 필요하고 중요한 것이다.

이제 왕흥사는 백제의 가장 대표적인 사찰로 자리매김해야 할 것 같다. 국내의 사학자들도 사리장엄의 출토를 계기로 왕흥사에 비상한 관심을 보이면서 그 중요성을 새롭게 인식하는 분위기다. 한국 고대

왕흥사지 항공사진. 부여에서 백마강을 건너 규암 방면으로 1km 거리에 자리한다.

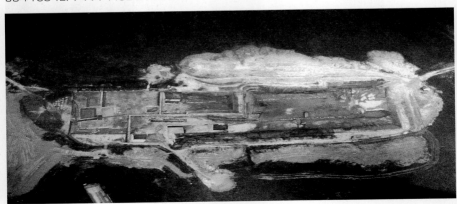

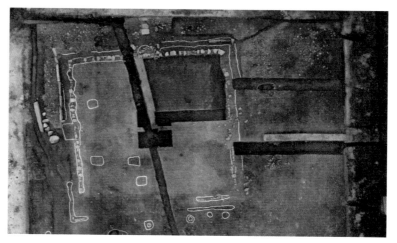

왕흥사지 목탑지 전경

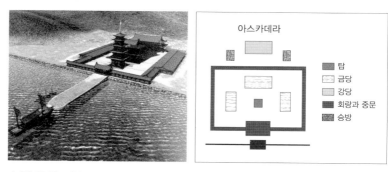

좌_왕흥사 복원도. 『삼국사기』에는 왕이 배를 타고 왕흥사로 건너갔다는 기록이 보인다.
우_왕흥사를 모델로 해서 창건되었을 것으로 생각되는 일본 최고의 고찰인 아스카데라 가람 배치도

사에 유난히 관심이 많은 일본에서도 마찬가지인 것 같다.

2008년 4월 초 왕흥사를 둘러보았던 오하시 와세다 대학 교수가 일본에서 가장 오래된 사찰 중 하나로 꼽히는 '아스카데라'(飛鳥寺)의 모델이 바로 왕흥사일 것이라는 얘기를 했다. 그의, "같은 계통의 기술자가 두 절을 모두 지은 것으로 보이며, 백제는 불상과 불경을 일본에 보냈으나 불교가 확산되지 않자 절을 짓기로 한 것으로 생각된다."는

의견은 국내신문에도 비중 있게 소개되었다.

이제 왕흥사는 백제불교의 역사와 문화를 이해하는 데 빼놓을 수 없는 존재가 되었다. 앞으로 경주 황룡사지나 분황사지처럼, 우리 불교와 문화에 관심 있는 사람으로서 부여에 온다면 꼭 들러볼 만한 유적지로 꼽힐 날도 머지않은 것 같다.

돌아오는 길에 다시 백마강을 건너 능산리로 향했다. 백제대교를 건너며 유장한 백마강을 바라볼 때 일행 중 누군가가 「꿈꾸는 백마강」을 콧소리로 부른다. 여기서 이 노래를 들으니 제법 센티멘털한 분위기가 형성된다. 그때, 부여는 우리의 정한이 담뿍 서린 백제의 고도인데 이리 쉽게 그냥 지나쳐서야 도무지 예의가 아니지 않느냐고, 누군가가 혼잣말처럼 되뇐다.

왕흥사지 가는 길

# 부여 능산리사지

부여 능산리사지에서 발견된 금동
용봉대향로. 백제미술의 정수를 보
여주는 걸작이다.

백마강(白馬江)은 부여를 감싸 흐르는 부여의 젖줄과 같은 존재다. 후기 백제의 수도로서 부여가 차지하는 의미의 각별함을 생각할 때, 어머니같이 부여를 보듬어 안았던 백마강의 면모를 되돌아보는 건 단순한 회고 이상의 의미가 있다. 백제대교로 건너면서 백마강을 자세히 보자니 생각 밖으로 그 힘찬 물줄기의 탄력에 감탄이 절로 나온다. 전에는 백마강을 보면서도 그냥 그런가 보다 하고 지나쳤는데, 백제불교의 중흥지로서 부여를 바라보노라니 백마강의 존재가 새삼 강렬하게 느껴지는 것 같다.

백마강은 금강의 일부로, 공주에 이르러 금강이 되었다가 남쪽으로 곡류하면서 부여에 와서 백마강으로 이름이 바뀐 다음, 서쪽으로 논산을 지나 강경을 거쳐 충청남도와 전라북도의 경계를 이루다가 황해로 들어가서 '강'으로서의 수명을 다한다.

## 백마강 굽이쳐 흐르는 백제불교의 중흥터

부여읍은 백마강 동쪽 기슭에 자리하는데 백마강이 흘러오며 힘들게 쌓아올린 토사가 퇴적되어 이루어진 기름진 평야가 널찍하게 펼쳐진다. 백마강은 물뿐만 아니라 땅까

백화정(百花亭)에서 바라본 백마강. 마침 부여의 한 초등학교에서 소풍 온 학생들이 백화정에 올라 놀고 있었다.

지도 사람들에게 선물하였으니 그 고마움을 어떻게 다 말할까. 부여읍을 비롯해서 규암면, 장암면, 세도면, 양화면 등이 바로 그런 곳으로, 이 자리에 어김없이 고찰들이 들어서 있는 것도 우연은 아니다. 평야에서 생산된 미곡은 부여의 풍요를 보장하였고, 나아가 백제 중흥

의 웅지를 펼 수 있도록 해준 것이다.

백마강은 일명 白江, 혹은 帛江이라고도 한다. 둘다 강물이 맑고 시원하며 곱기가 마치 비단결 같다 하여 붙여진 이름이라고 한다. '백마강'으로 바뀐 것은 백마로 변한 의자왕을 당나라 장수 소정방(蘇定方)이 낚았다 하여 그런 이름을 갖게 되었다고 전하지만 물론 신빙성 있는 얘기는 아니다. 그렇지만 견고하게만 여겼던 백제가 신라와 연합한 소정방 군대에 의해 왕궁인 부여 사비성이 함락되면서 660년에 막을 내렸으니, 역사적으로 볼 때 부여가 소정방과의 악연이 없는 것도 아니다. 정림사지에 자리한 오층석탑을 일명 '평제탑'이라고 부르게 된 것도 역시 소정방의 소행이 아닌가.

왕흥사지를 보고 나오며 이런저런 생각을 하면서 백마강을 건너는데, 멀리 둔치 아래로 소담히 깔린 녹색의 잔디 위에서 한 무리의 초

능산리고분군 전경

위에서 내려다본 부여 능산리사지

등학생들이 공을 차며 놀고 있다. 그 모습이 한 폭의 그림처럼 아름답다. 이 좋은 봄날 백마강가를 거니는 나그네의 행운을 누리는 스스로를 대견해하며, 따스하게 내리쬐는 햇볕을 만끽하면서 우리 일행은 능산리사지로 향했다.

시내에서 동쪽으로 4km쯤 가면 능산리고분군(사적 14호)이 있고, 그 주변에 나지막하게 자리한 나성(사적 58호) 사이의 계곡 어간이 바로 절터다. 능산리고분군은 일제강점기 이래로 백제 왕릉으로서 주목받아 왔고, 근자에는 국사 교과서에도 등장할 정도로 유명하지만 지금은 오히려 능산리사지가 더욱 인구에 회자되고 있다.

1993년 금동향로, 1995년 창왕명석조사리감 등 백제뿐만 아니라 우리나라 전체 미술의 영역에서 보더라도 최고로 손꼽을 만한 미술품들이 잇달아 이곳에서 발견되었기 때문이다. 사실 그때까지는 고분군 주위에 절터가 있다는 것도 그다지 널리 알려지지 못했다.

그런데 나중에 '백제 금동용봉대향로'라는 이름이 붙은 이 향로는 알려지자마자 전 국민들의 시선을 사로잡아버렸다. 그만큼 예술적으로 최상의 경지에 오른 작품이었다. 그런데 이 금동용봉향로는 워낙 조형적으로 안정되어 있고 세부조각이 뛰어나 불교작품으로서의 존재감은 조명되지 못했던 것 같다. 그보다는 오히려 백제에서 유행했던 도교적 가치관과 세계관이 투영된 작품으로만 여겨진 경향이 짙다.

사실 이 향로가 불교적이냐 아니면 도교적이냐 하는 문제는 발견 당시부터 지금까지 줄기차게 논란의 한복판에 놓인 난제 중 난제이기

부여 능산리사지 모형

금동용봉향로의 도교적 요소와 불교적 요소를 함께 보여주는 부분 클로즈업 사진

도 하다. 도교적 가치를 중시하는 사람들은 도교에서 말하는 상상 속의 별천지인 삼신산(三神山)을 표현한 것으로 보고 있다. 향로의 인물상 중에서 낚시꾼, 멧돼지를 향해 활을 당기는 사냥꾼 등은 살생을 금지하는 불교사상과 다르고, 또 바위 위에서 명상하는 수행자, 머리감는 도인 등이 바로 신선사상의 전형을 보여준다는 것이다. 하지만 불교적 요소를 강조하는 사람들은 향로 몸체에 연꽃 문양이 있고(연꽃은 불교미술의 감초 격이다), 뚜껑에 장식된 74개의 봉우리는 불교의 성산인 수미산을 표현한 것으로 보았다. 지금 와서는 도교 쪽으로 무게중심이 옮겨져 있지만, 내 생각에는 어쨌든 향로라는 것 자체가 불교에서 주로 쓰였던 것이니만큼 불교적 영향을 배제하고 보아서는 안될 것이다.

사족을 덧붙이자면, 사람들은 이 향로의 화려한 의장에 또 한 번

百濟昌王十三李太歲在

丁氷妹兄公主供養舍利

능산리사지 목탑지에서 발견된 창왕명석조사리감과 명문 탑본.
여기에 새겨진 명문을 통해 이곳이 백제왕실의 원찰이었음을 알게 되었다.

164

놀랐다. 흔히 백제 미술의 특징은 소박하고 은근한 멋에 있다고 하곤 했는데, 이 작품은 그와는 달리 맵시 있고 세련된 맛이 철철 넘쳤기 때문이다. 그 같은 혼돈은, 그동안 백제미술을 정확하게 짚어내지 못했던 탓이 크다. 은근과 소박함이 백제미술의 특징 중 하나인 건 분명하지만 화려함 역시 백제미술에서 얼마든지 발견할 수 있는 미의식임을 빼먹은 것이다.

다만 백제사람들은 화려함을 겉으로 드러내려 하지 않고 자세히 살펴보아야만 보이게끔 장치했기 때문에 쉽게 간파하지 못했을 뿐이다. 백제미술의 걸작품을 잘 보면 늘 화려함과 소박함이 한데 어우러져 있다는 걸 알 수 있다.


이 향로에 이어서 발견된 석조 사리감은 향로만큼 커다란 대중적 반향을 이끌어내지는 못했지만, 능산리사지의 성격을 가장 잘 나타내주는 상징적 유물이라는 점에서 그 못지않게 중요하다. 비록 사리기는 없고 사리기를 담는 석조 사리감(龕)만 발견되기는 했지만, 사리감의 형태 자체가 처음 보는 것인데다가 사리감 겉면에 새겨진 20자의 글자가 사료적 가치를 아주 높여주기 때문이다.

글은, "백제 창왕 13년 정해년에 매형공주(妹兄公主)가 사리를 공양했다."는 매우 짧은 내용이다. 창왕은 곧 위덕왕을 가리키며, 그의 치세 13년은 567년에 해당한다. 그런데 여기서 가장 중요한 대목은 매형공주가 사리를 봉안했다는 사실이다. '매형공주'가 누구인가에 대해서는 학자들 간에 논란이 있지만 백제왕실의 최측근인 것만은 분명하다. 따라서 이 사리감은 백제왕실의 원찰에 봉안된 것임을 자연스럽게 떠올릴 수 있다. 결국 불사리를 봉안한 연대와 공양자가 분명하고, 백제 절터로서는 절의 창건연대가 당시 유물에 의해 최초로 밝혀진 점, 그리고 이 능산리사지는 바로 백제가 국력을 모아 중흥을 외치던 그 시점에 세워진 점으로 볼 때 가장 중요한 창건목적은 백제 중흥을 기원하는 것이었다고 볼 수 있다.

이에 비한다면 사리감에 새겨진 글씨들이 백제 역사 연구에 중요한 새로운 금석문으로서 백제와 중국과의 문화교류의 일면을 파악할 수 있는 자료라는 점 등은 차라리 덤 정도에 불과하다.

오늘은 하루 온종일 좁다란 부여 시내만 왔다갔다 했다. 하지만 탐방이라는 게 꼭 멀리 다니고 한 번에 많이 보아야 능사는 아니다. 오늘처럼 한 지역에서 의미 있는 곳 몇 군데를 다니면 하루가 온통 즐겁고 보람되게 느껴진다. 그런 의미에서 부여는(경주도 마찬가지지만) 가장 짧은 거리 내에서 가장 많은 것을 볼 수 있는 곳이라고 해야겠다. 적어도 이쯤 돼야 언필칭 유적도시요, 고도라고 할 수 있는 게 아닐까.

부여를 다녀와서 이 글을 쓰고 있을 때 한성 도읍기의 백제 절터가 처음으로 발견되었다는 뉴스가 들려왔다. 백제가 처음 세워진 한강 유역의 서울 송파구 풍납토성 안에서 목탑지로 추정되는 유적이 발굴되었다는 것이다. 이 유적은 백제에 불교가 전래된 이후 최초로 건립된 사찰로 추정된다고도 한다. 그에 대해서는 좀더 깊은 연구가 뒤따라야겠지만, 적어도 이것만은 확실하다. 앞으로 백제 문화와 불교에 대한 새로운 발견이 이어질 것이라는 점. 다시 말해서 백제불교사를 새로 쓸 만한 자료가 더욱 많이 발견될 가능성은 아주 높다.

우리 일행은 능산리사지를 나와 다시 백마강으로 향했다. 부여의 명물이랄 수 있는 부소산과 고란사를 부여 탐방에서 빼놓아서야 말이 안 되기 때문이다.

능산리사지 앞

# 부여 고란사와 낙화암

백마강 유람선을 타고 본 부소산과 고란사

건축가 김수근이 설계한 국립부여문화재연구소

지금의 국립부여문화재연구소 건물은 유명한 건축가 김수근(1931~1986)의 작품으로, 처음에는 국립부여박물관으로 설계된 것이다. 나중에 국립부여박물관이 새로 웅장한 현대식 전용건물을 새로 짓고 나가자 그 자리에 군청 건물에 옹색하게 세들어 있던 국립부여문화재연구소가 들어선 것이다. 시멘트 건물이어도 지붕이 백제토기의 배 모양을 본떠 날렵하게 곡선을 긋고 있고, 지붕 복판을 둥글게 뚫고 유리로 막아 자연채광을 유도하는 등 1970년대 건축물 중 예술성에서 단연 압권이다. 아마도 좀 더 있으면 근대문화재로도 지정되지 않을까 하는 게 내 생각이다. 이 국립부여문화재연구소 건물을 오른쪽으로 두고서 부소산을 오르는 등산로가 있다. 구문매표소에서 출발하여 부소산을 빙 둘러 내려오는 길이다.

지금 우리의 목표인 고란사로만 가려면 구드래나루터 선착장에서 배를 타고 들어가는 게 편하겠지만, 이렇게 산을 타고 고란사로 내려가는 길도 놓치기 싫은 코스다. 그만큼 부소산의 등산로는 사람의 마음을 편하게 해준다.

### 백제의 낭만과 망국의 설움이 담긴 '명소'

불교유적이 가득한 산으로 경주에 남산이 있고 대구에 팔공산이 있고, 또 서울에 북한산이 있다면, 부여에는 부소산이 있다. 산길을 조금 오르다 보면 왼쪽에 서복사(西腹寺) 터가 있다. 서복사는 문헌에

서복사지. 부소산 어귀에 자리한 백제왕실의 기복사찰로, 소조불상과 벽화 편 등이 발견되었다.

등장하지는 않지만 1980년의 발굴 때 흙으로 빚은 불상과 벽화 편 등 여러 가지 유물과 유적이 발견되어 백제시대의 고찰임을 알게 되었다. 아마도 왕실의 기복사찰이지 않았을까 하는 추정도 해본다.

부소산에서 아쉬운 게 있다면, 고란사 외에도 고찰의 터가 제법 남아 있음에도 거의 안내가 되지 않고 있다는 점이다. 절터는 절터대로 의미가 있는 것이니 여기를 조금만 손을 보면 지금처럼 단순한 등산 코스도 다양하게 개발되는 부수 효과를 기대할 수 있을 텐데 말이다.

이번 부여 탐방에는 화가와 작가 친구가 동행했다. 둘 다 직업이 주로 앉아서 하는 일이라 산 오르는 게 버겁지 않을까 생각했는데 웬걸, 산타기가 나보다 훨씬 능숙하다. 카메라며 노트북 등을 짊어진 나는 오히려 뒤처져서 산 오르는 내내 헉헉 거리며 그들의 뒤통수만 바라보아야 했다. 나중에 들어보니 이들은 건강을 위해 밤마다 조깅과 헬스를 빼놓지 않고 한다고 한다.

주차장으로 쓰이는 광장을 거쳐 한참을 가다가 강변에 세워진 백화정(百花亭) 누각에 올라 잠시 백마강을 내려다보며 쉬었다. 마침 부여의 초등학교 학생들이 소풍 와 좁은 공간을 가득 메우고 있었다. 그 틈을 비집고 겨우 누각에 올라 바라보니 지대가 높아 백마강의 기다란 모습은 잘 보여도 절벽에 가려서 건너편 기슭은 잘 보이지 않는 흠이 있다.

누각을 내려오다가 화가 친구는 끼리끼리 모여 재잘재잘 거리는 아이들에게 한눈을 팔고 걷다가 그만 발목을 접질렸다. 꽤 아픈지 한참을 찡그리던 화가는 다행히 그렇게 심하지는 않아서 절뚝거리기는 해도 걸을 만한지 어설프게 발길을 뗀다. 우리는 초등학생들에게나 관심을 갖다니 '변태' 아니냐고 놀려주었다. 물론 그는 그들의 천진난만한 모습을 화폭에 담고 싶어서 그랬던 것이다.

다시 조금 걷다가 어디쯤 왔을까 하며 허리를 펴고 둘레를 바라보니 북쪽 기슭인 왼쪽으로 길이 꺾인다. 이어서 곧바로 백마강 허리 한 자락이 시야에 들어오나 싶더니 이내 고란사(皐蘭寺) 마당이 내려다보인다. 그다지 넓지 않은 앞마당에 들어서 우선 법당 앞에 서서 합장을 한 다음 주위를 둘러보았다. 법당 옆으로 요사가 붙어 있고, 법당 오른쪽으로 자그마한 종각이 있다. 그 외로는 법당 뒤 오른쪽으로 근래 새로 지은 삼성각이 더 있을 뿐이다.

고란사. 백제왕실과 관련되어 창건되었을 것으로 보인다.

고란사는 이렇게 생각보다 규모가 크지 않은

절이다. 하지만 고대광실 같은 전각은 없어도 고란사에게는 굽이굽이 흐르며 부소산을, 그리고 부여 읍내를 감싸 흐르는 저 백마강이 있어 다른 큰절이 하나도 부러울 성 싶지 않다.

백마강을 지나는 황포돛단배.
그 옛날 백제에서도 백마강은 풍요를 가져다주는 젖줄이자 교통의 요충이었을 것이다.

백마강의 굵은 허리를 보러 난간까지 다가갔다. 바로 눈앞에 신기하게도 옛 그림 속에나 나오는 황포돛단배 한 척이 나타나 느릿느릿 지나가고 있는 게 보인다.

백마강을 가로질러 고란사 앞 선착장까지 오가는 유람선이 정기적으로 다니고 있지만, 또 다른 관광 차원에서 황포돛단배가 관광 한번 야무지게 하자고 마음먹은 승객들을 태운 채 유유히 강가를 지나고 있는 것이다. 유람선을 타고 강 한 번 건너는 편도삯이 적잖게 3000원. 저 황포돛단배는 그보다 훨씬 비싸건만 외지에서 온 관광객들은 낡은 유람선보다는 그 옛날 부여사람들이 된 기분으로 돛배를 더 선호하는 모양이다.

고란사 약수

고란사 약수가 솟는 고란정

고란사 약수터 뒤쪽 암벽에 자생하는 고란초

어쨌든 고란사 앞마당에서 내려다보자니 신식 유람선과 옛 스타일을 한 황포돛단배가 서로 교차하면서 백마강에 잔물결 일으키고 떠내려가는 모습은 돈 한 푼 안 들이고 얻은 망외의 장관이었다. '변태화가' 친구는 어느새 화첩을 펼쳐들고 백마강 스케치에 여념이 없다.

백마강은 낙화암에서 다시 보기로 하고 다시금 경내에 눈을 돌렸다. 법당 뒤쪽은 별로 공간이 많지 않은데, 바로 산자락에 바위절벽이 붙어 있고 그 바위 아래에 샘물이 고여 있다.

이게 바로 백제 의자왕이 즐겨 떠먹었다는 그 유명한 고란사 약수다. 전하는 것처럼 이 샘물이 불로장생의 명약이라면 의자왕뿐만 아니라 백제의 여러 임금들도 즐겨 마셨을 텐데, 그럼에도 불구하고 하필 의자왕이 유독 강조된 것은 그가 망국지군(亡國之君)인 탓도 있을 것이다. 정사는 돌보지 않고 화려함과 방탕만을 좇다 나라를 뺏겨버린 이미지를 가진 의자왕이기에 그의 사치 중 하나로서 고란사 샘물 길어먹기가 낙인처럼 찍혀버린 게 아닌가 싶은 것이다.

뒤집어 말한다면 그만큼 이 고란사 약수는 유명하다. 그리고 이 약수 뒤쪽 암벽에는 고란초가 자생한다. 고란초는 이끼류의 일종으로 제주도에서는 불로초라고 불릴 정도로 희귀 식물이다. 고란사라는 절 이름도 바로 이 고란초에서 유래했다는 이야기가 전한다.


여기서 고란사의 역사를 떠올려봤다. 고란사는 백제 왕들이 노닐기 위해 지은 정자였다는 설도 있고, 왕실 사람들만 가는 이른바 내불전(內佛殿)이었다는 설이 있다. 헌데 나는 이 두 가지 설이 모두 못마땅하다. 백제 왕들이 백마강에서 풍류를 즐기기 위해 지은 정자가 사찰이 되었다는 건 너무 억지처럼 들려서다.

불교를 숭상한 백제에서 정자를 절로 쓸 리 있겠는가. 또 내불전이라는 말도 이상하기는 마찬가지다. 비록 여기서 궁이 지척이라고는 해

낙화암에서 내려다본 백마강

도 굳이 강까지 건너야 하는 이 자리에 하필 내불전을 지을 까닭이 없기 때문이다. 내불전은 글자 그대로 궁궐 안에 있어야 이치에 맞는다. 아마도 백제왕 또는 왕실과의 연관성을 지나치게 강조하려다 보니 나온 억측이 아닌가 싶다. 내 생각엔 고란사가 창건된 가장 큰 이유는 백제의 안위였을 것이다.

백마강은 백제의 젖줄이자 또한 백제의 안보에도 아주 중요한 역할을 했을 것이다. 그래서 나는 고란사는 부여 일대가 두루 조망되니 최고의 망루였을 뿐만 아니라, 수로로 공격해 들어오는 적들을 가장 먼저 발견하고 방비를 강구할 천혜의 요새인 부소산의 수문장 역할을 해낸 것이 아닌가 여긴다.

고란사에서 얼마 떨어져 있지 않은 바위절벽이 바로 낙화암이다. 글자 그대로 꽃들이 떨어진 바위, 이른바 백제 멸망 시 의자왕의 삼천궁녀가 정절을 지키고자 이곳에서 뛰어내려 자결했다는 곳이다.

드라마틱하게 보이기도 하는 이 얘기는 하지만 그대로 믿기는 어렵다. 우선 백제라는 나라에 3,000명이나 되는 궁녀가 있을 턱이 없다. 아마도 의자왕의 패륜을 강조하고자 만들어낸 말일 것이다. 역사에서 패자는 사실과 상관없이 항상 오명을 뒤집어쓰기 마련이다. 하지만 이 낙화암이 백제 망국의 설움과 회한을 상징하는 존재가 된 사정은 충분히 이해되는 일이다.

어느새 백마강에 노을이 깃들기 시작했다. 노랗고 붉은 석양이 은색 강줄기에 비추는 모습은 보기 드문 장관이었다. 백마강을 바로 앞에서 내려다보고 있고 낙화암이 지척인 고란사는 과연 부여의 명물이다. 약간 신파조로 말한다면 "부여를 찾아온 자, 고란사와 낙화암을 안 가고서 부여를 논하지 말라"라고나 할까.

스케치에 여념이 없는 화가 곁에서 작가 친구가 나지막이 「고란사의 밤」을 부른다. 고란사 마당에서 점점 짙은 어둠이 내려앉는 백마강을 바라보며 우리는 그 옛날 백제 사람들도 우리처럼 이렇게 백마강의 노을을 바라보았겠지 하면서 서로를 쳐다보며 웃었다. 우리가 마치 백제 사람인 것 마냥.

낙화암 백화정

# 영광 법성포와 마라난타사

마라난타사에서 바라다본 법성포

사계절 중 가장 빨리 지나는 계절이 봄이라지만, 그래도 5월의 한낮 기온이 30도를 오르내리는 건 좀 너무했다. 봄이 봄 같지 않은 거야 이미 한두 해 전 일이 아니지만, 그래도 이렇게 속절없이 봄이 가버리는 게 아쉽기만 하다. 자연이 아무리 투정을 부리고 변덕을 떨어도 인간이란 존재는 그에 순응할 수밖에 더 있는가. 5월 중순, 그래도 남녘 바닷가로 향하는 탐방 길은 그다지 덥지 않았고 바람도 시원하게 불어와 모처럼 늦봄다운 기분을 안겨주었다.

### 저 넘실대는 물결 따라 백제불교 전해지고…

오늘 가는 영광의 법성포와 불갑사는 이른바 백제불교의 초전지(初傳地)로 불린다. 백제에 처음으로 불교가 전래된 곳이라는 뜻이다.

백제에 불교가 전래된 것과 관련해서는 다음 두 가지 의문이 가장 핵심적이다. 먼저 백제에 불교가 들어온 것은 언제일까 하는 것이고, 다음으로는 그 경로가 과연 어떠하였을까 하는 문제다. 앞의 문제는 백제에서 불교 공인이 이루어진 것이 384년인데 과연 공인 이전에 불교가 비공식적으로 신앙되었겠는가 하는 점이다. 이 부분은 정황상 당연히 불교가 학문적으로든 종교로든 일부 백제 사람들에게는 알려져 있었을 것으로 보는 사람이 많다. 내가 흥미 있어 하는 문제는 바로 두 번째로서, 한 마디로 말해서 백제에 처음 불교를 전래한 사람(혹은 사람들)이 걸어서 왔을까 아니면 배를 타고 왔을까 하는 점이다.

그 전에, 백제에 불교가 전래된 상황을 알아볼 필요가 있다. 알려져 있다시피, 제14대 임금 침류왕이 즉위한 해인 384년 9월에 중국 동진(東晉)에서 온 마라난타가 불교를 전했고, 이듬해 지금의 경기도 광주인 한산(漢山) 땅에 절을 짓고 승려 10명을 출가시킨 것이 백제불교의 처음이라고 한다. 『삼국사기』라는 정사에 나오는 이야기다.

여기에서 마라난타라는 인물이 정확히 어떤 사람인지가 중요하다. 동진에서 왔다고는 해도 그는 중국인이 아니라 건타라 출신으로 일찍이 포교를 위해 중국으로 건너갔던 호승(胡僧), 곧 인도 사람이었다. 이건 『해동고승전』에서 나오는 기록이다. 그런데 그가 어느 경로로 해서 백제로 왔는지 자세히 나와 있지가 않다. 북쪽으로 고구려가 자리하고 있으므로, 고구려를 경유해서 왔는지 아니면 뱃길로 직접 건너왔는지 분명하지 않다.

마라난타의 '해로입국설'을 주장하는 사람들은 그가 바로 법성포로 해서 백제 땅에 첫발을 내디뎠다고 말한다. 법성포는 한자로 '法聖浦'인데, 글자 그대로 '불법(佛法)을 전한 성인(聖人)이 들어온 포구(浦口)'라는 뜻이라는 것이다. 법성포가 백제불교의 초전지라는 주장이다. 또 법성포가 자리한 영광군의 '靈光'도 '부처님의 신령한 빛이 들어온 곳'이라는 뜻이라고 말하기도 한다. 그만큼 영광과 법성포는 불교와 깊은 인연이 있다는 말이기도 하다. 사실 법성포가 4세기 후반 중국과의 항로가 열려 있었을 가능성은 충분하니, 마라난타의 해로입국설은 충분히 가능성 있어 보인다.

호남고속도로 백양사 인터체인지에서 나와 15번 국도로 해서 고창으로 향했다. 이 길이 영광으로 가는 가장 빠른 코스다. 고창읍을 지나 무장면에서 796번 국도를 타면 영광까지는 논스톱이다. 세계문화유산으로 지정된 고창 고인돌도 볼 겸 고창읍내에서 점심도 먹으며 쉬어가면 좋으련만 빠듯한 일정이라 목적지에 먼저 가는 것을 최우선으로 하고 달렸다.

'영광굴비'가 하나의 브랜드가 되었듯이 영광은 바다가 상징이다. 하지만 제법 커다란 항구를 머릿속에 그렸던 사람이라면 막상 영광에 들어서면 깜짝 놀라기 일쑤다. 항구라고는 하지만 부산이나 인천같이 일망무제의 수평선을 보여주는 그런 항구가 아니라, 항만이 들쭉날쭉하고 그나마도 길게 이어지지 않아 고개 한 번 돌리면 이쪽 끝과 저쪽 끝이 금세 눈에 들어올 정도로 좁아서. 하지만 이게 바로 영광 포구의 진면목이다. 무턱대고 크고 넓고 길어야만 좋은 건 아니니까. 영광은 이렇게 아담하면서도 토속적인 맛이 그야말로 갯냄새 물씬 풍기듯 뿜어져 나오는 곳이라서 더욱 정겹게 느껴지는 것이다. 왁자한 포구의 활기 넘치는 소리들과 검푸른 바다빛깔이 너무 잘 어울리는 것이, 먼 길을 쉬지 않고 달려오느라 쌓인 여독이 확 풀리며 기분이 좋아졌다. 게다가 코끝에 착 달라붙는 짠 냄새는 20여 년전 '이까배'(오징어잡이배)를 타고 동해 앞바다를 헤매던 얼치기 어부 시절에 싫도록 맡아 봤던, 퍽이나 익숙한 그 냄새 아니던가. 영광 포구는 항구기는 하지만 어쩐지 뱃사람보다는 관광 나온 사람들에게 더 어울려 보인다. 아니나 다를까, 나중에 들어보니 백수읍 백암리에서 법성포까지 이어지

따스하고 푸근한 느낌을 주는 영광 포구 전경

마라난타사에서 바라본 법성포 포구.
이 포구를 통해 4세기에 중국으로부터 마라난타 존자가 상륙하여 백제에 처음 불교를 전했다.

마라난타가 법성포에 내려 백제에 첫 발을 내딛는 모습의 재현(사진 제공=마라난타사)

는 77번 국도로 달리는 18km 가량의 백수해안도로는 탁 트인 바다와
해안을 따라가는 환상적 드라이브 코스로 유명하다고 한다.

그 옛날 서해바다 저 멀리서 마라난타가 타고 온 돛배가 점처럼 보이더니 점점 가까이 다가와 이윽고 포구에 내리는 일행들의 모습을 상상해 본다. 중국까지 뱃길로 반나절, 백제 때에도 거기서 예까지는 그다지 오랜 시간이 걸리지 않았을 게다. 그만큼 지리적으로 가깝고 해류도 알맞다. 거리가 멀고 오는 도중 여기저기 귀찮은 일도 훨씬 많은 육로보다야 이렇게 바닷길 타고 오는 게 훨씬 그럴싸한 것 같다.

법성포 주변에 옹기종기 들어선 주점 아무곳에나 들어가 바다를 향해 앉아서 종일토록 바다나 바라보고 싶은 마음이 굴뚝 같은 것을 겨우 억누르고, 불갑사에 가기에 앞서서 먼저 마라난타사로 발길을 옮겼다.

마라난타사는 마라난타 존자를 기리기 위해 지은 절이다. 1996년 영광군에서 착수한 것인데, 말하자면 요즘 각 지방자치단체마다 붐처럼 일고 있는 일종의 성역화 사업인 셈이다. 이런 사업은 지역의 문화 발전과 역사인물의 선양이라는 면에서 장려할 만하고, 특히 불교문화계에서도 적극적으로 나설 필요가 있다. 마라난타사는 법성포에서 거

마라난타사 전경

리가 지척이라 금세 경내에 들어섰다. 지
대가 약간 높은 곳에 자리하므로 계단으
로 올라가보니 경내 어디에서든 법성포를
바로 바라다볼 수 있어 장관이었다.

경내엔 만불전, 탑원, 부용루, 전시관 등
이 들어서 있고 한가운데에 아미타 대불
이 우뚝 솟아 있다. 아미타 대불은 인도불
상 모습으로 조각하여 독특한 분위기를
자아내 자못 우리의 눈길을 잡아끈다. 경
내 규모에 비해서 좀 큰 게 아닐까 싶기는
하지만, 그만큼 영광과 불갑사, 그리고 법
성포에서 차지하는 마라난타 존자의 위치
가 지대한 것은 느끼겠다.

마라난타사의 아미타 대불

법성포는 사실 마라난타 존자 도래 이
전의 이름은 아니다. 옛날에는 '아무포'라고 불렀는데, 이를 불교적으
로 해석해서 마라난타가 온 뒤 아미타 신앙이 퍼졌으므로 이런 이름
이 붙었다고 말하기도 한다. 고려 때는 연꽃이 활짝 핀 모습을 닮았
다 하여 '부용포'라고 했다가, 고려 중후기에 들어와서 마라난타를 기
리기 위해 법성포라고 했다.

아무포든, 부용포든, 혹은 법성포든 이 포구가 불교와 관련이 깊다
는 것은 이러한 이름의 변천만으로도 넉넉히 짐작된다. 이제 법성포
와 마라난타사는 다 보았다. 이 두 곳은 기실 불갑사를 탐방하기 위
한 전초전이었다. 이제 본격적으로 불갑사 탐방에 나설 시간이다.

불교 초전지임을 염두에 두어서인지 마라난타사에는 이국적인 분위기가 물씬 풍긴다.

# 영광 불갑사

1,600년 전 중국에서 뱃길로 와 법성포로 상륙한 마라난타는 여기서 얼마 멀지 않은 곳에서 길지를 찾아내고 불갑사(佛甲寺)를 지었다고 전한다. 백제불교의 출발은 바로 이 절에서 시작한다. 우선 입에서 입으로 전해지는 이야기가 그렇고, 불갑사에 전하는 「고적기」라는 글에도 "백제와 신라 중에 처음 세워졌으니 때는 중국 한나라와 위나라 사이다."라는 이야기가 전한다. 해가 서서히 질 무렵, 우리는 느지막이 법성포를 나와 불갑사로 향했다. 그 옛날 마라난타의 발자취를 좇는다고 말하면 거창할 테고, 어쨌든 그 현장에 가보려는 것이다.

### 마라난타, 백제 최초의 사찰 세우다

영광읍에서 22번 국도로 가다가 삼학리 삼거리에서 좌회전 하면 '불갑산 입구' 표지가 나오고, 삼거리에서 좌회전하면 불갑사로 들어서게 된다. 가는 길 주변에는 이제 막 모내기가 시작된 논들이 드문드문 보인다. 논보다는 밭이 많고, 그보다는 산이 더 많다. 우리는 지금 비단같이 뻗은 길로 차를 타고 가지만, 그 옛날 마라난타 존자는 여기

불갑사 가는 길

까지 오려고 발품깨나 제법 팔아야 했을 것이다. 마을 한복판을 지나 북쪽으로 가니 불갑사 입구라고 쓰인 팻말이 보인다. 여기부터 불갑사 사역이 시작된다.

널찍한 주자창에 차를 대놓고 걸으니 왼쪽 야트막한 둔덕 위로 불갑사에 머물렀던 스님들의 부도며 비석들이 열을 지어 서 있는 게 보인다. 이른바 부도밭[浮屠田]인데 해인사나 은해사, 직지사, 건봉사 등처럼 부도와 비가 아주 많아 마치 야외박물관을 방불케 하는 곳도 많다. 부도란 스님의 사리탑이니 생전에 그 사찰에서 수행하고 공부했던 자취를 그것으로 떠올려볼 수 있다. 좀더 자세한 행적을 알고 싶으면 부도 옆에 세워진 부도비를 읽어보면 된다. 부도비에는 부도의 주인공이 이곳에서 어떤 삶을 살았는지 잘 그려져 있으니, 말하자면 비석에 새긴 전기(傳記)요 행장(行狀)이라 할 수 있다. 경우에 따라서는 부도비에 새겨진 내용이 문헌에 나와 있지 않은 중요한 사료가 되기도 한다.

불갑사 부도밭. 절 입구에 있으며, 불갑사에 머물렀던 역대 고승의 부도와 비석이 한데 모아져 있다.

불갑사 경내

 그런데 아쉬운 것은, 이렇게 중요하고 의미 있는 부도나 비석들의 가치를 일반 사람들도 잘 이해할 수 있도록 신경을 쓴 사찰이 거의 없다는 점이다. 비석은 어려운 한문으로 적은데다가 마모도 심해 해석은 고사하고 읽어내려 가는 것조차 어려운 게 대부분이다. 그러니 보통 사람들로서는 비석에 무슨 내용이 적혀 있는지 도저히 알 길이 없다. 이럴 때 비석의 내용을 한글로 풀어쓴 안내판이라도 세워주면 좋으련만, 그런 친절한 서비스는 좀처럼 찾아볼 수 없다.

 10여 기의 부도와 비석들이 모여 있는 불갑사 부도밭을 지나자니 문득 이런 단상(斷想)들이 스쳐 지나가고, 한편으론 여기에 마라난타 존자의 부도나 비석이 있었으면 얼마나 멋질까 하는 생각이 들었다.

 부도밭 뒤쪽으로 자리한 산허리에 널찍한 터가 마련되어 있는데 여기가 불갑사 경내다. 산기슭으로 곧장 올라가면 조실당이고, 그 옆으

천왕문으로 난 계단

로 졸졸 흐르는 개울을 사이에 두고 대웅전이며 명부전 등의 법당이 자리하고 있다. 왼쪽으로 난 언덕길로 해서 지그재그를 그리며 슬슬 걸어 올라갈 수도 있지만, 아무래도 경내로 들어서는 길은 오른쪽 천왕문으로 난 계단을 밟고 올라가야 제 맛일 것 같아 그쪽으로 걸음을 옮겼다.

나무로 만든 것 중에는 국내에서 제일 크다고 하는 사천왕이 봉안된 천왕문이 세워진 게 조선시대니, 이 계단 역시 그때 쌓았을 것이다. 이 계단을 포함해서 대웅전까지 이르는 계단을 모두 세어보면 전부 53단으로, 『화엄경』에 보이는 것처럼 53명의 선지식을 찾아 길을 떠난 뒤 그들을 차례차례 만나 깨달음을 얻는 선재동자의 구도행각을 상징한다. 불갑사를 찾는 사람들일랑 천왕문으로 가면서 이렇게 쉰셋의 계단을 하나하나 밟고 올라가 부디 선재동자처럼 깨달음을 얻으라는 뜻이다. 계단의 수에까지 이러한 것을 고려하였으

나무로 만든 것 중에는 국내 최대로 알려진 불갑사 사천왕상

190

불갑사 천왕문. 지금은 이 자리에서 조금 앞쪽에 새 천왕문을 짓고 있다.

불갑사 대웅전. 조선 후기의 건축물로 보물 830호로 지정되어 있다.

니 그 세심한 배려에 감탄이 나온다. 헌데 지금의 계단 수는 정확히 53개에서 하나 모자란 52개라고 한다. 그 까닭이 일제강점기에 일본인 경찰서장이 조선 사람이 깨달음 얻는 걸 방해하기 위해 일부러 계단 하나를 빼내어 버렸기 때문이라고 하니 기가 찰 뿐이다.

천왕문은 2009년 자리를 잠깐 옮겼다. 절 측에서 전해 내려오는 각종 기록을 면밀히 검토했더니 본래의 천왕문 자리는 지금 있는 곳에서 앞쪽으로 한 다섯 걸음 떨어진 곳임을 확신했다. 그래서 천왕문을 뜯고, 옛 부재와 새로운 목재를 섞어서 새 천왕문을 짓고 있는 중이다. 불갑사에는 천왕문 외에 대웅전을 비롯해서 팔상전, 명부전, 만세루, 종루 등의 건물이 자리잡고 있는데 그 중에서 대웅전이 유독 눈길을 잡아끈다. 조선시대 중기에 지은 것으로 지나치게 크거나 화려하지 않으면서 사찰건축의 우아함이 한눈에 들어온다. 게다가 뒷산인 연화봉과 어우러진 그 자태가 무척이나 곱다.

불갑사 대웅전에는 다른 곳에서는 보기 힘든 색다른 특징들이 있다. 법당 내부에 석가여래삼존상이 봉안되었는데 이 삼존상이 대웅전 앞면을 바라보고 있는 것이 아니라 왼쪽에서 오른쪽을 향하고 있는 것이 그 중 하나다.

불갑사 대웅전 삼존불상.
조선 후기 불상으로, 보기 드물게 건물의 중앙이
아닌 오른쪽을 향해 봉안되어 있다.

불갑사 대웅전의 처마 아래 네 면에 그려진 초조
(初祖) 달마대사를 비롯한 역대 선종의 조사들
그림

   대웅전 앞문으로 들어가면 불상의 오른쪽 면만 보이는 것이다. 이런 불상배치는 영주 부석사 무량수전, 대전 고산사 대웅전, 공주 마곡사 대광보전, 양산 통도사 영산전 등에서도 보이지만 아주 드문 편이다.

   그런데 불갑사에서는 처음부터 이러했던 것은 아니고, 불갑사에 전해오는 기록에 따르면 19세기에 풍수적인 의도에서 지금처럼 배치를 바꿨다고 한다. 영광을 둘러싼 모악산 연봉에서 뿜어져 나오는 좋은 기운이 불갑사 뒷산인 연화봉으로 해서 절로 내려오는데 이 힘찬 기

불갑사의 각진국사 비석

운이 밖으로 새나가지 않고 경내에 잘 머물러 있게 하기 위함이라는 것이다. 일부에서는 사찰풍수를 고도의 인문지리학으로 보고, 상당수 사람들은 헛된 망상으로 보기도 한다. 사찰풍수의 가치야 보는 사람 각자에 달린 문제겠지만 근자에 사찰풍수에서 나름대로의 과학성을 찾는 움직임이 제법 설득력을 얻어가고 있는 걸 보면 마냥 외면할 일은 아닌지도 모른다.

이 대웅전의 또 하나의 특징은 지붕 아래에 있다. 네 면을 돌아가며 역대 선종의 조사들 그림이 그려져 있는데, 이런 경우는 불갑사가 유일하니 눈여겨볼 필요가 있다. 대웅전 옆에 1355년에 세워진 송광사 16조사 중 한 명인 각진국사 복구 스님의 비석이 있는 것도 놓쳐서는 안 된다.

10여 년 전 겨울, 전국을 쏘다니던 나는 남도여행 중 불갑사에 들러서 하루 묵은 적이 있었다. 아마도 보름께였을 게다. 한밤중에 잠을 뒤척이다 답답해 방문을 열었더니 어느새 하얀 눈이 내려와 마당에 가득 쌓이고 있었다. 객방을 나서 마당을 이리저리 왔다갔다 하다가 우연히 대웅전 앞에 서게 되었다. 순간, 대웅전 처마 한가운데가 점점 밝게 빛나는 게 보였다. 이상해서 몇 발자국 뒷걸음 쳐서 쳐다보니 연화봉 위로 둥근 보름달이 막 뜨고 있는 게 아닌가. 처음에는 반만 보이던 황금빛 달은 이윽고 둥근 모습을 다 내보이기 시작했고, 대웅전 처마와 연화봉, 그리고 그 위로 솟는 둥근 달이 일직선을 이루었

다. 그런 장관이 또 없었다. 지금은 대웅전이 보물로 지정되어 있어 사람들은 아름다운 건물이구나 하지만, 나는 10여 년전 이미 그처럼 아름다운 대웅전을 보았었다. 어쩌면 환상이었는지도 모른다. 하지만 그 순간만큼은 남도를 떠돌게 하고 밤잠을 설치게 하던 깊은 근심이 그야말로 눈 녹듯 깨끗이 사라져버리고 잔잔한 희열을 맛보았다.

불갑사에는 꽃이 잔뜩 핀다. 우선 가을이면 상사화 축제를 열 정도로 분홍빛 상사화가 산자락을 가득 물들이는데, 드물게도 노란색 상사화도 핀단다. 경내 주변에는 천연기념물로 지정된 참식나무 군락지도 있다. 뿐인가, 대웅전 꽃살문에도 곱게 조각된 연꽃, 국화꽃, 보리수나무가 가득하다. 꽃 찾아 경내를 서성대는 것도 잔잔한 재미 중 하나다.

백제에 처음 세워진 절이 불갑사인 것은 마라난타의 이야기에서 우선 찾을 수 있지만, 절 이름에서도 그 흔적이 찾아진다. 불갑사의 '갑'에는 '으뜸', '첫 번째'라는 뜻이 있다. 그러니까 불교가 첫 번째로 들어

불갑사 대웅전의 꽃살문

온 절이라는 뜻이 불갑사에 있는 것이다. 지금 이곳에 마라난타의 유적이나 유물은 남아 있지 않지만, 적어도 불갑사라는 이름에서만큼은 그의 자취를 엿볼 수 있으니 작명의 선견지명에 놀라게 된다.

어느새 땅거미가 지고 사위도 어둑어둑해졌다. 마라난타가 이곳에서 처음 지샌 밤은 어떠했을지 문득 궁금해졌는데 그러다 혼자서 씩 웃고 말았다. 끝이 아직 없는데 처음은 따져 무슨 소용일까 싶어서.

# 영천 은해사와 거조암

은해사 전경

불교현장 탐방이라 한다면 절이나 절터에서 역사적 의미를 읽어내는 게 보통이겠지만, 역사현장이라는 것이 반드시 공간에만 국한되는 건 아니다. 이번에 다루려는 것처럼 역사에 발자취를 남긴 인물의 자취를 좇는 것도 긴요한 역사현장 탐방인 것이, 공간에서 일을 만들어내는 것은 결국 사람이기 때문이다. 그런 의미에서 이번엔 한 인물의 체취를 물씬 전하는 공간을 찾아갔다.

### 척불시대에 영의정과도 교류한 화엄학의 대가, 영파 성규 스님

나는 평소 우리의 인물사 연구와 관심이 지나치게 위인(偉人) 위주로만 치우쳐 있다고 생각한다. 일종의 과도한 영웅사관 탓이랄까, 아니면 어렸을 적 위인전기를 필독하던 습관이 남아서일까, 사람들 대부분은 알게 모르게 위인 몇몇이 우리의 장구한 역사를 책임져 왔다는 착각에 빠져 있곤 한다.

그들 덕에 어려운 시절을 슬기롭게 넘겨온 건 분명하지만, 우리 역사가 몇몇 위인에 의지해야 할 정도로 단순하고 폭이 좁지 않다. 이름 모를, 혹은 덜 알려진 많은 사람들의 피와 땀이 뒷받침되었기에 영웅도 나올 수 있었다. 그런즉 영웅과 위인에만 쏠린 관심을 이들에게도 얼마간 돌려야 옳을 것이다.

그런데 불교사에서도 그런 악습은 종종 보인다. 이른바 고승(高僧) 중심으로 불교 인물사를 엮어내는 관습이 그것이다. 원효나 의상, 혹은 의천이나 사명대사 같은 분들이야 말할 것도 없이 불교계뿐 아니라 우리나라 전체로 봐서도 세계에 자랑할 만한 인물들이다. 하지만 우리 불교사가 좀더 풍요로워지려면 고승만큼 잘 알려지진 않았지만 나름대로 중요한 족적을 남긴 인물들을 폭넓게 발굴하려는 노력이 있어야 할 것이다.

직지사 성보박물관에 있는 영파 성규 스님의 진영. 본래 예천 용문사 소장이다. 성규 스님은 조선시대 화엄학의 대가로 학문이 출중하여 불교계를 넘어서 사대부의 존경을 받았다.

　그런 의미로 이해해 주었으면 좋겠다, 내가 지금 영파 성규(影波聖奎)(1728~1812) 스님의 자취를 찾아가는 까닭을.

　영파는 법호, 성규는 법명이니 그냥 성규라고 부르겠다. 불교사에서 성규 스님의 존재 가치는 고승과 무명의 스님 중간쯤에 있지 않을까 싶다. 그의 시간적 공간적 활동무대는 18세기에서 19세기로 넘어가는 영남지방이었다. 특히 대구와 경북 일대의 사찰에서 그와 관련된 자취가 많이 남아 있다. 그의 일생은 『동사열전』과 지금 은해사에 있는 그의 비석을 통해 알 수 있다.

　태어나기는 경남 합천 해인사 부근이었는데, 영특해서 어려서부터 경서를 두루 읽었다고 한다. 게다가 유난히 글씨를 잘 써서 당대의 명필 원교(圓嶠) 이광사(李匡師)(1705~1777)의 문하에 들어갈 정도였다.

이대로 착실히 공부했다면 과거를 통한 출세를 노려볼 만했을 것이다. 그러나 불교와의 인연이 더 질겼다. 열다섯 살 때 청량암에서 공부를 하다가 불교에 심취하게 되었고, 몇 년 간의 정신적 혼돈과 방황을 거쳐 스무 살 때 출가를 결심했다.

청도 용천사에서 머리를 깎았고, 해봉 유기(海峰有璣)를 비롯한 여러 고승들에게서 가르침을 받았다. 그 무렵 황산 퇴은(黃山退隱)에게 『화엄경』을 받았는데, 여러 해 전 꿈속의 계시와 맞아떨어져 계시로 여기고는 이 책들을 30년 동안 계속해서 읽고 또 읽으며 공부했다. 학문하는 끈기가 대단했던 모양이다.

그의 이러한 기질은 1777년부터 1781년까지 5년 동안 대비주(大悲呪)를 10만 번이나 염송하는 수행으로 이어졌다. 그렇다고 독학한 것은 아니고, 1754년 스물일곱 살 이후로 설파 상언(雪坡尙彦)·함월 해원(涵月海源) 등의 대강백 문하에 나아가 가르침을 청했었다. 이렇게 해서 깊어진 학문은 그 뒤 강석을 통해 후학과 대중들에게 펼쳐지기 시작했다.

대체로 조선시대 후기의 이름난 고승들은 자신의 출신 지역이나 인연이 깊은 사찰이 있는 곳 위주로 수행생활을 하여 그 지역을 크게 벗어나는 일이 드물었다. 말하자면 지역적 편재가 심했다는 얘기가 된다. 하지만 성규는 이때부터 전국 곳곳을 순력하며 자신이 배우고 깨달은 바를 펼치며 다녔다. 이른바 운수행각(雲水行脚)이라고 하는 것이다. 성규는 영남에서 태어나고 자랐으며 주로 그쪽의 사찰에서 머물렀으면서도 학문이 깊어진 다음에는 호남에서 많은 활동을 펼쳤다. 예컨대 해남 대흥사 약사전에서 가졌던 법회에는 수많은 대중들이 운집하여 큰 성황을 이루었다. 그 뒤 해남의 신월암(新月庵)과 진불암(眞佛庵)에서 각각 하안거와 동안거를 마쳤으니 호남과의 인연이 적다고 못하겠다. 바로 이렇게 한 지역에 안주하지 않고 국토의 동서를 마다 않고 오가며 인재를 기르고 이론을 전파함으로써 불교를 고루 홍포한 점 역시 성규 스님의 업적 중 하나가 될 것이다.

그렇다면 성규의 위상은 과연 어떠했을까? 성규와 동시대 사람으로서 많은 사람들의 존경을 받던 두예(斗藝)의 다음과 같은 말을 빌려서 짐작해 볼 수 있다.

"연담 스님이 입적한 이래 명성과 인품에서 영파 성규보다 뛰어난 사람
은 지금까지 없었다."
(蓮潭沒後 名德之盛 無出波之右)

이 한 마디로 성규에 대한 당시 사람들의 존경심이 어떠했는지 잘 알 수 있다. 그렇지만 오늘날에는 그를 잘 아는 사람이 많지 않아서, 안타깝게도 그의 불교사적 가치에 대한 전문적 연구는 전무하다시피 하다.

성규가 열반하자 그와 같은 시대에 살았던 인물로서 규장각 제학을 지냈고 훗날 영의정에까지 오른 남공철(南公轍, 1760~1840)이 손수 비문을 지었고, 그 비석이 현재까지 은해사에 전한다. 이 비석은 조선시대 승려의 비 가운데 가장 큰 축에 속한다. 지금 성규 스님에 대해 말한다면서 이 비석을 안 보고 얘기할 수는 없는 노릇, 나는 은해사에 먼저 가기로 정했다.

봄의 끝자락, 오랜만에 KTX를 타고 동대구역에 내렸다. 주말이라 역 안팎은 사람들로 퍽이나 붐볐다. 여기서 대중교통을 이용해서 은해사에 가려면 방법은 두 가지다. 걸어서 15분 거리인 동부터미널로 가서 영천으로 간 다음 거기에서 은해사로 가는 버스로 갈아타거나, 역 앞에서 시내버스를 타고 하양읍으로 간 다음 거기서 은해사행 군

내버스로 갈아타도 된다. 전에 나는 하양 대구H대학교 예술학과에 수년 간 출강한 일이 있어 하양은 잘 아는 편이다. 그때 재질이 뛰어난 학생들을 많이 보았었다. 처음 강단에 섰던 곳이기도 하고, 사제의 정을 가장 잘 느꼈던 곳이기도 해서 내게는 여러 가지로 추억이 어린 곳이다. 그래서 옛날 생각도 할 겸 하양을 거쳐 가기로 했다.

널찍한 은해사 주차장에 내려 은해사 일주문을 지났다. 주변은 울창한 솔밭이다. 은해사 솔밭은 숙종 때 심은 것이니 대략 300년쯤 되는데 이런 유서 깊고 울창한 솔밭이 많지 않아 은해사의 자랑거리이기도 하다. 솔밭을 지나 80m 정도 가면 왼쪽에 잘 정돈된 부도밭이 있다. 성규의 비석은 바로 여기에 있다.

은해사 내경

은해사 부도밭

은해사에 있는 영파 스님의 비. 영의정 남공철이 스님을 기리는 글을 지었다. 영파 스님은 연담 유일 스님 이래 최고의 학식과 수행을 이루었던 인물로 꼽힌다.

대구 남지장사 일주문 앞면 편액. 성규 스님의 글씨다.

　성규는 특히 문장에도 능하여 대구와 경북 지역 여러 사찰의 현판과 편액에 그의 글과 글씨가 많이 전하고 있다. 내가 이 지역의 사찰을 다니면서 그의 글씨를 여러 차례 보았는데, 예컨대 대구 남지장사에 걸린 현판은 그가 짓고 글씨도 쓴 것으로 함축성 높은 문장과 유려한 글씨가 돋보이는 걸작이다.

　또 지금 은해사의 산내암자로 되어 있는 거조암(居祖庵)에 걸린 편액은 그가 일흔두 살 때 쓴 글씨인데, 나이를 의심할 만큼 단정하고 힘 있는 필체가 돋보인다. 운부암에도 그가 쓴 현판이 걸려 있는데 역시 글자 한 획 한 획에 기운이 넘치면서도 꼼꼼함이 드러나 있다. 글씨를 보면 그 사람을 알 수 있다는 말이 있다. 남공철은 그의 성격에 대해 말하기를 온순하고 부드럽다고 했는데, 이 현판 글씨로 미루어 본다면 거기에다 아주 깔끔하고 부지런한 성격의 소유자이기도 했던 것 같다.

거조암 영산전과 삼층석탑.

성규 스님이 쓴 거조암 편액.
성규 스님은 말년에 거조암에 거하면서 오백나한상을 조성하였다.

은해사 운부암

# 남양주 수종사

산중턱에 수종사가 자리한 운길산

오래간만에 C와 함께 길을 떠났다. C는 나이는 좀 어리지만 한때 내게 배우기도 했고 또 일도 함께 했던, 나로서는 동지 같은 이다. 어찌보면 사제관계라고도 해야 겠지만 그거야 세속적 환경이 만들어낸 관계일뿐. 오히려 내가 그를 통해 느끼는 게 적지 않으니 불교식으로 말해서 도반이라고 하고는 싶지만, 내 몸과 마음이 그럴 정도로 정갈한 것 같지는 않아서 차마 그런 말은 나오질 않는다. 요즘은 서로 바빠 만나기 쉽지 않았는데, 이번에 마음먹고 연락해 수종사에 갈 거니 무조건 차 몰고 오라고 강권하다시피 했다. 이 때는 세속의 사제관계를 들이댔다. 1박 2일 예정의 여행인데, 그 전에 먼저 작은 볼 일이 있는 강원도에 갔다가 금방 일 끝내고서 저녁은 바닷가에서 낭만적으로 보낸 다음 아침 일찍 수종사로 떠날 생각이었다. 하지만 의외로 밤 늦게야 일을 끝낸데다가 비마저 사정없이 퍼부어대, 이런 날씨에야 밤바다고 낭만이고 찾기 어려워졌다. 우리 둘은, 그러느니 그냥 떠나서 수종사 근처까지 가서 잠이나 푹 자자고 합의했다. 미시령 고개를 넘을까 대관령 고개를 넘을까 잠깐 고민하다가 그래도 고속도로가 낫지, 하며 대관령 고개를 택했다. 비는 억수같이 퍼붓고 안개도 짙게 끼어 그야말로 한 치 앞도 내다보기 어려운 구간이 이어지는 대관령 정상을 넘으며, "이런, 남들은 가지 못해 아쉬워하는 강원도까지 애써 와 하루도 못 자고 가나?" 하며 투덜거리는 그를 달래려 애 좀 써야 했다.

　수종사(水鍾寺)는 경기도 남양주시 조안면 송촌리, 운길산(雲吉山) 정상 바로 아래에 있다. 팔당대교 북단을 지나는 6번 국도를 타고 양평으로 가서 양수대교를 건너면 남양주 영화종합촬영장이 나오는데, 거기를 지나면 수종사로 향하는 고갯마루가 금세 나온다. 서울 방면에서 가더라도 그다지 먼 길은 아니다.

　수종사가 자리한 경기도는 면적이 1만㎢가 넘어 전 국토의 10%나

수종사 가는 길

될 정도로 넓고 크다. 빼어난 산수와 절경이 많아 예로부터 숱한 시인
묵객과 여행자들이 이곳의 경치를 찬탄해 왔음은 말할 필요도 없다.
다만 지금은 민통선(이제는 없어졌지만)과 휴전선이라는 민족의 족쇄
가 채워져 있는 탓에 이 시대를 사는 나그네의 한 사람으로서 옛사람
들의 발자취를 따라 경기도의 이름난 명승고적 구석구석을 맘껏 다녀
볼 수 없는 게 한일 따름이다. 문화관광부에서 지정한 전통사찰도 모
두 99개나 되어 174개인 경북 다음으로 많다.

　대관령 고개를 지나온 길이 자정이 훨씬 넘어서야 남양주에 닿았
다. 숙소를 잡자마자 곯아떨어졌다가 다음날 눈을 뜨니 어느새 12시
가 다 되었다. 점심 서둘러 먹고 출발해 금방 수종사 입구 고갯마루
에 온 것까지는 좋았는데 우리는 여기서 또다시 고민에 빠져야 했다.

수종사 전경

이 고갯마루는 꽤 가파른 편이다. 겨울철 눈이 조금이라도 오는 날에는 아예 올라갈 생각을 말아야 한다. 여름철에도, 비가 내리면 바닥이 아주 미끄러워 사륜구동형, 그러니까 지프가 아니면 올라가기 힘들다. 그런데 이날 우리가 도착한 그 시각에 비가 내리고 있었고, 우리가 탄 차도 지프가 아니었다. 1년 전에도 비 오는 날 수종사를 찾은 적이 있었는데, 그때는 그냥 걸어 올라갔었다. 그런데 이번에도 또 비가 오니 나는 괜스레 오기가 났다. C는 걸어 올라가자고 했지만 내가 우겨 기어이 차를 몰게 했다. 운전대를 잡은 C 옆에서 나는 "밟아, 밟아"를 외쳐댔다. 하지만 조금 올라가는가 싶던 차는 금세 헛바퀴를 돌려대며 시커먼 연기를 피우다가 급기야 뒤로 밀려나기 시작했다. 급히 브레이크를 잡아봤지만 소용없이 쭉 뒤로 밀려가다가 포장길 옆 흙길로 뒷바퀴를 걸쳐대고서야 멈추어 섰다. 뒤에 사람이 아무도 없었던

수종사 경내의 삼정헌. 누각 겸 찻집으로 쓰이고 있다.

게 다행이었다. 식은땀이 흥건했다. 차는 어찌어찌 수습해 놓았지만
올라가는 길 내내 C에게 미안해 얼굴을 들지 못하고 경내에 들어섰다.

헐떡거리는 숨을 가누느라 경내 참배를 미루고 우선 누각 겸 찻집
인 삼정헌(三鼎軒)에 올라 찻상을 앞에 두고 앉았다. 땀을 훔치고 차
한 잔을 마시니 그제야 정신이 좀 들어온다. 삼정헌에서 재미있는 것
은 벽 한 면 전체가 유리로 되어 있는 점이다. 그 유리벽 너머로 멀리
높고 낮은 산들이 늘어서 있고 그 아래로 흐르는 강물이 건너다보인
다. 저기가 바로 '두물머리'였다. 북한강과 남한강 두 물길이 합하는 곳
이라 해서 그런 이름이 붙었고, 지금 우리가 부르는 '양수리'는 두물머
리를 한자로 바꾼 말이다. 어쨌거나 이 양수리의 정경은 그야말로 한
폭의 동양화. 조선의 문장가 서거정(徐居正)이 '우리나라 사찰 중 제
일의 전망'이라고 격찬한 것이 그제야 머릿속에 떠올랐다. 또 절 이름

수종사에서 바라다본 두물머리(양수리) 전경.
서거정이 우리나라 사찰 중 제일이라고 평했을 정도로 뛰어나다.

에 '水'자가 들어가서인지 물 좋기로도 유명해서 여기 물로 차를 달여 마시면 최고였다고 한다. 예로부터 시인 묵객이 즐겨 찾아왔는데, 앞서 말한 서거정이나 정약용은 대표적인 수종사 예찬론자였다. 이런 얘기를 C에게 하니, 굳어 있던 얼굴이 다소 풀리며 그래? 하며 관심을 보인다. 아까 차를 길 밖으로 빠뜨린 소행도 있고 해서 내게 언짢았던 기분이 풀려 가는 모양이다. 이런 기회를 놓칠 수 없어, 나는 이야기보따리를 풀어냈다.

"자네, 이 절이 세조가 지은 절인지 아나?"

"아니, 몰랐어요. 그런가?"

"한 번 들어볼 테야?"

"그래, 해 봐요. 재미있겠는데."

그의 말끝이 점점 짧아지는게 약간 거슬렸지만, 어차피 서로 나이

들어가는 처지에 몇 살 더 먹었다고 유
세부리는 것 같아 넘어가기로 하고, 이
야기를 시작했다. 정말 재미있게 말했
는지는 모르지만 그에게 해준 수종사
역사 이야기는 이렇다. 신라 때 창건되
었지만 그 뒤의 역사는 전하지 않아 잘
알 수가 없다. 지금의 수종사 모습은
6·25전쟁으로 피해를 입은 뒤 1970년
대부터 본격적으로 가꾸기 시작한 결

수종사 약수.
절의 이름에 물 수(水)자가 들어갈 만큼 이 곳의 물은 유명하다.

과다. 그런데 수종사의 역사에서 빼놓을 수 없는 부분이 조선시대 초
기 세조와의 관계다. 그는 이곳에 와서 참배도 하고 중창도 전폭적으
로 지원했다. 세조는 어떤 연유로 수종사를 찾았던 것일까? 1458년
세조가 병을 치료하기 위해 강원도 오대산에 갔다오는 길, 남한강을
따라 환궁하는 도중에 지금의 양수리에서 밤을 맞게 되었다. 여독도
풀 겸 야경을 즐기는데 운길산 쪽에서 문득 청아한 종소리가 들렸다.
한밤에 종소리가 울리는 게 이상해 세조가 사람을 보내어 그 연유를
알아보게 했다. 다녀온 신하에게 들어보니, 종소리를 따라 산을 올라
가니 폐허된 천년 고찰이 나오고 그곳 암굴 속에 18나한이 둘러앉아
있었다. 종소리는 그 옆 바위틈에서 나는 것이었다. 바로 물 떨어지는
소리였는데 그것이 마치 종소리 같았다는 것이다. 세조는 참으로 희
한한 일이라고 생각하고, 이듬해 수종사 중창에 커다란 힘을 보탰다.
중창하고는 절 이름을 수종사라고 지었다.

　수종사라는 이름은 상당히 회화적이면서 감각적이다. 물이 한 방울
두 방울 떨어져 맑은 종소리를 내는 모습이 머릿속에 그려지면서 시
각과 청각이 동시에 반응한다. 절 이름 중에 이렇게 감각적으로 아름
다운 것은 드물다. 정약용의 「수종사기」에도 "수종사는 신라 때 지은

세조가 복원하여 이름을 붙였다고 전하는 수종사 대웅보전과 종각.

절인데 절에는 샘이 있어 돌 틈으로 물이 흘러나와 땅에 떨어지면서
종소리를 낸다. 그래서 수종사라 한다."라는 말도 있으니, 괜스레 만들
어낸 말은 아닌 것 같다.

### 나한님 옆 바위틈에 '물방울 종소리' 청아해라, 호불 군주 세조의
### 발자취 서린 곳

　우리는 한결 산뜻해진 기분으로 삼정헌을 나와 경내를 둘러보았다.
마침 비도 그쳐 간다. 전각은 의외로 단출한 편으로, 금당인 대웅보전
과 약사전·응진전·산신각·종각, 그리고 선불장(選佛場)을 비롯한 요
사 4동 등의 건물이 있고, 그 밖에 오층석탑과 부도가 있다. 대웅보전
안에는 석가여래를 중심으로 좌우에 아미타와 비로자나불이 나란히
곁에 앉은 삼존불상이 모셔져 있는데 위용이 당당해 보기에 썩 좋다.
또 불화로 후불탱인 영산회상도와 지장탱·칠성탱·신중탱 등이 벽에
걸려 있다.

대웅보전에 모셔져 있는 삼존불. 벽에는 여러 불화가 걸려 있다.

수종사 팔각오층석탑

정의옹주 부도.
정의옹주는 돈독한 불자였다. 이러한 부도가 있었기에 세조도 수
종사를 찾아갔을 듯하다. 아이러니하게도 이 부도는 그녀의 동생
으로 세종에게 죽임을 당한 금성대군이 시주해 세운 것이다.

정의옹주 부도의 연꽃조각과 모서리에 배치된 개구리 모양 조각

대웅보전을 나와 옆에 있는 팔각오층 석탑과 부도를 보았다. 부도는 세조의 대고모가 되는 정의옹주(貞懿翁主)의 사리를 봉안한 것이다. 아마도 세조가 수종사를 중창하게 된 직접적 이유도 바로 이 정의옹주의 부도로 상징되는 왕실과의 연관 때문일지도 모르겠다. 정의옹주는 태종의 딸로 세조에게는 대고모가 되니 이러한 인연이 있어 세조도 수종사에 와 보려는 마음을 갖게 된 것은 아닐까. 정의옹주는 궁실에서 나와 승려가 되었고, 다비 뒤에 사리가 나왔으므로 이렇게 부도를 만들게 된 것 같다. 이 부도는 1439년에 금성대군 등이 시주해서 세웠다. 금성대군은 세조의 동생으로 형이 조카를 몰아내고 왕위에 오르자 극렬 반대했고, 그 때문에 유배 되어 처형되었다. 이 부도를 세운 뒤 17년 뒤의 일이었다. 형제임에도 불구하고 서로 죽이고 죽임을 당하는 원수가 되었지만 둘 다 수종사라는 절을 인연처로 해서 서로 이름들을 올리고 있으니 인연의 끈은 쉽게 끊어지는 게 아닌 것 같다. 어쨌거나 조선시대 부도로서 이만하게 아름다운 것은 아주 드물다. 모서리에는 개구리 또는 두꺼비처럼 생긴 것이 배치되어 흥미롭다. 여기서 나온 사리장엄 등의 유물들은 지금 조계사 불교중앙박물관에서 볼 수 있다.

왼쪽 둔덕 위에는 나한전이 있고 그 안에 16나한이 모셔져 있다. 세조가 수종사를 찾았던 전설 속에 나오는 나한굴이 바로 이곳이었나

수종사 종각 아래의 은행나무. 세조가 직접 심었다고 전한다.

보다. 나한전에서 내려다보니 종각 아래로 커다란 나무가 한눈에 들어온다. 바로 세조가 심었다는 그 은행나무다. 절에서 약 200m 가량 아래쪽에 있는 골짜기에는 길이 50m에 달하는 대규모 석축과 절터가 남아있다. 현재의 절이 있는 마당과 그 아래쪽 절터에는 옛 기와조각들이 많이 보이고 있는데, 그것으로 보아서는 조선 초 무렵 절의 규모가 만만치 않았음을 짐작할 수 있다. 아래쪽 절터는 어느 시기엔가 인멸되고서는 그 뒤로는 다시 중창의 손길이 미치지 못하고 지금까지 그대로 내려온 듯한데, 만약 이곳에 대한 학술조사가 이루어진다면 1459년 중창 이전 절의 모습을 밝히는데 있어 좋은 단서가 될 것이다.

수종사를 둘러보면서 한 가지 의문이 머리를 떠나지 않았다. 세조는 왜 그렇게 사찰을 자주 다녔을까? 숭유억불의 시대건만 그의 자취가 알려진 곳만 해도 이곳 수종사를 비롯해 양평 용문사, 강원도의 월정사 및 상원사, 석불입상이 있는 파주 용암사 등 꽤 된다. 세조의 초상화가 비전되었던 해인사도 세조와 무관할 리가 없다. 아마도 그는 죄의식에 시달렸을 것 같다. 나이 어린 조카인 단종을 왕위에서 몰아내고 그 자리를 대신 차지하는 과정에서 결국 단종을 죽음으로 몰아갔고, 이런 정변을 극력 반대했던 사육신을 비롯한 숱한 신하들을 역시 처형하거나 유배시켰던 일에 대해 상당한 죄책감에 시달렸을 것 같다. 이런 죄의식을 씻고 또 자신 때문에 유명을 달리하거나 한평생 괴롭게 살아간 많은 이들을 위해 그토록 자주 절을 찾아다녔던 게 아닌가 생각되는 것이다. 그런 업보 때문인가, 한평생 자신을 괴롭혔던 괴질, 그리고 맏아들의 요절 등 비록 권좌에는 올랐어도 자신에게도 불행은 늘 떠나지 않았었다. 따지고 보면 그도 한 많은 인생을 살다간 인물이었다.

이제 그만 내려가야 할 때가 되었다. C에게 수종사 본 소감이 어떠냐고 물었더니 말없이 그냥 빙긋이 웃기만 한다. 말은 안하지만 뭔가 재미있게 잘 봤다는 느낌이 들게 하는 웃음이다. 그는 눈이 밝고 감각이 있어 전에 했던 미술사 공부를 쭉 했어도 좋았으련만 근래 디자인으로 방향을 바꾸고는 힘든 유학생활도 10년 가까이 했다. 나로서는 동료이자 제자 한 명을 잃었지만 디자인계로서는 복 받은 일이다. 그가 부디 훌륭한 디자이너 되기를 바라는 마음을 수종사 나한님에게 전해드리고 총총히 내려왔다.

# 양평 용문사와
# 파주 용미리 석불상

용미리 석불상

수종사를 다녀온 뒤 그 옛날 세조가 즐겼던 양수리의 아름다운 야경을 우리도 어젯밤 늦게까지 실컷 감상했다. 세조도 그랬는지는 모르지만, 우린 야경 감상 외에도 향긋한 곡차까지 거나히 곁들인 터라 그만한 흥이 없었다. 그 덕에 아침 일찍 일어나는 게 쉽지는 않았지만. 침대에서 이불을 끌어안고 "십분만 더, 십분만 더!"를 외치는 C를 겨우 깨워서는 아침 일찍 양평으로 향했다.

어제 내린 비로 하늘은 더할 수 없이 깨끗해졌고 아침 햇살도 따스하다. 구름 한 점 없이 맑은 하늘에서 내려온 햇살들이 양수리의 고요한 수면 위에 꽂히고 수면 위로는 눈부신 은빛 방울들이 반사되며 용수철처럼 튀어 오른다. 마치 강 위에 거대한 비단이 펼쳐져서 흘러내려가는 것 같다. 이런 장관도 보기 어렵다. 아침을 날려 버렸다고 계속 투덜대던 C의 불평 소리도 어느 사이엔가 잠잠해졌다.

## 세조, 은행나무에 '정삼품' 내리고 시주자로 나서

한 10여 분 가니 어느새 용문사 입구, 그 유명한 은행나무 '정삼품송'이 보인다. 높이 60m가 넘고 수령은 자그마치 1,100년으로 추정되어 동양에서 가장 오래된 나무 축에 속한다. 세조가 용문사에 행차할 때 타고 있던 가마 꼭대기가 이 나뭇가지에 걸려 버리는 난감한 상황이 벌어졌다. 그 때 놀랍게도 나무가 스스로 가지를 번쩍 들어올려 가마가 지나가게 길을 터주었다. 세조는 감격해 이 은행나무에 정삼품의 직첩을 하사했다. 이 은행나무가 정삼품송으로 불리게 된 내력이다. 재밌는 이야기지만, 그 덕에 세조가 용문사에 행차하였던 '사실'이 묻혀버린 감이 없지 않다.

용문사는 조선시대에 '동국 제일의 가람'이라 불릴 만큼 컸다. 그 배

양평 용문사 은행나무.
세조가 용문사에 행차할 때 가마가 지나갈 수 있도록 번쩍 가지를 치켜들어, 세조가 정삼품 벼슬을 하사했다는 전설이 전한다. 법주사 정이품송에도 비슷한 이야기가 전한다.

경에는 말할 것도 없이 세조의 지원이 절대적이었고 특히 왕비인 정희왕후의 숨은 노력이 컸다. 요즘도 그렇지만 불사에 적극적인 건 남편보다는 아내이지 않은가.

　정희왕후는 1428년 수양대군 시절의 세조와 혼인하였다. 이 둘은 여러 모로 닮은 데가 많다. 조카를 없애고 숱한 충신들을 눈썹 하나 까딱하지 않고서 저승길로 보냈던 세조야 새삼 말할 필요도 없지만, 정희왕후 역시 여간 아니었다. 어쩌면 뚝심과 야심 면에서 세조를 능가할지도 모르겠다. 그녀는 이른바 수렴청정을 통해 구중심처 궁궐에서 정치를 한손으로 요리했다. 남편 세조의 사후, 아들 예종이 즉위 1년 2개월 만에 죽고, 또 그 뒤를 이은 덕종 역시 요절하였다. 그러자 세조의 손자이자 덕종의 둘째 아들 성종이 13세로 즉위하였는데 나

이가 어려 대비였던 정희왕비가 수렴청정을 하게 되었다. 그 수렴청정 기간이 그녀가 66세로 죽을 때까지 무려 19년간이나 지속되었다. 남편의 치세까지 합치면 이 부부는 33년간이나 절대권력을 휘두른 셈이다.

이 부부는 합심해서 여러 주요 사찰을 중건 또는 창건하였으니 그들의 불교 사랑은 특기할 만하다. 특히 용문사가 그러한 곳이다. 세조와 정희왕후의 용문사와의 인연은 이러하다. 세조가 아직 왕위에 오르기 전인 수양대군 시절 그는 어머니 소헌왕후(昭憲王后)(1395~1446)를 여윈 슬픔을 이기지 못하고 있었다. 그러던 어느 날 꿈에 어머니가 나타나 "나를 위해 불상 2위와 보살상 8위를 조성하여 용문사에 모셔라."라고 했다.

계시임을 직감한 그는 당시의 고승 신미와 학조에게 꿈 이야기를 했고, 이들의 권유대로 용문사 중건에 착수하여 1447년 새로 법당을 짓고 불상과 보살상 등을 모셨다. 수양대군은 1년 뒤 부인과 함께 용문사에서 법회를 베풀고 7일간 기도를 하였는데, 6일째 되는 날 밤에 사리 6과를 얻었고, 사리에서 빛이 나와 대낮처럼 밝아지는 상서로움이 있었다. 이런 각별한 인연으로 그는 왕위에 오른 후에도 친히 이 곳에 행차하여 지대한 관심을 보였다. 여기서 그치지 않고, 세조가 죽은 후에도 정희왕후는 용문사를 소헌왕후와 세조의 원찰로 삼았다. 정희왕후의 수렴청정에 대해서는 앞에서 말했거니와, 그만한 힘이 있었으니 절에 대한 지원도 대단했을 것이다.

사실 세조와 정희왕후 두 부부는 조선시대 중에서도 첫손 꼽히는 호불의 군주로서, 용문사뿐만 아니라 봉선사·회암사·낙산사·오대산 상원사 등에서 많은 불사를 한 것으로 알려지고 있다. 그런즉 용문사는 세조와 정희왕비 부부의 불교 애호가 가장 극명하게 드러나는 곳이라 할 만하다.

용문사를 둘러보고 난 뒤 절 앞에 있는 식당에서 늦은 점심까지 해

파주 용암사 내경

파주 용미리 석불입상

결했는데도 기다란 여름 해는 아직 서쪽으로 그다지 멀리 가지 않았다. 우리는 내친 김에 또 하나의 세조 유적인 파주 용미리 석불상까지 가 보기로 했다. 일단 고양으로 돌아가서 용미리(광탄) 방면으로 꺾은 다음 용미리 묘지를 지나 파주 방향으로 가면 용암사가 나오는데, 여기에 그 유명한 파주 용미리 석불입상이 있다.

용암사 경내로 올라가니 석불입상이 높다랗게 우뚝 솟아 있는 게 보인다. 거대한 자연석을 몸통으로 하고 그 위에 머리를 얹어놓아 반은 자연적으로 반은 인공적으로 조성한 아주 특이한 형태다. 머리 위에는 갓을 쓰고 있는데, 얼마 전 국민대학교의 파주 이전을 축하하기 위해 파주 시민들이 갓 대신 학사모를 씌운 이 두 불상의 모조품을 가마에 태우고 시내를 행진했던 게 기억난다. 그만큼 이 불상은 파주의 가장 상징적 존재인 셈이다. 사실 머리 위에 갓이 놓인 불상은 미륵부처님의 특징이다. 그래서 마을 사람들은 이 석불입상을 '용미리 쌍미륵'이라 불렀으며, 마을이름도 '미륵뎅이'가 됐다.

어쨌든 이 불상의 조성 연대는 고려시대라는 것이 정설이고, 고려 13대 임금 선종이 이 석불의 영험으로 후사를 이었다는 관련 전설도 전한다. 그런데 이 석불이 세조와 관련 있는가?

10여 년 전, 이 불상에 대한 기사가 신문지면을 크게 장식한 적이 있었다. 불상이 새겨진 바위면의 좁은 공간에 그동안 몰랐던 200여자의 글씨가 새로 발견되었기 때문이다. 이 명문(銘文)을 발견한 이는 지금 모 대학의 교수로 재직중인 P선배였다.

1995년 무렵으로 기억된다. 한밤중에 P선배에게서 전화가 왔다. 낮에 용미리 석불입상 주변에서 명문을 발견하고 탁본에 성공했다면서, 명문을 읽어줄 테니 소감을 말해달라는 것이다.

용미리 불상의 우측 불상 하단 공간에서 200여 자의 글씨가 발견되어, 이 불상과 세조 및 정희왕후와의 관계가 추정되었다.

꽤 놀랐지만, 평소 자타가 공인할 정도로 눈이 밝은데다가 소문 난 수재형인 P선배인지라 그럴 만도 하다고 생각하면서 그가 불러주는 한문을 머릿속으로 번역해 보았다. 거기에는 1465년에 해당하는 연호가 나오고, 불상 조성에 참여한 시주자 명단과 함께 세조의 극락왕생을 기원하는 내용이 포함되어 있어서 깜짝 놀랐다. 그는 이것으로 보아 이 불상은 고려시대가 아니라 세조 승하 직후에 조성한 것이 아닌가 생각한다 했다.

나는 명문의 중요성은 충분히 공감했지만, 좀더 정밀한 연구를 거친 후 발표하는 게 낫겠다고 충고했다. 하지만 며칠 뒤 '파주 용미리 불상, 조선시대 초에 조성한 것으로 밝혀져'라는 제목의 기사가 조간신문들을 크게 장식하였다. 명문에 대한 정밀분석이 다소 부족한 채 성급히 발표되었던 게 '옥의 티'이기는 했지만, 그동안 알려지지 않았던 명문을 발견한 것은 분명 쾌거였다. 그 뒤 한동안 이 불상의 조성시기를 둘러싸고 격론이 벌어졌는데, 아직 확실한 결론은 나지 않았다.

그런데 지금 나는 불상이 만들어진 시기가 고려인지 아니면 조선인지를 말하려는 것이 아니다. 그보다는 불상의 명문 속에 세조와 정희왕후의 이름이 거론된 것 자체가 중요하다고 생각한다. 불교와 관련된 세조의 행적이 이곳까지 이어졌다는 것을 확인할 수 있다는 게 보다 의미 있는 일이니까. 어쨌든, 명문에는 비록 정희왕후의 이름만 보이지만, 세조도 한때 여기 왔음은 분명하다. 실 가는데 바늘이 안 갈 리 있겠는가? 그런즉 이곳 역시 세조의 발자취가 남아 있는 곳으로 보아도 충분한 것이다.

용미리 석불상을 뒤로 하고 나오니 어느새 해는 저물어 사위가 어둑어둑해지기 시작했다. 누구의 발자취를 좇는다는 건 묘한 일이다. 그가(혹은 그들이) 갔던 길을 시간을 달리해서 밟아가다 보면 마치 내 자신이 탐정이라도 된 듯하다. 남의 뒤를 캐는 탐정이 아니라 역사의 이면을 밝혀내는 그런 탐정 말이다. '역사 탐정'이라, 그럴 듯하지 않은가!

# 제주 한라산 천왕사 1

한라산 천왕사 내경

가끔 사람은 누구나 어디론가 훌쩍 떠나고 싶어 한다. 꽉 짜인 일상에서 하루하루를 허우적거리면서 자신이야말로 이 세상에서 가장 불행한 사람이라고 굳게 믿는 현대의 도시인일수록 이런 욕구는 더욱 크다. 떠난다면 멀면 멀수록 좋고, 기왕이면 이국적 멋이 물씬 풍기는 섬이라면 그야말로 환상이다. 요즘은 해외관광이 흔해진 마당이니 발리 섬은 차라리 진부해졌고, 인도양의 몰디브와 푸켓, 뉴질랜드의 북섬, 싱가포르의 센타소 섬에 이르기까지 전 세계에 우리의 발길이 닿지 않은 섬이 별로 없다. 그리고 보면 우리만큼 여행 좋아하는 민족도 드문 것 같다. 하지만 소박하고 자연풍광이 좋은 섬으로 말하자면 우리나라에도 매우 많다. 거문도, 안면도, 선유도 등등 일일이 꼽기가 버겁다. 하지만 뭐니 뭐니 해도 누구나 가고 싶고 그곳에 가면 행복할 것 같은 환상 가득한 섬의 '원조'는 바로 제주도가 아닐까.

## 근대 제주불교 100년의 현장, 고래의 사찰터… 비룡스님 정진 흔적 '오롯'

'근대 제주불교 100년의 현장을 찾아서'.

이번 탐방의 모토는 이렇게 제법 거창하게 잡았다. 올해가 근대 제주에 불교가 자리잡은 지 100년이니 이를 기념해서 제주도로 떠난 것이다. 지금 '제주불교 100년'이라고 말한 것은 제주에 불교가 도입된 시기를 말한 것이 아니다. 불탑사에 고려시대 석탑이 있으니 아무리 양보해도 고려시대에는 이미 불교가 번성하고 있었다. 서귀포 법화사에서 말하는 것처럼 만일 통일신라 후기의 해상왕 장보고와 법화사를 연결시킨다면 그 시기는 훨씬 앞으로 올라가게 된다. 그런데 갑자기 제주불교 100년이라니, 무슨 소리인가?

제주에서는 18세기 이곳에 목사로 부임한 유교지상주의자 이형상이 사찰 500곳을 강제로 폐사시킨 이래 불교가 질식되어 버렸다. 그러다가 1908년 대흥사의 안봉려관 스님이 제주에 와 관음사를 지으면서 제주불교 부흥의 초석을 다졌으니, 나는 이것을 일러 '근대 제주불교 100년'이라 한 것이다. 그리고 이를 기념해서 현대 제주불교의 특징을 살펴보려는 게 주목적이다. 그건 그렇고, 아무리 탐방이라곤 해도 비행기 타고 제주까지 가는 호사는 쉽게 누릴 수 있는 게 못 된다. 하지만 때론 이런 호기라도 부려야 팍팍한 삶을 그런대로 참으며 살아나갈 수 있는 것 아닌가.

비행기는 맹렬한 속도로 활주로를 질주하다 훌쩍 뛰어올라 구름 한 점 없이 파란 하늘 속으로 들어섰다. 중력의 법칙이 무색해진 이 순간, 자연의 섭리에서 벗어난 불편함이 갑자기 밀려온다. 하지만 그도 잠깐, 공중에서 한 바퀴 멋지게 선회한 비행기가 이내 그 기다란 몸을 남쪽을 향해 쭉 내뻗자 창을 통해 멀찌감치 내려다보이는 대지의 멋진 조감도를 보자니 일상에서 벗어난 해방감에 금세 가슴이 후련해진다. 내 옆자리에는 고건축 전문가 양윤식 박사가 앉아 있다. 명문 S대 건축학과 출신으로 40대 중반인 그는 한국 고건축 분야의 권위자 중 한 명이다.

며칠 전 우연한 통화 끝에 머리도 식힐 겸 제주도나 같이 가지 않겠느냐고 불쑥 제안했다. 이번 제주행에는 건축 부분을 특히 눈여겨볼 일이 있어서 전문가의 조언이 필요했기 때문이다. 하지만 별 볼일 없이 지내는 나와는 달리 늘 공사다망한 양 박사인지라 나의 갑작스런 제안에 꼭 응해 주리라고 기대하기는 어려웠다. 괴롭고 찌든 현실에서 탈출하고픈 게 아니라면 말이다.

"제주도! 아, 좋지요. 당장 가십시다."

뜻밖의 선선한 대답에 내가 오히려 당황스러웠다. 행여 맘이 변할까 서둘러 시간약속을 해두고 수화기를 내려놓았다. 그 역시 어쩔 수 없는 일상에 찌든 도시인이었다.

가벼운 흔들림을 맛보기처럼 보여주고 지면에 무사히 바퀴를 내린 비행기는 격렬한 마찰음과 함께 기다란 활주로를 달리다가 이윽고 멈추어 섰다. 공항 게이트를 나서자 주변에 가득한 야자수 나무들이 이국의 정취를 한껏 돋운다. 6월 하순이기도 했지만, 아열대 기후답게 햇살은 따스했고 바람은 시원했다. 처음 온 것도 아니건만 아, 드디어 제주도에 왔구나! 하는 탄성이 절로 나오며 흥거워진다. 올 때마다 마치 이번이 처음인 것처럼 마음이 설레이는 건 무슨 조화인지 모르겠다.

세상 일 다 잊고서 나그네가 되어 섬 곳곳을 둘러보고 싶은 마음 굴뚝 같지만, 일단은 이곳에 온 목적부터 충실히 수행하기로 했다. 마중 나온 지인의 차에 올라 오후의 따스한 햇살을 뒤로 하고 한라산 천왕사로 향했다.

우리나라 국도(國道) 가운데 가장 높은 도로는 99번 국도, 일명 '1100도로'다. 한라산을 정점에 두고 남제주와 북제주를 잇는 이 도로를 타고 가다 남쪽으로 쭉 뻗은 큰길을 버리고 샛길로 접어들면 해발 700m에서 해발 1,000m에 이르기까지 줄지어 형성되어 있는 한라산 아흔아홉 골짜기로 들어선다.

천왕사는 그 중 하나인 금봉곡 하류에 자리한다. 1100도로에 이어서 '신비의 도로', 일명 도깨비 도로를 지나 어지간히 달려왔다 싶은 순간 주변이 갑자기 어두워졌다. 길 양쪽으로 빽빽이 들어선 아름드리 전나무숲이 하늘을 가려버린 탓이다. 길도 제법 가팔라진다. 비록 포장된 도로이기는 해도 눈이 쌓이면 다닐 수가 없다고 한다. 한라산으로 깊숙이 들어섰다는 실감이 나기 시작한다. 조금 더 가서 왼쪽으

좌_한라산 천왕사 입구의 약수터에 세워진 관음보살상
우_천왕사 입구에 세워진 명부전

로 난 작은 길이 천왕사로 올라가는 전용도로다. 천왕사 입구에는 한
라산 노루도 이용한다는 약수가 있다. 이 주변에 천왕사에서 관음보
살상을 놓았는데, 관음보살의 정병(淨瓶)을 통해 약수가 흘러나오는
모습을 하고 있어 재밌다. 여기서 바로 옆으로 나 있는 등산로를 오르
면 한라산 유일의 폭포라는 선녀폭포도 있다. 그러나 골이 깊고 험하
여 오르기 힘든데다가 계곡의 물이 식수원으로 사용되고 있어 지금
은 출입이 제한되어 있다.

절 입구에 세워진 명부전을 지나니 천왕사 경내가 시작된다. 천왕사
의 창건에 대해서는 몇 가지 다른 견해가 있는데, 천왕사가 적어도 지
금의 모습을 갖춘 것은 1955년 지금 삼성각 근처 토굴에서 수행하던
비룡 스님에 의한 것이라는 주장이 많다. 비룡 스님은 처음에는 '수영
산 선원'으로 시작하였고, 1967년 12월 지금처럼 천왕사로 이름을 바
꾸었다고 한다. 비록 드러난 역사는 일천하지만 이곳이 고래의 사찰터
임에는 이론의 여지가 없으므로 근래 전통사찰로 지정되었다.

제주 천왕사 옛 대웅전(사진 제공=제주불교신문 이병철 기자)

　우리가 제주사찰 탐방의 첫걸음을 천왕사로 잡은 데에는 나름의 이
유가 있었다. '조금이라도 선근(善根)이 있으면 누구나 오묘한 참선의
세계로 몰입되는 명당터'라는 천왕사의 가람 순력도 탐났지만, 무엇보
다도 새로 지은 대웅전이 보고 싶었다.

　'제주불교'는 제주불교만의 독특한 특징이 몇 가지 있다. 제주는 뭍
이 아니고 섬인지라 예로부터 이곳만의 풍습과 습속이 이루어져 왔
던 것인데, 이는 민속학상 그리고 문화인류학상 아주 당연한 현상이
다. 그런 의미에서 우리가 제주불교를 이해할 때는 일반적인 시각에서
가 아니라 제주만의 상황과 환경을 염두에 두어야 하고, 그럴 때에야
제대로 된 제주불교의 참모습을 볼 수 있다. 그 같은 제주만의 특수
성 중 하나가 사찰건축이다.

　제주에는 목조 기와집으로 지은 법당이 많지 않다. 전통 목조건축
에 대한 무관심이나 무지 때문이 아니라, 기후로 인해 육지와는 비교
할 수 없을 정도로 빨리 상하기 때문이다. 바다에서 염분을 가득 머

금은 습기가 사시사철 바람을 타고 날아오는 탓에 목조건축은 지탱해 나갈 수가 없다. 제주의 명물인 바람이 목조건축에는 치명적 독소인 셈이다. 그런 탓에 육지에서라면 100년을 끄떡없이 버틸 건물도 이곳에서는 몇 년을 제대로 배겨낼 수가 없다. 제주불교를 이야기하면서 전통 목조 법당이 없는 것을 탓해서는 안 되는 이유가 여기에 있다. 따라서 제주 사찰 중에는 돌과 시멘트로 지은 법당을 많이 보게 된다. 비록 목조는 아닐지라도 모양만큼은 전통 건축양식을 유지하려 하지만 아무래도 이도저도 아닌 경우도 없지 않다.

그런데 지난 5월 낙성된 천왕사 대웅전은 시멘트 건물임에도 목조가옥 못지않게 전통미를 충실히 계승하면서 지형에 맞는 창의성을 발휘했다는 평이 자자했다. 또 하나, 이렇게 지은 법당 안의 닫집 역시 보기 드물게 잘 짠 작품이라는 소식도 함께 들려왔다. 나는 평소 제주불교에 관심이 많았던 터라 소식을 듣자마자 이들을 보기 위한 일정을 잡았던 것이다. 특이하게 절 입구에 자리잡은 명부전을 지나자 이제 그 천왕사의 대웅전이 눈앞에 나타나려 한다.

제주 법화사 대웅전

# 제주 한라산 천왕사 2

한라산 천왕사 대웅전 2층의 회랑

문화재라는 게 연조만 가지고 따질 일은 아니다. 얼마나 오래되었나 하는 것도 중요하지만, 우선 잘 만들어져야 하고 또 작품 속에 시대의 특성이 잘 나타나 있어야 진정한 문화재라고 할 만하다. 나는 여기에 아름다움과 기능성이야말로 문화재의 품격을 가늠하는 중요한 지표라고 여긴다. 한편으로, 현대작품에 대해서도 관심을 기울여야 한다. 문화재는 처음부터 문화재로 만들어진 게 아니기 때문이다. 지금 이 순간 만들어지는 작품도 백 년, 이백 년이 지나 문화재가 될 수 있다. 말하자면 현대의 작품들은 모두 잠재적 문화재인 것이다.

문화재는 연도만 가지고 따질 일이 아닐지니...

그런 의미에서, 불교문화재 방면으로 시선을 좁혀서 지금 우리가 살고 있는 이 시대 불교문화재의 진정한 가치를 우리 스스로 정립해 볼 필요가 있다. 우리가 만든 작품의 가치를 몇 세대 뒤의 후손들에게 미루지 말고 우리 자신이 직접 따져보자는 것이다. 내가 천왕사 대웅전

새로 낙성한 제주 천왕사 대웅전. 주변 산세와 어울리는 웅장한 모습이며 전통 건축양식을 충실히 계승한 수작이다.

에 대해 깊은 관심을 갖는 건 바로 그러한 까닭에서다. 기묘하게도 지금 우리에게는 현대 작품에 대한 올바른 인식과 정보가 상당히 부족하다. 과거에 만든 작품에 대해서는 시시콜콜 잘 아는데, 정작 지금 우리가 만들고 향유하는 것에 대해서는 그 가치를 잘 모르는 아이러니 속에 살고 있다. 역사현장 탐방의 한 여정으로 이곳에 온 것도, 천왕사 대웅전이 세간의 평만큼 정말 정성들여 잘 만들어진 거라면 여기에서 이 시대에 필요한 가치를 발견하고 정립할 수 있지 않을까 하는 기대가 있어서였다.

천왕사 마당에 들어서니 한라산 줄기에 들어선 절답게 가람 전체에서 맑고 힘찬 기세가 푹푹 뿜어져 나오는 듯하다. '용바위'로 불리는 대웅전 뒤의 커다란 바위도 그렇고, 마당 왼쪽 산자락에 곧게 뻗은 바위들도 그 기세가 여간 아니다. 가람의 중심축인 대웅전이 이런 드센 기운과 조화를 이루려면 여느 규모로는 어림도 없다. 그래서 그런지 천왕사 대웅전은 일견 보기에도 크고 늠름하다. 마치 장수가 앉아 있는 듯하다.

재료가 시멘트 철골조임에도 그런 낌새는 전혀 느낄 수가 없다. 2층의 기와집인데 보통의 목조 법당에 비할 수 없을 정도로 단정하면서 전통미를 잘 담아내었기 때문인 것 같다. 단청 역시 번잡하지 않으면서 전통의 미를 잘 살려낸 게 한눈에 보인다.

겉모습은 구례 화엄사의 각황전을 연상시키지만 2층에 좁은 회랑이 나 있는 점이 다르다. 뒤로 난 계단을 통해 2층 회랑으로 올라가 한 바퀴 돌면서 불상도 배관하고, 또 날 좋으면 지척인 바다를 바라다볼 수도 있다. 제주 사람들에게 바다란 그저 바라다보는 것 이상의 의미가 있을 터. 생업의 터전인 저 바다에서 육지 사람들은 상상도 못할 얼마나 많은 희망과 사연들이 지고 피고 했겠는가.

안에는 수미단이 정연하면서도 웅장하게 놓여 있고, 그 위에 아미

좌_대웅전 2층 회랑에서 내려다본 삼존상과 닫집. 극락세계를 상징하는 닫집이 안정감 있게 펼쳐져 있다.
우_천왕사 대웅전 내부 모습. 불단과 삼존상이 엄정하게 봉안되어 있고, 천정이나 수미단도 매우 화려하면서도 섬세하게 표현되어 있다.

타삼존상이 엄정하게 봉안되어 있다. 삼존상의 머리 위를 덮고 있는 닫집을 보니 과연 요즘의 닫집 중에서 단연 압권이다. 명불허전이랄까, 규모의 웅장함도 그렇고, 세부의 섬세함도 근래 보기 드문 수작이다. 보통의 닫집은 수직적으로 2~3단을 이루며 불상을 덮어씌우듯 배치되어 있음에 비해 이 닫집은 수평적인 공간성을 중시하고 있다.

　양 박사와 나는 서로 떨어져서 한참 동안 내부를 둘러보았다. 주변은 어느새 어둑어둑해졌지만 그래도 성에 차지 않아 절에서 내준 저녁공양을 물리고 나서 달이 뜰 때까지 한참을 법당 안에 머물렀다. 대웅전과 내부의 멋진 조각들을 사진으로 담아내지 않을 수 없는 일, 촬영은『제주불교신문』의 이병철 기자가 와주어 고맙게도 수고를 마

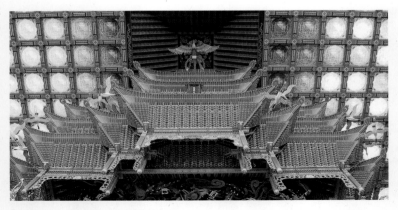

천왕사 대웅전의 아미타삼존상 머리 위의 닫집

천왕사 대웅전 닫집의 극락조와 천정

다하지 않았다.

힐끗 양 박사를 바라보니 표정이 보통 진지한 게 아니다. 이 제한된 공간에서 도대체 뭐 그리 볼 게 많을까? 별들이 검푸른 하늘을 가득 수놓을 때가 되어서야 우리는 비로소 법당을 나왔다. 마당을 지나니 한쪽에서 기다리고 있던 지오 스님이 나와서 우리를 맞아준다. 천왕사에 대해 궁금한 것을 물어본 다음, 대웅전이 참 잘 지어졌다고 하니 이렇게 말한다.

"제주에서는 목조로 집을 지으면 오래 못 가요. 바닷바람이 센데다가 습기도 많으니까요. 그러니 시멘트를 이용해야 하는 건 어쩔 수 없는 선택입니다. 다만 외양은 우리의 전통양식을 잘 따라야 하겠지요. 특히 우리 천왕사는 보시다시피 주변의 산세가 특이해 이런 산세에 어울리는 집을 짓느라 고민을 참 많이 했습니다. 결과적으로는 우리가 생각하기에도 제법 잘 된 것 같더군요. 무엇보다도 이런 불사가 이루어진 데는 우리 월서 스님의 노력과 안목이 큰 몫을 한 건 말할 것도 없지요. 일은 대한불교예술원의 한성용 선생이 맡아 수고했고요."

밤이 깊어가므로 작별인사를 나누고 천왕사를 나섰다. 숙소를 잡아야 하는데, 운 좋게도 한라산 중턱 700고지쯤에 자리잡은 펜션의 방 하나를 빌릴 수 있었다. 시간은 늦었지만 밤을 이대로 보내기 아까워 우리는 무작정 나가보기로 했다. 어찌어찌 바닷가에 자리잡은 한적한 식당을 찾아냈다. 밤바다의 잔잔한 파도소리를 들으며 기울이는 소줏잔은 그렇게 달콤할 수 없다. 양 박사와 마주 앉아 몇 잔을 주거니 받거니 한 다음, 오늘 천왕사 대웅전을 본 소감을 물었다. 양 박사는 '으흠' 하고 잔기침을 몇 번 하고서는 잠시 뜸을 들인 다음 입을 뗀다.

"대웅전이나 닫집 모두 근래에 보기 드문 역작임에 틀림없고, 앞으로 지을 건축의 범본으로 삼을 만하겠더군요. 전문가적 안목으로 봤을 때, 이렇게 만들기 정말 쉽지 않았을 겁니다."

하지만 그는 전문가답게 보통 사람들로선 도저히 알아챌 수 없는 부분도 날카롭게 지적했다. 명색이 우리나라 전통건축 분야의 최고권위자 중 한 사람인 그의 눈에 아쉬운 점이 없다면 그 역시 말이 안 된다. 양 박사는 "그러나" 하면서 운을 뗀다.

"아무리 잘 만든 건축이라도 단점이 전혀 없을 순 없겠지요. 우선, 3단의 화려한 불단 위에 자리한 삼존불은 웅장하지만, 반면에 참배자가 편하게 눈길을 둘 수 있는 동선(動線)이 약해요. 불단이 너무 꽉 찬 느낌입니다. 법당이라는 공간에서 사람을 편하게 해주는 여유가 부족하다고 볼 수도 있지요."

너무 잘 만들어서 오히려 부담스럽다는 뜻일까? 양 박사는 빙그레 웃다가 잠시 뒤에 결론삼아 이렇게 매조지 한다.

"아무튼 확실히 잘 만든 작품이에요. 다른 곳에서도 꼭 참고로 했으면 좋겠네요."

눈에 보이는 아름다움에만 취해서 말한다면 그건 전문가의 견해라고 할 수 없을 것이다. 잘 된 것을 더 잘 되게 하는 것, 그게 바로 비평이니까. 좌우간 양 박사의 얼굴에는 실로 오랜만에 제대로 된 건축물을 봤다는 흡족한 미소가 떠나지 않았던 것 같다.

비룡 스님이 수행했던 토굴에서 비롯된 천왕사가 지금의 모습으로 발전하게 된 것은 월서 스님과 현재 주지를 맡고 있는 지오 스님에 의해서였다. 월서 스님은 비룡 스님에 이어서 천왕사의 기틀을 잡아 실질적 창건을 이루었고, 근래에는 지오 스님이 대웅전을 새로 짓고 도량을 정비함으로써 화룡점정 했다. 그러니 천왕사의 중흥은 이 두 사제(師弟)에 의한 것이라고 말해도 과언은 아니다.

시간은 깊어만 간다. 취기가 꽤 오르면서 주고받는 대화들이 점차

뜸해질 무렵 문득 이생진 시인의 「그리운 바다 성산포」의 한 구절이 생각났다.

> 나는 내 말만 하고 바다는 제 말만 하며
> 술은 내가 마시는데 취하긴 바다가 취하고

우리도 어느 순간 서로가 제 말만 하고 있었다. 식당을 나와 펜션에 돌아가기에 앞서 야경이 좋다고 해서 천왕사 입구에 있는 한국전쟁 전몰군경합동공원묘지를 지나 5·16도로를 따라 제주공설공원묘지까지 올라갔다. 이곳이 죽음과 삶이 공존하는 공간임을 그때야 알았다. 이곳에서 내려다보면 발 아래로 제주시 일대가 한눈에 조망된다. 서울 남산타워에서 내려다보이는 야경에 못지않다. 관광객뿐만 아니라 제주도민들도 즐겨 찾는 코스라 한다. 죽은 이와 산 자가 함께 즐겁게 어울리는 자리였다.

다음 날 아침 일찍 일어나자마자 창밖을 내다보니 커다란 산봉우리 하나가 손에 닿을 듯 가깝게 우뚝 서 있어 깜짝 놀랐다. 나중에 물어보니 바로 한라산 최고봉이란다. 한라산 제일봉을 베개 삼아 잤던 것이다. 그래서일까, 한라산의 정기가 몸속에 가득 들어온 듯 가슴이 그렇게 후련할 수가 없다.

# 연산 개태사

개태사 내경

부여읍에 도착한 날, 하늘엔 먹장구름이 가득했다. 우리나라에서 손꼽히는 고도(古都)이기는 하지만 반면 작금의 눈부신 고도성장의 대열에서 조금 벗어나 낙후되어 있다는 게 중론이다. 한때 충남은 이른바 '행복도시'(행정복합도시) 건설로 발전의 기대가 컸지만, 땅값과 더불어 기대감만 속절없이 올려놓았지 실제로 눈에 띄게 변화하는 모습은 아직 요원하다.

마른장마가 계속되지만 오늘은 모처럼 장마 이름값을 하려는지 주변이 벌써 껌껌해지며 금세라도 한 바탕 퍼부을 태세다. 하늘을 쳐다보던 내 눈길은 터미널 2층 바깥으로 면한 창가에 멈추어 섰다. 대개의 시외버스터미널 건물이 그렇듯이 이곳에도 2층은 다방이 자리 잡고 있었다. 한쪽으로 겹쳐진 유리창에 '전'이라는 글씨가 쓰여 있는 걸로 봐서 '역전다방'인 듯했다(부여엔 기차역이 없다). 그때 창밖으로 솔솔 흘러나오는 흰 연기가 내 눈길을 잡아끈다. 아마도 담배 연기겠지. 한 여인이 창에 기댄 채 왼손으로 턱을 괴고 밖을 바라보고 있었고 나른하게 창틀에 걸쳐진 오른손 부근에서 연기가 피어오르고 있다. 문득 나도 저기 올라가 커피를 마시고 싶은 충동이 일었다. 오늘처럼 꾸물꾸물한 날엔 답사고 뭐고 그게 제격인데. 그의 눈이 내 눈과 마주쳤다. 잠시 그대로 날 쳐다보더니 몸을 돌려 등받이에 기대자 그의 모습도 유리에 가려 사라졌다. 갑자기 목표를 잃고 흔들리는 내 시선 속으로 버스 한 대가 미끄러지듯 플랫폼을 떠나는 게 잡혔고, 나는 어색한 손짓으로 버스를 세웠다.

### 왕건의 개국과 후삼국 통합의 서원을 담아 창건

충남지역에는 다른 지방에 비해 사찰이 많은 편은 아니지만, 수덕사와 마곡사 등의 대찰이 있고 그 밖에 갑사·동학사·관촉사 등 명찰

삼국통일을 기념하고 새로운 화합을 위해 태조의 명으로 창건된 논산 개태사 전경

이 자리 잡고 있다. 그 중에서도 논산시 연산면에 있는 개태사(開泰
寺)는 한 왕조의 개국과 통합의 원이 담겨 있어 의미가 각별하다.

　개태사 창건의 배경을 알기 위해서는 잠시 고려의 건국 과정을 설명
해야 될 것 같다. 잘 알다시피, 9세기 후반에 들어오면서 천년왕국 신
라는 눈에 띄게 무너져가고 있었다. 왕위계승을 둘러싼 왕족간의 혈
투, 왕실의 문란과 거듭된 실정, 잇단 흉년, 신하들의 권력다툼, 그리
고 이를 틈탄 지방호족의 발호 등 심각한 문제들이 한꺼번에 터지면
서 도저히 회복할 길을 찾을 수가 없었다. 북쪽은 태봉을 세운 궁예
가 한껏 세력을 떨치고 있었고, 옛 백제지역은 견훤의 후백제가 견고
한 둥지를 틀고서 신라에 대항했다. 신라가 갈래갈래 찢기는 것은 그
야말로 시간 문제였다. 태봉은 이들 세력 중 가장 강했으나 내분으로
권좌가 2인자였던 왕건에게로 넘어갔다. 왕건은 태봉이라는 이름을
버리고 고려를 창건한 뒤, 파죽지세로 신라와 후백제를 무찌르고 드디
어 삼국통일에 성공하였다.

왕건은 삼국을 통일했지만, 이에 만족하지 않고 곧바로 통합의 논리를 제시했다. 전쟁은 종식되었다고는 하나 그 많은 사람들이 얼마나 큰 상처를 입었겠는가. 그들을 한데 모을 동인이 필요했다. 그런데 이것은 논리만 가지고는 이루어지지 않는다. 논리를 넘어서는 감성이 필요하다. 모든 사람들의 상처를 어루만질 수 있는 감성. 왕건은 그 감성을 위해 개태사를 창건하였다. 936년에 시작된 창건불사는 940년 12월에야 마무리되었다. 그만큼 공을 많이 들였다.

흔히 개태사는 왕조건설의 위업을 선양하기 위해 창건되었다고 얘기하지만, 나는 개태사 창건의 배경에는 그보다 통합의 의미가 더 컸으리라고 생각한다. 그러한 근거로 『신증동국여지승람』에 실린 기사를 들고 싶다.

"태조가 개태사를 창건하고 원문(願文)을 지어 말하기를, '백성들이 백 가지 근심을 만나니 많은 고통을 이겨낼 수 없었습니다. 사람들은 의탁하여 살 길이 없고 집들은 온전한 담이 없습니다.…… 큰 간악한 무리를 섬멸, 평정하여 백성을 도탄에서 벗어나도록 하겠나이다.' 하였다. 이에 부처님의 붙들어 주심에 보답하고, 산신령의 도와주심을 갚으려고 불당을 창건하고는 산 이름을 천호(天護), 절 이름을 개태라고 하였다."

왕조건설이라는 거창한 이념보다는 도탄에 빠진 백성을 위하고 이들을 위무하려는 감성이 선연히 드러나 있다. 천호산이라는 산 이름에는 통일에는 하늘의 돌봄이 있었다는 겸손의 의미가 담겨 있고, '개태사'에는 '미래를 크게 열어 함께 나아가자'는 통합의 메시지가 담겨 있다고 볼 수 있다. 통합과 상처를 보듬는 어진 손길. 이는 바로 개태사의 창건 논리였고, 또한 지금 이 순간에도 절실한 소중한 가치가 아닌가.

B읍에서 출발한 버스는 40분 정도 달려와 개태사역 앞에 나를 내려주었다. 개태사 앞으로 철길이 놓여 있고 1번 국도가 뻗어 있건만 절 주변은 믿을 수 없을 만큼 고즈넉하고 한가로웠다. 사찰과 자연이 어우러진 평화로운 풍경이 보고 싶다면 한 번쯤 찾아가 보라고 권하고 싶다. 이젠 띄엄띄엄 무궁화호밖에 서지 않는 간이역이지만 영화 속 장면처럼 정겹고, 개태사를 역 이름으로 달고 있는 것도 반갑다.

간이역인 개태사역

개태사 뒤쪽은 둥글둥글하게 생긴 산들이 선생님 앞에 줄지어 선 학생들 마냥 일렬로 쭉 이어져 있다. 이곳 지명이 연산(連山)인 까닭도 금방 알겠다. 절을 향하여 조금 걸어가니 소박한 일주문이 나오면서 경내가 시작된다. 창건 당시의 절터는 지금보다 조금 더 북쪽에 자리잡고 있었는데 조선시대 후기에 폐사되었다가 1934년에 중창되면서 지금의 자리로 옮겼다고 한다.

개태사 입구와 일주문

개태사에 와서는 용화대보궁을 꼭 들여다보아야 한다. 오층석탑, 석조, 철확 등 여러 문화재도 중요하지 않은 건 아니지만 용화대보궁에

개태사 삼존석불입상

봉안된 석조 삼존상이야말로 왕건의 창건이념을 가장 잘 보여주는 작품이기 때문이다. 보물 제219호인 이 삼존상은 왕건이 후백제와의 최후 일전에서 승리한 뒤 통합을 위하여 조성하였다. 그래서 신라와 후백제, 그리고 고려가 이제 하나로 합쳐서 불국토로 나아가자는 의미가 담겨 있다고 나는 보고 있다. 미술사적으로 보더라도 단정하면서 통통한 몸집, 큼직한 두 손과 부피감 있는 팔, 다소 두꺼워진 천의와 선으로 새긴 옷주름 등은 고려 초기의 새로운 양식적 특징을 잘 보여주는 모범작이기도 하다.

태조가 개태사를 창건한 이야기는 앞에서 말했거니와, 『고려사』에는 1362년(공민왕 11) 개태사의 태조진전(太祖眞殿)에 관리를 보내 강화도 천도 여부를 점쳤다거나, 태조진전에 옷이나 옥대(玉帶) 등을 봉납했다는 이야기들이 보인다. 고려 말까지도 국가 중대사가 있을 때는 흠향하며 조상의 가피를 빌었던 사찰이었다는 뜻이다. 지금도 국조 단군을 봉안하고 정기적으로 제를 올리는 등 사찰로서만이 아니라 민족종교 도량으로서의 기능도 함께 수행하고 있는데, 이러한 전통과도 무관하지 않은 것 같다. 흠향의 대상이 태조 왕건에서 단군으로 확대되었다는 점이 다를 뿐이다.

지금 개태사는 인근의 건축 행위로 인해 크게 몸살을 앓고 있는 중이다. 불과 100m 남짓 떨어진 곳에서 콘크리트 건물을 짓고 있는데 그 진동과 소음 등으로 인한 불편은 물론이고, 용화대보궁의 벽면 곳곳에 금이 가는 심각한 피해가 발생한 것이다. 이 공사는 지난해 10월 충남문화재위원회의 심의를 통과해 논산시의 허가를 받았다고는 하지만, 덤프트럭과 레미콘차 등 공사차량이 절에서 가까운 길로 빈번히 출입하면서 문제가 생기고 있다. 뻔히 예상되는 피해를 고려하지 않고 공사허가를 내준 것도 이해가 안 가지만, 보물이 상할 수가 있음에도 당국이나 공사처에서 아무런 대책도 세워두지 않은 건 무슨 처사인지 모르겠다.

개태사 탐방을 마치고 돌아서는 길, 다음 행

개태사 오층석탑

선지로 움직이기 위해선 대처인 대전으로 가도 되고, 호서 방면 교통의 요지인 논산으로 향해도 된다. 하지만 일부러 에둘러 다시 부여로 갔다. 터미널에 내리자마자 기어코 굵은 빗방울이 쏟아지기 시작했다. 옷에 묻은 비를 털며 2층 다방으로 올라갔다. 자욱한 담배연기, 퀴퀴한 곰팡이 냄새, 흐릿한 조명, 시골 다방에서 보이는 요소는 다 갖추어져 있다. 구석 테이블과 홀 중앙의 어항 옆 테이블 말고는 텅 비어 있다. 낮에 보았던 창가 테이블도 비어 있다. 가벼운 한숨을 토해내며 구석 테이블로 가 구겨지듯이 앉았다. 문득 웬 사찰건물 사진이 벽에 걸려 있는 게 눈에 들어온다. 안경의 물기를 닦으며 엉거주춤 서서 올려다보니 사찰 달력이다. 7월도 하순이건만 주인은 세월 가는 덴 별 관심이 없는지 5월달 달력이 겸연쩍게 걸려 있고, 그 속에 관촉사 보살상 사진이 박혀 있다. 나는 속으로 감탄했다. 계단을 올라오면서야 다음 갈 곳으로 관촉사를 정한 참이었는데. 이도 인연인가.

# 논산 관촉사

관촉사 전경

기다리는 전화는 오지 않는 법이다. 기다림이 절실할수록 더욱 걸려오지 않기 마련이다. 헛소리 같지만, 이건 경험적 진실이다. 이번에도 그랬다. 꼭 되어야 할 일이 있어서 공을 들였고, 그 결과가 전화로 통보되는 날이 왔다. 전화가 오면 성사된 거고, 안 되었으면 물론 전화는 없다. 나는 종일 휴대폰만 노려보고 있었다. 하지만 6시가 넘어도 벨은 울리지 않았다. 그 자리에서 밤을 꼬박 새운 것은 혹시나 하는 미련 때문이 아니라 마음을 추스르기 위해서였다. 새벽이 되자마자 가방을 싸서 집을 나섰다. 원망스런 휴대폰은 꺼서 가방 한 구석에 처박아두었다. 그렇게 떠난 길, 주로 충청지방을 떠돌던 내 발길은 닷새째 되는 날 논산에 닿았고, 관촉사 앞에 멈추어 섰다.

### 고려 불교미술의 기념비적인 작품들 '즐비'

야트막한 반야산 기슭에 자리 잡은 관촉사(灌燭寺)는 고려 불교미술에서 기념비적인 작품이 있는 곳이다. 헌데 이곳을 찾는 그 많은 사람들 중에는 정작 그런 사실은 모른 채 지나치는 경우가 대부분이다. 관촉사에서 가장 유명한 석조 보살입상을 필두로 그 앞의 석등과 배례석, 그리고 삼층석탑이 모두 고려시대에 만든 것으로 하나같이 고려의 불교미술을 대표하는 걸작들이다. 오늘 나는 고려 불교미술의 정당한 가치를 변호할 책임감을 느낀다.

관촉사가 언제 창건되었는지는 정확히 알지 못하지만 고려 말의 문장가 이색(李穡, 1328~1396)이 남긴 시가 있는 것으로 보아 아무리 내려잡아도 고려 후기에는 이미 전국적으로 알려진 유명사찰이 아니었을까 생각한다. 그 외의 역사에 대해선 1530년에 지은 『신증동국여지승람』과 1743년에 세워진 「관촉사사적비」에 나와 있다. 그런데 재미있는 것은 이러한 기록들이 주로 보살입상에 관한 이야기로 채워져

있다는 점이다. 그만큼 이 보살상의 의미가
컸다는 반증이기도 하다. 이 보살상은 예전
에 이마의 백호를 수리할 때 묵기(墨記)가 발
견되었는데 거기에 968년에 만들었다는 기
록이 있었다. 지난번 말했던 개태사가 건국
초인 936년, 그로부터 30여 년이 지나 관촉
사가 잇달아 창건된 것으로 보아 고려왕조에
서는 이 두 사찰에 특별한 의미를 부여한 게
아닌가 싶다.

그런데 이에 대해서는 매우 유감스런 바가
있다. 사학계에서 말하는바, 개태사나 관촉
사 모두 후백제를 멸망시킨 위업을 기념하기
위한 사찰이라는 주장 때문이다. 얼마나 해
괴한 주장인가. 아무리 후삼국 간의 명운을

관촉사사적비

관촉사 입구 일주문. 일주문 뒤로 관촉사가 보인다.

천왕문을 지나 해탈문을 들어서면 곧바로 거대한 보살상이 한눈에 보인다.

건 전쟁이었기로서니 그래도 같은 민족 간인데, 승자의 입장에서 패
전국의 '멸망을 기념하여' 절을 지었다는 게 정서상으로나 상식적으로
나 용납될 수 있는 일인가? 그리고 무엇보다도 그런 파괴의 정서에 자
비를 최고 가치로 내건 불교가 나섰을 리가 없다. 그럼에도 상대에 대
한 살육을 기념하기 위해 국가적 대찰을 지었다는 주장이 정설인 양
통용되고 있는 게 작금의 학계다. 이런 몰염치하고 비이성적인 해석을
교과서에 실어서는 안 된다.

  일주문과 사천왕문을 지나 해탈문을 들어서니 마당에 세워진 보살
상이 한눈에 들어온다. 주변 여러 전각들을 압도하는 이 보살상에 삼
배하고 나서 불상 주변을 돌아보며 생각에 잠겼다. 불상은 두 가지 면
에서 사람들의 관심을 끈다.
  우선 그 거대한 크기다. 높이가 18m에 달하여 신라와 고려를 통틀
어 가장 크다. 또 하나는 신체비례의 파격이다. 얼굴이 유난히 커서 전

논산 관촉사 석조보살입상

체의 1/3쯤이나 된다. 거기다가 눈이나 코, 입 등의 표현도 지나치게 과장된 듯해서 신라불상에 비해 어딘가 모르게 섬세하지 못하다는 느낌을 준다. 바로 이 점은 학자 간에도 고려의 불교미술을 정의하는 중요한 설명, 다시 말해서 신라에 비해 조각 면에서 현저하게 퇴보한 결정적 증거로서 즐겨 인용되곤 한다. 그런데, 과연 그럴까? 고려의 불교미술 중 유독 조각기법이 신라보다 눈에 띄게 떨어졌다는 것은 정말 설득력 있는 증거를 확보하고 있는가?

나는 오래 전부터 그렇지 않다고 생각해 왔다. 고려는 신라와는 시대가 다르고 또 무엇보다 사람들의 정서가 많이 다르다. 고려 불교조

논산 관촉사 석등. 보살입상 앞에 있는 대형 고려 석등으로, 대중적 취향을 승화시킨 작품이3다.

각을 기괴한 것으로 보는 시각은 오로지 신라 불교미술이 최고라는 선입감에서 나온 소리일 뿐이다. 말하자면 잣대를 신라 불상에 고정시킨 채 고려 불상은 무조건 형편없다고 외쳐대곤 했던 게다. 이래서는 안 된다. 고려 불상은 고려 사람의 시각에서 바라보아야 제대로 된 감상법임은 올바른 방법론 적용 이전의 상식이다. 고려불교는 신라에 비해 대중화 되면서 소수의 귀족을 위한 불상이 아니라 대중의 심성에 맞는 불상을 필요로 했다. 이 점은, 신라의 불교미술이 소수 엘리트 작가들에 의한 일방적 교시(教示)였던 데 비하여 고려의 불교미술은 대중을 위한 감성 공유의 작품이었다고 말할 수도 있을 것 같다.

좀 멋지게 표현해 보려고 애썼지만, 쉽게 말해서 불교미술에서 대중의 눈높이에 맞춘 작품을 제작하기 시작한 진정한 시기가 바로 고려라는 것이다.

　고려의 불상을 자세히 보라. 삐까번쩍한 '꽃미남'은 아니지만 준수하고 튼실한 장년의 정겨운 모습을 어렵잖게 발견할 수가 있다. 관촉사 보살상의 얼굴은 이마가 상대적으로 좁고 턱이 넓으며 코와 귀, 입을 다소 크게 나타냈다. 또 눈은 양 옆으로 길게 새기고, 귀 역시 어깨에까지 닿을 만큼 길다. 이렇게 얼굴을 크게 강조한 것은 바라보는 사람들의 위치를 고려해서다. 법당이 아닌 야외에 불상을 놓은 가장 큰 이유는 많은 사람들이 볼 수 있도록 하기 위함이다. 비좁은 법당에서만이 아니라 밖에서도 사람들이 격의 없이 바라봄으로써 부처님의 덕을 느껴보라는 의미다. 그러려면 불상을 팔등신 미인마냥 조각해서는 안 된다. 멀리서도 부처님을 알아보기 위해선 신체비례를 무시하고서라도 얼굴을 커다랗게 하지 않으면 안 된다. 바로 이 점이 고려 불교미

술의 특징이다.

세부표현의 아름다움보다는 많은 사람들이 함께 보며 즐거워할 수 있는 것을 더욱 중요한 가치로 여긴 점. 이런 관점에서 고려의 불교미술을 이해하면 그 진정한 아름다움을 발견할 수가 있다. 그런 뜻에서 관촉사의 불상은 고려 불교조각이 퇴화된 것이 아니라, 고려시대 불교가 더욱 대중화되어 갔음을 상징적으로 말해주는 작품이다.

아울러 이 보살상 앞의 석등이며 삼층석탑 등도 바로 고려 불교미술의 대중적 미관(美觀)이 그대로 반영된 작품이다. 특히 석등은 높이 5.45m로 고려 불교미술의 대중적 향유를 위한 대형화 취향에 딱 들어맞는 고려 초기 석등의 걸작품이다. 이 정도 크기는 되어야 그 앞의 보살상과 조화를 이루게 된다. 이렇듯 관촉사의 보살상이나 석등 등은 모두 바로 고려 불교미술의 성장(盛裝)에 다름 아닌 것이다.

경내를 다 둘러보고 나오려니 문득 옛날 생각이 났다. 대학 1학년

때니 근 30년이 다 되어간다. 나는 당시 제법 공부를 꽤 하는 친구로 통했고, 스스로 과시도 좀 했던 것 같다. 하루는 4학년 선배의 집에 놀러갔는데 그 선배의 방은 교수연구실을 방불할 정도로 학술서적으로 그득했다. 선배는 갑자기 도록 한 권을 펼치더니 불상 사진을 보여주며 물었다.

"이 불상이 뭐지?"

"그야 관촉사 보살상이지요."

"그래 맞아. 그러면 이 보살상은 언제 만든 줄도 알겠네?"

"아, 네. 고려시대입니다."

"잘 아네. 그러면 고려시대 불상은 왜 이렇게 조각했는지 말해 볼래?"

"……"

상식에 가까운 지식만으로 꽤 많이 아는 척했던 나는, 관촉사 보살상의 커다란 얼굴을 손으로 가리키며 고려시대 불상이 신라시대 불상과 왜 다른가를 묻는 선배의 질문에 얼굴만 붉힌 채 아무 대답도 할 수 없었다. 그 이후로 불교미술을 야무지게 공부해 보자고 내심 다짐했지만, 관촉사 보살상만 보면 아직도 치기어린 그때가 떠오르곤 한다. 멋모르고 우쭐대는 후배를 시험해 봤던 그 선배는 전통문화학교의 이도학 교수인데, 수재로 소문났던 학창시절과 다름없이 지금도 고대사 방면에서 발군의 연구업적을 쌓고 있다.

닷새 동안의 여행 내내 비가 함께 했다. 잠시 그쳤던 비가 관촉사에 오자마자 다시 주룩주룩 내린다. 내가 비를 몰고 다니는 '비의 나그네'인 줄 이제야 알았다. 여행 동안 계속 꺼두었던 휴대폰을 처음으로 켜봤다. 수없이 떠오르는 부재중 녹음, 문자메시지……. 다 부질없는 전갈들이었지만 그래도 그 중 하나는 건질만했다.

"전화도 꺼두고 뭐하시나? 대포나 한 잔 하지."

어제 온 친구의 메시지. 방황과 유랑은 이렇게 닷새 만에 끝났다.

# 보은 법주사 1

법주사 원경

보은 속리산 법주사처럼 산과 절, 그리고 그 산과 절이 자리한 곳의 이름이 절묘하게 조화를 이루는 곳도 보기 드물다. 속리산이란 글자 그대로 속세를 떠난 산이란 뜻인데, 굳이 불교식으로 해석하지 않더라도 뭔가 초연하면서 잡다한 인간사에 얽매이지 않은 담백함이 느껴진다. 그러면 산 이름인 속리(俗離)의 뜻은 무언가? 신라 불세출의 문장가인 최치원(崔致遠)은, "도(道)는 사람을 멀리하지 않는데, 사람이 도를 멀리하지. 산은 속세를 떠나지 않건만 속(俗)이 산을 떠나려 하는 게지." 하는 유명한 싯구로써 그 의미를 풀어낸 바 있다.

### 신라 문장가 최치원이 도(道)를 논한 명당지, 한국 미륵신앙의 뿌리

　　법주사라는 절 이름은 그 의미가 좀더 극명하다. '불법(佛法)이 머무는 절'이란 뜻이니, 이처럼 분명하게 사찰의 이미지를 강조한 곳이 또 어디 있을까 싶다. 여기서 법이란 법률의 법, 혹은 영어의 Law가 아니라 이 세상의 진리를 가리키는 말이라는 데로 생각이 미치면, 철

보은 법주사 경내

법주사 금동 미륵대불.
법주사의 미륵신앙이 오늘날까지 1300년을 이어오고 있음을 보여주는 법주사의 얼굴이기도 하다.

학적인 분위기마저 물씬 난다.

　이처럼 의미 깊은 속리산 법주사를 안고 있는 보은군(報恩郡)이라는 지명 역시 예사롭지 않다. 말 그대로 은혜에 보답한다는 것인데, 누구의 은혜를 어떻게 보답한다는 것인지는 저마다 다양하게 떠올리는 게 오히려 자연스럽다. 어쨌거나 나는 법주사를 얘기할 때면, '속세를 떠나 진리가 자리한 곳에서 수행을 함으로써 커다란 은혜에 보답하려는 곳'으로 되새김하곤 한다.

　흔히 무슨 무슨 '3대 사찰'이라는 말을 자주 쓴다. 종류나 특성별로 세 군데를 꼽고는 '3대 사찰'(혹은 4대 사찰)이라고 부르는 것이다. 삼

법주사와 함께 우리 나라 3대 미륵도량
으로 불리는 금산사

보사찰이라는 말이 대표적으로 사용되고 있고, 그 밖에 3대 관음도
량이니, 3대 아미타도량이니 하는 것도 다 그런 형태의 분류일 터다.
나는 이런 식의 분류를 바람직하다고 보진 않는다. 예컨대 '3대 관음
도량'이라 할 때 우리나라에 관음보살을 신앙하는 사찰이 부지기수인
데, 다 버리고 하필 세 곳만 추려서 나머지 사찰과 굳이 차별화할 이
유가 있는가 하는 것이다. 이렇게 하면 불교를 잘 모르는 사람들에게
는 오히려 오해를 불러일으킬 소지가 있다. 또 어쨌거나 여기에 들지
않은 사찰들 입장에서는 좀 아쉬울 수도 있다. 하지만 이렇게 꼽음으
로써 뭔가 중요한 의미를 선연하게 드러내준다는 장점도 분명 있다.

그런 뜻에서, 김제 금산사, 금강산 발연사와 더불어 법주사를 우리
나라 3대 미륵도량으로 꼽고 있다는 것을 말해 두어야겠다(혹은 발연
사 대신 대구 동화사를 넣어 3대 법상종 사찰이라고 말하기도 한다).
이 세 사찰 중에서도 창건시기가 가장 빠른 법주사는 곧 한국 미륵신
앙의 출발점이기도 하니 미륵신앙을 말하면서 법주사를 빼놓고 얘기
할 수는 없다.

법주사 대웅보전. 목탑 형식의 팔상전과 더불어 법주사의 금당으로 자리하고 있다. 흔히 팔상전을 법주사의 금당으로 알고 있지만, 대웅전이 가장 중심된 전각이다.

여름 한가운데에 온 8월 초, 한반도가 어느새 열대지방이 되었나 싶게 날씨는 푹푹 쪄대고, 그 와중에 비는 예보와는 꼭 반대로 내리곤 했다. 여행하기에 좋은 시기는 아니지만 정이품송의 시원한 그늘과 계곡의 서늘함이 더위를 식혀 주리라 기대하면서 법주사를 찾았다.

법주사 초입의 정이품송

헌데 법주사를 찾은 여정을 말하기에 앞서서, 법주사 창건에 얽힌 각별한 의미와 직후 미륵도량으로 거듭나는 과정을 제대로 설명하지 않고서는 도저히 온전하게 법주사를 말했다고 할 수 없을 것 같다. 지금 내 발걸음은 거대한 팔상전의 그늘 아래 있지만, 법주사 안에 자리한 숱한 문화재에 얽힌 얘기는 잠시 미루고, 지금은 아무래도 법주사의 창건담부터 꺼내야 할 듯하다.

법주사는 553년(신라 진흥왕 14)에 창건되었다고 전한다. 그 전말은 조선시대 중기의 『신증동국여지승람』에 기록되어 있는데, 그 내용이 사뭇 설화적이다. 인도에 유학을 다녀온 의신(義信) 스님은 553년 인도에서 가져온 불경을 흰 노새에 싣고서 절을 지을 만한 터를 찾아 전국을 돌아다니는 중이었다. 어느 날 노새가 지금의 법주사 터에 이르더니 조금도 움직일 생각을 않고 울어대기만 했다. 의신은 바로 이 자리가 절터임을 직감하고서 여기에 법주사를 지었다는 것이다.

하지만 이 창건설화는 지금 역사로 인정을 받고 있지 못하다. 553년이라면 신라에서 불교가 공인(527년)된 후 얼마 지나지 않은 때고, 신라 승려들이 중국으로 유학을 떠나는 것도 7세기 이후부터 비롯되는데 머나먼 인도까지의 험난한 역정을 거쳐 불경을 가져왔다는 이야기는 역사적 정황이 부족하다는 것이다.

그러나 이런 시각에는 분명 문제가 있다. 대체 무엇이 역사적 정황인가? 사람들은 흔히 현재의 관점에서 바라볼 때 과학적으로 납득이 되지 않으면 역사가 아닌 설화에 불과하다고 젖혀둔다. 그러다 보니 우리나라 사찰의 창건담 대부분은 설화나 전설 정도로 치부되어 버리기 일쑤다. 절의 창건설화라면 무턱대고 그 사실성을 부정하려는 태도는 반드시 바뀌어야 한다. 역사의 고향은 바로 안개 자욱한 설화 속임을 왜 모를까? 지나친 신비화

법주사 창건담의 주인공 의신 조사 진영

는 위험한 일이고, 무조건적 비하는 어리석은 일이다.

　의신 스님의 창건이 전설로만 받아들여지는 데 반해 760년(경덕왕 20) 진표(眞表) 스님과 그의 제자 영심(永深)에 의한 중건은 확실한 역사적 사실로서 인정된다. 『삼국유사』의 「진표전간(眞表傳簡)」(진표가 간자를 전한 이야기) 조와 「관동풍악발연수석기(關東楓岳鉢淵藪石記)」(강원도 풍악산, 발연사의 비석에 적힌 이야기) 조에 나와 있는 이야기는 이렇다.

　상상을 초월하는 고행의 수도승 진표가 변산의 부사의방(不思議房)에서 3년 넘게 각고의 수행을 하고 있을 때였다. 어느 날 밤 지장보살과 미륵보살이 나타나 그에게 경전과 함께 지장보살은 가사·발우를, 미륵보살은 증과간자(證果簡子)(깨달음을 얻었음을 인정한다는 대나무로 만든 문서) 189개를 주었다. 이를 계기로 산에서 내려온 진표는 766년(혜공왕 2)에 미륵신앙을 널리 펴고자 금산사를 중창하였다. 그 뒤 또다시 꿈속에서 미륵보살을 만나 속리산에 미륵불을 세우라는 계시를 받았다. 그는 곧장 금산사를 나와 속리산으로 향했다. 도중에 소달구지를 타고 가는 한 사람을 만났는데, 수레를 끌던 소가 갑자기 스님 앞에 이르러 무릎을 꿇은 채 한없이 울어댔다. 의아해하는 수레 주인에게 진표는, 소는 겉으로는 어리석으나 속으로는 현명하여 이곳이 불교를 널리 알릴 만한 곳임을 알려주고자 우는 것이라고 답한다. 말하자면 소를 통해 마침내 꿈속의 계시를 실천할 장소를 찾은 것이다.

　그런데 진표는 여기서 기묘한 행동을 보인다. 여기에 절을 짓는 게 아니라 단지 주변의 길상초(吉祥草) 핀 곳을 표지로 삼은 채 그 길로 금강산으로 가서 발연사(鉢淵寺)를 창건한 것이다. 그리고는 7년 뒤 처음 미륵보살과 지장보살을 만났던 변산의 부사의방으로 돌아갔다.

왜 진표는 속리산에서 적당한 장소를 찾았으면서도 계시대로 절을 짓고 미륵불을 봉안하지 않았을까? 혹시 그 일이 자신의 힘에는 부치는 일이라고 생각했던 것일까? 아니면 불교식으로 말해서, 비록 계시는 받았으나 창건은 자신의 인연이 아님을 알고 또 다른 인연을 기다렸는지도 모르겠다.

부사의방으로 돌아간 진표에게 얼마 안 있어 영심과 융종(融宗), 불타(佛陀) 등 세 청년이 찾아와 가르침을 청했다. 셋다 훌륭한 재목감이었지만 진표는 이들 중에서 영심이야말로 바로 자신의 뒤를 이어 법주사 창건의 꿈을 이룰 인물임을 알아보았다. 나중에 영심의 공부가 깊어지자 진표는 자신이 미륵보살로부터 전해받은 유품을 그에게 전해주면서 속리산으로 가서 전에 표시해 놓은 길상초 있는 곳을 찾아 절을 세우라고 당부했다. 영심은 스승의 뜻을 받들어 절을 짓고 이름을 길상사라고 하였는데, 이것이 곧 법주사의 전신이다.

이 이야기는 드라마틱하면서도 미륵신앙의 출발과 전개를 담고 있다. 영심은 진표의 법맥을 이었고, 미륵신앙을 널리 알리는 데 헌신했다. 훗날 영심의 제자인 심지(心地)가 미륵도량으로 동화사를 창건하게 된 것도 그의 감화 탓이었을 것이다. 진표와 영심, 그리고 심지 등 이들 3대에 걸친 사제의 노력으로 이 땅에 미륵신앙이 굳게 뿌리를 내린 셈이다.

이런 전통이 있어서인지 불교문화재의 보고라 할 만큼 법주사에는 훌륭한 문화재들이 아주 많다. 이제 거기에 대해 말할 순서가 되었다.

# 보은 법주사 2

사천왕문

막바지 무더위일까, 낮엔 폭염 속에 한 말쯤 되는 땀을 흘렸다. 아무리 좋아서 하는 답사라곤 해도, 한여름에 다니는 게 쉬운 일은 분명 아니다. 사실 답사라는 건 광야에 나선 나그네의 발걸음과 다를 바 없다. 광야에선 비나 이슬이나 바람이나 심지어 햇빛조차도 피할 순 없다. 누구든 이 광야에서 온전히 편하게 지낼 순 없는 것이다. 그런 면에서 우리 인생은 광야와 무척 닮았다는 게 내 생각이다. 하지만 그런 고된 삶 속에서도 잠시 짬을 내 명산고찰을 찾아 심신을 쉴 수 있음은 얼마나 큰 호사인가.

### 신라·고려·조선 시대의 성보문화재가 한자리에

정이품송을 지나 매표소를 통과해 법주사로 올라간다. 절에 접어드는 한 5리 되는 숲길엔 아름드리 소나무들이 울창하게 늘어서 있어 한여름에도 서늘한 기운이 느껴진다. 예전 사하촌(寺下村)이 있었던 길 양쪽으로 빽빽하게 늘어선 상가 때문에 시야가 가려져서 그렇지, 법주사는 참 기다란 계곡 안에 자리해 있구나 하는 생각이 든다.

법주사 초입의 아름드리 소나무숲

그런 면에서 여기처럼 절 찾아가는 길에 산과 계곡의 운치를 잘 느낄 수 있는 곳도 흔치 않다. 그러다 보면 아무리 관심 밖의 사람이더라도 절과 불교라는 것에 대해 새롭게 생각하게 될 것 같다. 아마 옛사람도 그랬을 성 싶은 게, 예컨대 이런 한시가 있어서다.

깊고 높은 산 주위엔 푸른 연꽃 피었고　嵯峨四面碧芙蓉
기다란 산골짜기에 고찰 하나 있네　長岬靈源第幾重
문장대엔 천고의 세월 간직되었고　文藏臺封千古蘚
부처 없는 굴 그늘엔 만 그루 소나무만 있구나　無陀窟蔭萬株松
용이 들어앉은 탑 속엔 진골이 담겨 있어　龍歸塔裏留眞骨
노새 드러누운 바위 앞에서 성인의 흔적을 찾네　騾臥嚴前訪聖蹤
삼한을 영원토록 복되게 하겠노라 그 누가 말했던가　永福三韓誰是主
산호전에 앉아계신 부처님의 모습이여　珊瑚殿上紫金容

고려 후기의 문인 박효수(朴孝修)(?~1377)의 「법주사」라는 시다. 법주사를 노래한 한시가 이것 하나뿐인 건 아니지만, 다른 어떤 시보다도 법주사에 대한 상징성이 특히 잘 나타나 있는 것 같다. 속리산 문장대의 웅장한 모습과 법주사가 자리한 깊숙한 계곡과의 대비로 시작하여, 지난번 법주사 창건담을 말할 때 소개한 흰 노새 이야기, 그리고 법주사의 이미지라고 할 미륵불까지 시 속에 고루 담겨 있다. 이미 잘 알려져 있듯이 법주사는 명실상부한 한국 최고의 미륵도량이고 이는 고려시대의 한시에도 충분히 표현되어 있다. 하지만 어쩐지, 이건 전문가적 관점이 아니라 순전히 순례자로서 받은 인상인데, 지금의 법주사는 미륵신앙이 그다지 강조되어 있다는 생각이 들지 않는다. 한국 미륵신앙의 뿌리라는 관사는 오히려 금산사나 동화사에 물려준 채 법주사는 한 발 떨어져 있는 것처럼 보인다는 게 솔직한 심정이다.

좌_법주사 사천왕 석등
우_법주사 석연지

    법주사에 와서 이곳의 다양한 문화재들을 대충 흘려보고 돌아가
서는 곤란하다. 여기처럼 다양하고 훌륭한 성보문화재가 늘어선 곳
도 참 보기 드물어서다. 금동미륵대불과 더불어 법주사의 가장 커다
란 상징인 팔상전, 조선시대 중기 사찰 건축의 정수를 보여주는 대웅
보전·원통보전·능인전, 우리나라에서 사천왕을 봉안한 전각 중 가장
크다는 천왕문, 고려시대 불상조각의 흐름을 잘 보여주는 마애여래상
과 희견보살상, 그리고 신라시대 석등의 백미인 쌍사자석등과 사천왕
석등, 법주사의 규모가 한눈에 보이는 거대한 석연지와 석조·쇠솥·당
간지주, 고려시대 석탑의 아름다움을 발견할 수 있는 세존사리탑 등,
한 사찰에서 이렇게 다양하고 훌륭한 문화재들을 한꺼번에 볼 수 있
다는 게 믿기지 않을 정도다.

    법주사는 지금까지 10여 번 왔는데, 전부터 가만히 살펴보니 문화
재가 너무 많아서 그런지 오히려 그 하나하나를 음미하지 못한 채 돌
아서는 관람객이 많은 것 같다. 지금 못하고 있다는 뜻은 아니지만,

법주사 희견보살상의
앞면과 뒷면

법주사 쇠솥

법주사 쌍사자석등

272

법주사 당간지주

사찰 측에서 좀더 차분하고 내실 있는 관람이 이루어질 수 있도록 더 신경을 써야 할 것 같다. 그런 의미에서 이 중 몇 가지만큼은 이 자리를 빌려 거론해 봐야겠다는 생각이 든다.

다른 건 몰라도, 팔상전(捌相殿)을 빼놓는 사람은 없다. 팔상전은 석가여래 일대기를 묘사한 팔상도를 봉안한 전각인데, 그보다는 우리나라 유일의 목탑이라는 점에서 중요시된다. 기록에는 창건 당시부터 있었다고 하는데, 지금 건물은 사명대사가 1626년에 중건한 것이다. 이 팔상전이 목탑이라는 것은 1968년 문화재관리국에서 해체 중수공사를 할 때 기단 아래 심초석 밑에서 사리장엄이 발견된 것으로도 잘 알 수 있다.

우리나라에는 이처럼 조선시대 이전에 지어진 3층 이상의 다층 목조 사찰건축이 몇 있다. 금산사

법주사 약사전

법주사 원통보전

법주사 팔상전.
팔상전은 전각이자 한편으론 우리나
라에서는 유일한 조선시대 목탑이기
도 하다. 예전 지금의 대웅보전 자리
에 있었던 용화전과 더불어 법주사의
미륵신앙과 석가신앙을 대표하는 전
각이다.

미륵대불 하대석 부분은 일정한 공간을 이루어 용화전으로 사용된다.

미륵전을 비롯해서 아쉽게도 1984년에 불탄 화순 쌍봉사 대웅전 등이 그것이다. 그런데 목탑 형식을 한 것은 이 팔상전이 유일하다는 점에서 그 건축사적 가치는 보통이 아니다.

미륵불은 석가불의 부촉을 받아 석가불 입적 후 56억 7천만 년이 지난 뒤 도탄에 빠진 중생을 구제하기 위해 도솔촌에서 이 사바세계로 내려온다고 한다. 그러니 미륵불은 석가불과 사실 연관이 깊다. 이를 건축적으로 구현하기 위해서 용화전을 중심구역에 놓고, 그 앞에 석가불을 상징하는 팔상전을 배치한 것으로 풀이해 볼 수 있다. 말하자면 현생과 내세를 한 공간에 펼쳐 보이기 위한 것이 바로 이 팔상전과 용화전이었던 것이다.

이런 방식으로 사찰의 건축구조를 곰곰이 생각하며 바라보면 옛사람들의 지혜와 깊은 뜻이 느껴져 훨씬 의미도 있고 재미도 더해진다. 대웅전은 법주사 창건 당시에는 없다가 고려 중기에 처음 세워졌는데, 창건 때는 미륵장륙상을 모신 용화보전이 있어서 이것으로써 금당을 삼았기 때문이다.

보통 사람들이 법주사를 돌아보고 가장 먼저 떠올리는 것 중 하나가 청동미륵대불이다. 누구는 오래되지도 않은 이 불상을 기억하는 부박함을 탓하기도 하지만 나는 그렇게 생각지 않는다. 미륵대불이 생각나는 건 그만큼 사람들 마음 속에 미륵불이 크게 자리잡게 되었다는 뜻이기 때문이다. 이 미륵불을 보고나서 세상을 가꿔 갈 미륵불

의 위대한 원력에 희망을 느낀다고 말하는 건 유치하고 저급한 말장
난이지만, 사찰을 찾은 사람들에게 그 사찰의 어떤 아이콘을 오래도
록 기억하게 만들었다는 건 성공 아니겠는가.

　사실 25m 높이로 우뚝 선 이 미륵대불이 만들어진 건 불과 40여
년밖에 되지 않지만 역사의 길고 짧음이 반드시 중요한 건 아니다. 이
짧은 역사 동안에도 미륵대불은 이미 절의 기본 정신을 간직한 상징

으로 인식된다는 게 더욱 의미 있는 일일 테니까. 특히 요즘처럼 미륵의 정신이 실종된 시대에서는 더욱 그렇다.

법주사를 찾는 사람이라면 좀더 시선을 넓고 세밀하게 둘 필요가 있다. 경내 구석 능인전 옆의 추래암(墜來岩)이라는 커다란 바위에 새겨진 고려 마애여래의상이 있어서다. '의상(倚像)'이란 의자에 앉은 모습을 말하지만 여기서는 의자 대신에 연화대좌 위에 책상다리를 한 독특한 모습을 하고 있다. 이 또한 미륵불로 추정되고 있어, 고려시대까지 연면히 이어져 왔던 법주사의 미륵신앙을 다시금 떠올리게 한다.

또 이 불상 왼쪽 아래에도 두 개의 또 다른 조각이 있으니 이들을 놓치면 아깝다. 하나는 짐을 싣고 있는 말[馬]과 그 말을 끌고 있는 사람이, 다른 하나는 말 앞에 무릎 꿇고 앉은 소[牛]의 모습이 새겨져 있다. 말할 것도 없이 창건주 의신 스님이 인도에서 경전을 싣고 돌아와 법주사를 창건한 것과, 진표가 금산사에서 나와 법주사로 가는 도중 한 소가 그에게 무릎 꿇고 경의를 표했다는 설화를 나타낸 것이다.

학자들 중에는 이 마애여래의상을 두고 조각수법이나 표현에서 신라불상에 비해 많이 떨어진다는 평을 내놓는 사람이 많다. 이렇게 생각하는 것은 불상에 대한 이해가 부족하기 때문이 아닐까 싶다. 이 조각상만큼 법주사의 창건의지와 미륵불 내현에 대한 민중의 절절한 꿈을 민중의 입장에서 펼쳐보인 작품이 어디 있겠는가. 그런 면에서 재평가되어야 할 작품이기도 하다.

미륵불이 중생을 찾아온다는 56억 7천만 년을 숫자 그대로 인식할 필욘 없다. 때론 하루가 여삼추 같을 때가 있고, 10년이 그야말로 눈 깜빡할 새 지나가는 것이 우리 인생에선 비일비재하니까. 천문학적인 숫자의 그 세월이 바로 내일, 한 달 후, 일 년 후에 내 눈앞에 펼쳐질지 모른다는 생각을 하면 가벼운 흥분도 인다. 돌아가는 발걸음도 가벼워진 것 같다.

# 부안 내소사

잠시 난 짬을 이용해 파리에 다녀왔다. '뉴욕 빵집', '파리 빵집' 할 때의 파리가 아니라 프랑스의 수도, '진짜' 파리였다. 오래 전부터 계획했던 것도 아니고, 흔한 여름휴가는 더더욱 아니었다. 휴가를 해외에서 보낼 정도로 여유 있는 사람이 결코 못 되니까. 작렬하는 태양 아래 여름 내내 흐느적거리던 내 정신과 마음을 주체 못하여 아주 작은 인연과 말할 건더기도 못 되는 미미한 '꺼리'를 핑계 삼아 파리로 전격 떠나버렸던 것이다. 파리에 머무는 1주일 동안 내내 걷기만 했다. 주로 시내에서 대부분 시간을 보냈는데, 그 중에서도 파리 시내를 동서로 활처럼 휘며 흘러가는 센 강변의 고서점들과 개선문 주변의 샹젤리제 거리가 내 주된 탐사지역이었다. 얼마나 샅샅이 훑고 다녔던지 나중엔 거리의 노천카페 주인이 눈인사를 건넬 정도였다. 그렇게 미친 듯 쏘다니던 어느 날 파리 하늘 위의 그 뜨거운 태양에 싫증이 날 무렵 미련 없이 서울발 비행기에 올라탔다.

제법 누적된 피로가 남아 있었고 아직 완전치 않은 시차적응도 아랑곳 않은 채, 며칠 뒤 가슴 속에 이런 질문을 안고 내소사로 떠났다.

### 백제 멸망의 애환 깃든 '소정방 왔던 절', 지금은 아름다운 사찰로 손꼽혀

"가장 한국적인 사찰은 어디인가?"

종종 받는 질문이고, 또 얼마 전 파리에 갔을 때 프랑스 사람들에게서도 여러 번 들었던 질문이다. 그렇지만 질문 자체가 지극히 주관적인지라 그 대답은 사람마다 꼽는 순서와 대상이 다를 수밖에 없다. 그래도 질문을 받았으면 뭔가 비슷한 대답이라도 해주어야 하니, 이렇게 말할까 한다. 사람들마다 열 손가락 안에 꼽는 곳이 있다면 바로 내소사일 것이라고.

내소사 느티나무와 천왕문. 수령 1000년의 느티나무는 그 앞에 보이는 천왕문의 사천왕과 더불어 내소사를 수호해 온 또 다른 신장일 것이다. 경내는 짜임새 있는 건축배열로 아담하고 조화로운 느낌을 준다.

내소사의 요사. 다듬지 않고 그대로 사용한 자연스러움이 두드러지는 휘어진 재목들이 눈에 띈다.

대웅보전 편액

경내 입구에 서 있는 천 년 된 느티나무, 전각과 요사들이 그렇게 조화로울 수 없는 가람배치, 요사의 기둥으로 쓰인 휘어진 재목, 그리고 대웅보전의 물 흐르듯 쓰인 달필의 편액 글씨, 여기에 대웅보전 문짝에 수놓인 아름다운 꽃창살 등등, 아닌 게 아니라 내소사에 관한 그림같이 아름다운 풍광은 퍽이나 많다.

더군다나 내소사는 변산반도 4대 사찰 중 한 곳이고, 그 변산반도는 다시 '한국의 8대 명소'로 꼽히고 있으니 더욱더 감수성을 자극할 만한 요건을 갖추고 있는 곳이 내소사인 것 같다.

그런데 기실 내소사의 이런 동양화 같은 풍경과는 걸맞지 않게 그 역사에는 애달픈 구석도 발견된다. 내소사라는 절 이름의 뜻은 '소정방이 왔던 절'이니, 그게 사실이라면 재미있어할 게 아니라 우리 슬픈 역사의 한 단면이 절 이름에 담겨 있음에 서글퍼해야 할 것 같다.

본래 '소래사'였던 이름이 바뀐 것은, 소정방을 사령관으로 한 당나라 군대가 신라와 동맹하여 백제를 침공하던 길에 이 절에 들렀다 갔고, 이로부터 '소정방이 왔던[來] 절'이라는 의미로 내소사로 불렸다는 것이다. 백제를 무너뜨린 적장의 이름을 기리기 위해 절 이름이 바뀌

내소사 초입은 전나무 숲이 600m나 이어진다.

었다면 우리 입장에서는 치욕의 이름이 아닐 수 없다. 하지만 사실 내가 오늘 내소사에 온 건 불분명한 역사를 새삼스레 들추기 위한 것은 물론 아니다.

처음 말한 대로, 가장 한국적인 절 중의 하나로 내소사를 꼽고 싶었던 거고 그러다 보니 이곳에 얽힌 옛날이야기 하나를 끄집어 낸 것뿐이다. 다만 전해오는 전설 자체는 나름대로 그렇게 전해질 만한 까닭이 있다는 것까지 묻어둘 필요는 없겠지만.

매표소를 지나서 경내에 들어서기까지 약 600m 가량 되는 길 좌우로 100년 이상 된 전나무 500여 그루가 숲을 이루고 펼쳐져 있다. 심호흡을 깊게 하고 스트레칭 하듯이 온몸을 좌우로 흔들며 걸어가노라니 심신에 묻은 때가 떨어져 나가는 것 같다.

딱 알맞게 걸었다 싶으니 아담한 천왕문이 나오고, 이윽고 경내에

천왕문 뒤로 펼쳐진 공간. 좁은 편인데도 좁다는 느낌이 들지 않는데, 마당을 높낮이를 달리해 5단으로 구성하므로써 입체감을 높였기 때문이다.

들어섰다. 이 순간 가장 인상적인 것은, 천왕문 뒤로 펼쳐진 공간이다. 내소사 마당은 그다지 큰 편은 아니다. 작다면 답답한 느낌이 들어야 하건만 여기선 전혀 그런 기분이 들지 않는다. 아주 짜임새 있는 가람 구성 덕분이다.

특히 이걸 눈여겨본 사람들이 많은지 모르겠는데, 내소사 마당은 전부 5단(段)으로 구성되어 있음에 주목해야 한다. 대개 대웅전이 있는 공간까지 많아야 3단 정도에 그친다는 점을 염두에 두면 내소사의 그것은 특이하다. 그런데 각 단마다의 축대가 아주 나지막하고 겸손한 사람마냥 얌전히 쌓여 있어 사람들은 마치 계단 하나 밟고 올라가듯이 쉽게 넘어서면서도 자신이 어느새 대웅전 앞에까지 와 있다는 것을 잘 알아차리지 못한다.

각 단의 축대가 이렇게 소담스럽다 보니, 우리나라 대부분 사찰 마당이 수직적인 데 비해 내소사의 그것은 수평적 공간에 가깝다. 이 같

내소사 앞마당의 소담스러운 5단 축대. 오른쪽에 보이는 건물은 고려시대에 만든 범종이 있는 범종각.

은 공간분할은 정말 대단한 건축적 안목이 아니고서는 어려웠을 것이다. 우리나라 사찰 건축미의 또 다른 경지를 보여주고 있다고 할 것이다.

전에 몇 번 왔을 때는 늘 사람들로 북적거렸는데 오늘은 평일인데다 막바지 더위가 기승을 부려서인지 절 마당엔 탐방객들이 그다지많지 않다. 덕분에 여러 전각들을 인물배경 없이 온전하게 찍을 수 있었다. 대웅전 앞 홍매화는 때가 아닌지라 꽃을 못 보는 아쉬움이 있지만, 요사 앞의 산수유나무 주위로 엄마와 함께 온 꼬마들이 즐겁게뛰어다니는 게 꽃보다 예뻐 보인다. 천왕문 뒤로 거대한 보리수가 울창하고, 그 앞에는 느티나무가 천 년의 풍상을 간직한 의젓함으로 가람을 수호하고 있음도 정겹다.

누각의 장중함을 제대로 갖춘 봉래루도 물론 아름답지만, 대웅보

누각의 장중함을 제대로 갖추고 있는 봉래루

대웅보전. 내소사 가람건축의 정점을 이루는 건물이다. 조선 후기에 지어진 것으로, 5단으로 이루어진 경내에서 가장 높은 곳에 자리한다.

전이야말로 내소사 가람건축의 정점을 이룬다. 17세기 중반에 중창한 것인데 못 하나 쓰지 않고 나무를 깎아 서로 결합해 지은 것도 놀랍

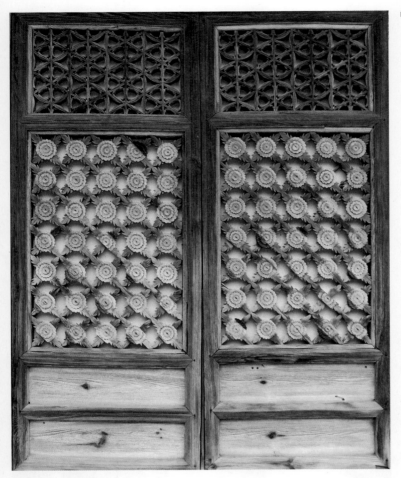

고, 또 건축 의장(意匠)과 기법도 매우 독창적인 것으로 손꼽힌다. 게다가 문짝에는 여러 가지 꽃들이 아름답게 조각된 꽃창살이 돋보인다. 대웅보전에 들어섰다면 조선시대 후기의 석가여래 삼존상과 더불어 불상 뒤편 후벽에 그려진 백의관음보살 보는 것을 놓쳐서는 안 된다.

내소사라는 절 이름으로 다시 돌아와 본다. 내소사라는 이름이 소정방의 방문과 관련 있다고 했지만, 『신증동국여지승람』에는 "신라의 혜구두타(惠丘頭陀)가 창건한 사찰로 대·소의 두 소래사가 있다."라고 적혀 있으니 적어도 이 책이 나온 16세기 무렵에는 소래사라고 했음을 알 수 있다. 창건 당시의 이름이 소래사였고, 고려의 정지상과 이곡, 그리고 조선의 김시습 등 여러 시인의 시에도 소래사로 나온다. 그런데 1700년에 만든 괘불과, 1853년의 범종 명문에는 내소사라고 되어 있다.

이런 사실을 종합해 보면 창건부터 고려 후기까지 소래사로 불리다가 조선시대 후기에 내소사로 굳어진 것으로 추정해도 될 것 같다. 발음으로만 본다면 내소사보다 소래사가 발음하기도 쉽고 듣기도 좋은

아름다운 변산반도

데 왜 바꾸었는지 잘 모르겠다. 그런데 앞에서 든 『신증동국여지승람』
의 기록은 두 가지 대목에서 거슬리는 부분이 있다.

첫 번째는 국적 문제로, 혜구 스님이 창건한 때가 633년이니 그는
당연히 백제 사람일 터였다. 헌데 이것을 굳이 '신라의 혜구'라고 쓴 것
은 분명 잘못이다. 또 하나는 "대·소의 두 소래사가 있다"는 것으로,
어떻게 서로 다른 두 개의 사찰이 같은 이름을 갖고 있었을까 하는
의문이 든다. 내 생각에는 지금 청양 장곡사에 상대웅전과 하대웅전
이 있는데, 아마 내소사도 이와 비슷한 가람 구성을 갖고 있었던 것은
아닐까 한다.

절 뒤로 난 등산로로 해서 내소사를 포근히 안고 있는 능가산 정상
에 오르면 변산반도 끝자락에 걸쳐진 서해바다를 한눈에 조망할 수
있다. 오래 전에 올라가 본 적이 있는데, 햇살을 받아 은가루를 뿌려
놓은 듯 반짝반짝 빛나던 바다를 아직도 잊을 수가 없다. 망망대해로
펼쳐지는 광대한 동해안, 아기자기한 남해안과는 또 다른 인상으로
감동을 준다. 게다가 절 주변엔 격포항이며 곰소, 채석강, 변산반도 등
감수성을 자극하는 풍경들이 줄줄이 펼쳐져 있다. 앞서 내소사를 가
장 아름다운 절 가운데 하나로 꼽았지만, 어쩌면 가장 서정적인 사찰
이라는 게 더 어울리는 표현일지 모르겠다.

느지막이 출발한 탓에 어느새 해가 기울고 있다. 변산반도로 나가
낙조를 보면 그만일 것 같다. 고려 최고의 시인 정지상(鄭知常)이 내
소사를 읊었던, "뜬구름 흐르는 물 따라 손님은 절간에 이르렀고, 붉
은 잎 푸른 이끼에 스님은 문을 닫네"(浮雲流水客到寺 紅葉蒼苔僧
閉門)라는 대목이 마치 내 일처럼 느껴지며 아득해진다.

내소사 부도밭

# 고창 선운사

푸근한 생김새의 선운산을 뒤로한 선운사

때론 진지한 게 싫어질 수도 있다. 진지하다는 건 분명 살아가는 데 있어서 중요한 덕목이련만 언제나 진지하게만 생활한다는 건 하루도 웃지 않고 버티는 것과 매한가지로 삭막하다. 강철로 만든 기계도 기름칠 없이 온종일 돌아갈 수는 없는데 하물며 사람임에랴. 혹시 어떤 일로 해서 마음의 상처라도 받았다면 진지함은 상처를 치유하는 데 오히려 방해가 되기도 한다. 진지함은 실패한 자신을 용납하지 않을 테니까. 그래서 간혹 일상에서의 일탈도 필요한 거다.

내가 찾아가는 절만 해도 그렇다. 거창하고 진지하게 역사의 현장을 탐방한다 해놓고선 정작 역사적 의미는 제대로 들추지도 못한 채 변죽만 울리고 말기 일쑤였지만, 그래도 나름대론 사람들이 잘 인식 못 하는 부분을 들춰내려 하곤 했다. 하지만 근자에 마음이 조금 바뀌었다. '역사'보다는 멋있고 '아름다운' 절을 가보기로 마음먹은 것이다. 가면서 줄곧 생각해 봤다. 아름다움은 가벼운 것인가? 아름다움은 역사에 비해 가치가 없는 것인가? 결론은 '아니다'였다.

### 섬세하고 여성적인 대중적 이미지,
### 나지막하면서도 힘찬 산세와 어울리게 굳건함 가득한 창건역사 담겨

아름다움은 그 자체로 삶의 윤활유다. 그런즉 아름다움은 곧 인생의 완충지대쯤 된다고 보면 되겠다. 그래서 생각해 낸 게 "아름다움도 역사다!"였다. 아름다운 절을 찾아 나선 길, 내소사에서 나온 발길을 내처 선운사로 향했다. 전라북도에는 숱한 사찰이 있지만 내소사와 선운사는 확실하게 사람들의 마음에 아름다운 절로 각인되어 있다. 이 지역 사람들로서는 행복한 일이 아닐 수 없다.

9월이 되어도 좀처럼 식을 줄 모르는 더위 속에 선운산 입구에 닿았다. 무덥기는 해도 그만큼 벼는 알차게 영글 테니 날씨 불평만 하지

도 못하겠다. 가까이 보는 선
운산은 생각보다 넓고 크다.
선운사를 감싸 안은 채 북쪽
으로 곰소만을 건너 변산반
도를 바라보고 있는 선운산
은 높이 336m로 웅장하지
는 않지만 넓고 푸근한 생김
새가 고창의 진산으로 손색

선운사 일주문

없는 명산이다. 이를 모르고 고
속도로나 국도 곳곳에 세워진 입간판 광고에 나오는 것처럼 선운산을
복분자술의 고향쯤으로만 알고 있다면 여간 섭섭한 노릇이 아니다.

　주차장을 지나서 절 입구에 세워진 선운사의 정취를 노래한 「선운
산가」 기념비를 잠시 읽은 다음 새로 단장중인 매표소와 일주문을 지
나 경내로 향했다. 가는 길 좌우로 좌판을 벌이고 앉아 있는 여인네

들이 복분자 한 잔 마셔보라며 연
방 손짓을 해댄다. 하지만 오늘따
라 절 찾는 사람들이 드문드문 보
일 정도로 적으니 이미 장사에는
흥이 가신 눈치다. 아닌 게 아니라
여기까지 온 김에 한 잔 생각나지
않는 바도 아니지만, 절 참배가 우
선이라 이따가 보자고 하면서 천
왕문을 들어섰다.

　천왕문을 나서자마자 맞은편에
커다란 만세루 누각이 보이고, 그

선운사 입구에 세워진 〈선운산가〉 기념비

앞에 대웅보전이며 영산전, 팔상전, 관음전, 명부전, 산신당 등이 펼쳐져 있다. 넓은 마당에 걸맞게 건물들은 모두 큼직큼직하면서도 비례를 잃지 않고 있다. 여기에다 대웅보전 위로 솟아 있는 선운산의 제일 봉우리가 알맞게 중심을 잡아주고 있다.

선운사 하면 떠올리는 동백꽃은 없지만 대신 활짝 핀 백일홍의 붉은 꽃들이 만세루 옆에서 길손을 맞아준다. 추석 지나면 볼 수 있을 꽃무릇과 상사화도 선운사 하면 떠오르는 꽃들이다. 사실 선운사가 더욱 유명해진 건 미당 서정주의 절창 「선운사 동구」로 인해서일 것 같다.

선운사 골째기로
선운사 동백꽃을 보러 갔더니
동백꽃은 아직 일러 피지 안했고
막걸릿집 여자의 육자배기 가락에
작년 것만 상기도 남었습디다
그것도 목이 쉬어 남었습디다.

선운사 입구의 서정주의 〈선운사 동구〉 시비

1980년대 초반 미당은 노구를 이끌고서 한 강좌나마 맡아 강단을 떠나지 않고 있었다. 사학과임에도 국문과, 국어교육과 수업을 틈틈이 들었던 나는 강단 위에서 의자에 앉은 채 찬찬히 강의하던 그의 모습을 지금도 또렷이 기억한다. 학자라기보다 시인이기에 시작(詩作)의 경험을 주로 얘기했던 것 같다. 지금이라면 그에게 왜 선운사와 동백꽃, 그리고 막걸릿집 여자의 육자배기 가락이 당신의 마음에 남았었는가 하고 물어보련만, 이제는 늦었다.

선운사를 통한 슬픔과 외로움, 이별의 메시지는 송창식의 「선운사」라는 대중가요 속에서 절절함의 극치를 보인다.

> 선운사에 가신 적이 있나요
> 바람 불어 설운 날에 말이에요
> 동백꽃을 보신 적이 있나요
> 눈물처럼 후두둑 지는 꽃 말이에요
> ......
> 나를 두고 가시려는 님아
> 선운사 동백꽃 숲으로 와요
> 떨어지는 꽃송이가 내 맘처럼 하도 슬퍼서
> 당신은 그만
> 당신은 그만 못 떠나실 거예요

시와 노랫말이 모두 동백꽃을 매개로 애달픔의 극치를 보인다. 왜일까? 왜 시인들은 선운사와 그 이미지를 슬픔의 미학으로 여기는 것일까?

하지만 정작 선운사의 역사는 슬픔의 이미지와는 거리가 멀다. 천오백 년 동안의 성상을 꿋꿋이 지켜내 불법을 전파한 곳이 허약할 리가 없다. 동백꽃 이미지는 문학과 감수성에 기댄 순전히 '이미지'일 따름이다. 선운사가 자리한 선운산만 해도 그렇다. 선운사의 대중적 섬세한 이미지로 인해 선운산도 여성적일 것이라고 생각하면 오해도 이만저만 아니다. 산세에 민감했고 또 그에 대한 지식도 지금보다 훨씬 깊었던 옛사람들은 선운사를 최고의 남성적 산으로 인식하고 있었다. 조선시대의 기록에 산의 형세를 가리켜, '만 필의 말들이 뛰어오르는 형상이고, 뭇 신하들이 임금과 잔치를 벌이는 모습이며 또 만물의 근원에 돌아간 신선이 모이는 형상'이라고 말한 것은 선운산의 풍세가 어떠한지 단적으로 말해주는 대목이다.

산세가 힘차니 절의 역사도 그에 못잖게 굳건하게 흘러왔다. 창건에 얽힌 이야기에서 이를 확인해 볼 수 있다. 본래 이 자리엔 용이 살던 큰 못이 있었다. 어느 날 검단(黔丹) 선사가 도력으로 용을 몰아낸 다음, 큰 배를 타고서 돌을 던져 연못을 메워 나갔다. 그런데 워낙 못이 큰지라 혼자 힘으로는 힘들었다. 이때 마을에 눈병이 심하게 돌았는데, 검단은 좋은 방도를 생각해 냈다. 누구든지 숯을 한 가마씩 못에 갖다 부으면 금방 낫는다고 하고선 실제로는 자신이 도력을 써서 눈병을 낫게 해주었다. 그러자 모든 사람들이 숯과 돌을 가져와 던지니 큰 못은 얼마 안 가다 메워졌다. 그리고 그 자리 위에 선운사를 세웠다는 것이다.

선운사 대웅보전 석가여래좌상

용은 고대의 기록에 곧잘 등장하는데, 신묘한 힘을 가진 존재 또는 그 집단에 대한 상징이랄 수 있다. 검단이 이렇게 강력한 상대를 물리치고 그 자리를 빼앗았으니 보통 굳세지 않았으면 할 수 없는 일이다. 검단의 용맹함은 여기에 그치지 않는다. 창건 후 이 지역에 들끓는 도적떼를 제압한 뒤 이들을 불법으로 바르게 이끌어 선량한 백성들로 교화시키고, 이들에게 바닷가에서 소금을 굽는 방법을 가르쳐주었다. 이들은 선사의 은덕에 보답하기 위해 해마다 봄가을로 절에 소금을 갖다 바치니 이를 '보은염(報恩鹽)'이라 불렀으며, 자신들이 사는 마을이름도 검단 선사의 은혜를 기리기 위하여 '검단리'라고 하였다고 한다.

만세루에 올라가 대웅보전을 카메라 앵글에 넣어보려고 했지만 쉽지 않다. 그만큼 대웅보전 자체가 웅장하고, 또 안에 봉안된 삼존불상도 보기 드물게 크다. 선운사의 강건한 이미지는 여기서도 감지된다. 만세루를 돌아보니 누각 중 열 손가락 안에 충분히 들 정도로 넓다. 정신없이 벽과 도리에 걸려 있는 현판들의 사진을 찍느라 미처 몰랐는데, 마루에는 찻상이 마련되어 있어 누구나 마실 수 있게 되어 있다. 보살 두 분이 앉아 정겨운 미소를 보내며 한 잔 하라고 권한다.


절 경내 옆에는 깔끔하게 지은 성보박물관이 있다. 여기에서 선운사의 자랑인 고려 후기와 조선 초기의 금동지장보살상들을 비롯한 불보살상, 경판, 진영 등을 볼 수 있다. 나는 벽에 걸려 있는 검단 선사의 진영을 촬영하다가 젊은 여직원에게서 야단만 맞았다.

선운사의 '동백꽃 이미지'는 역사적이라기보단 외형에 치우친 감수성임을 말했다. 하지만 이 이미지가 나쁘다는 뜻은 아니다. 선운사가 아름다운 절로 인식된 건 바로 이 동백꽃 이미지가 한몫했기 때문이겠는데, 처음 말한 것처럼 절에 역사 외의 아름다움이 있어서 나쁠 까닭이 없다. 비록 근래에 만들어진 감상적 이미지라도 그것으로 인해 사람들이 행복을 느낀다면 얼마나 좋은 일인가. 또 넓게 본다면 그

선운사 백일홍. 우리나라 대부분 절에는 마당 한켠에 흔히 백일홍으로 부르는 배롱나무가 심어져 있다.

것이 곧 지금의 역사이기도 한 것이다. 그러니 나는 다시 한 번 되뇌어 본다, 아름다움도 역사라고.

# 여수 흥국사 1

여수 흥국사 대웅전. 영축산 봉우리가 대웅전 처마 위로 솟아 있다. 흥국사는 대웅전을 비롯한 여러 전각들이 조화롭게 들어서 있어서 경내가
짜임새 있으며, 가람배치가 아름다운 산사의 공간을 만들어 냈다.

요즘 절에 가면 입구부터 경내까지, 일주문이나 법당에까지 걸려 있는 정부의 종교편향에 항의하는 현수막을 보곤 한다. 오죽하면 세간사에 무관심하려는 절간에서까지 이렇게 들고 일어나야 하는 것일까 절로 한숨이 나온다. TV에 사중에서 열리는 규탄법회 내지 집회 등이 나올 때면 보통 착잡해지는 게 아니다. 불교를 얕잡아보고 무시하는 건 바로 자신의 전통사상과 문화에 침을 뱉는 행위나 다를 바 없다. 굳이 종교를 떠나서라도, 문화나 사상 면에서 이 땅에 끼친 영향이 결코 적지 않으니 불교를 홀대한다면 그건 곧 우리의 전통문화와 사상을 홀대하는 것과 진배없기 때문이다.

　그런데 한편으론 불교계 스스로가 나라와 사회에 공헌한 바를 역사적으로 제대로 정리하여 보여주는 데 소홀했던 게 아닌가 하는 생각도 든다. 그런 뜻에서 나는 이 글의 후반부를 한국불교가 한국사회에 기여한 현장과 흔적을 찾아보는 데 집중하기로 했다. 먼저 호국불교의 현장을 찾아가기로 했고, 오늘 내가 찾은 여수 흥국사는 바로 그러한 곳 중 하나다.

### '중생과 부처 둘 아니다' 실천 위해 창건

　한국불교를 특징짓는 몇 가지 아이템 중에 호국불교란 게 있다. 글자 그대로 불교가 나라를 지키는 데 앞장섰다는 의미인데, 좀더 자세히 말하자면 외세로부터 침략을 받을 때 사찰이 병참기지가 되고 승려들이 군대에 합류하거나 나름의 군사조직을 갖추고 적극 대항했다는 이야기다. 신라시대의 화랑오계를 원광법사가 지은 것에서부터(화랑오계의 하나인 '살생유택'은, 곧 "대상을 가리면 생명을 죽여도 된다"는 뜻인데 이것이 과연 불교에서 할 만한 소리인가에 대해 심각한 회의를 갖는 어떤 인사의 생각에 나 역시 전적으로 동감하지만) 시작된 한국 호국불교의 도도한 흐름은, 조선시대에 임진왜란이라는 초미의 국난을 맞아 절정을 이룬다.

누가 시킨 것도 아닌데 불교계가 자발적으로 나서서 관군과 의병을 지원했고 나아가서는 스스로 군사조직을 이루어 왜군과 직접 싸웠던 것이다. 이른바 의승군(義僧軍)이다. 정유재란과 병자호란에서도 의승군의 활약은 적지 않았고, 종전 후에도 사찰 내의 특수 조직으로 남게 되었다.

본래 절에서는 평등과 무계급이 원칙이지만 그동안 유생들로부터 지겹도록 수탈을 당해 온 사찰의 입장에선 그들의 존재 가치를 톡톡히 인식시켜 준 승군의 전통을 쉽게 버릴 수가 없었다. 그래서 사찰의 현판이나 불화의 화기(畵記)에 총섭이니 도총섭이니 하는 군사조직의 용어가 그대로 전하게 된 것이다. 그렇다고 사찰 내에서 군사훈련이 이루어졌던 것은 물론 아니고 국가에서도 이들을 예비전력으로 여겼던 것도 아니다. 다만 산성이 공수의 요처가 될 수밖에 없는 전투의 특성상 이러한 산성을 수호하고 유지하는 데 산사의 승려들이 제격이라는 인식 하에서 국가에서는 평시 이러한 의승군의 조직을 묵인하였을 뿐이다. 또 사찰은 사찰대로 누란의 위기 때마다 분연히 일어나 적군과 싸웠던 활동을 은연중에 알림으로써 사찰 운영에 도움을 받을 수 있었다.

여수는 임진왜란 당시 격렬한 해전(海戰)으로 해가 뜨고 달이 지던 곳인데, 지금의 여수는 도저히 당시를 상상하기 힘들 만큼 평화롭기 그지없다. 오동도, 거문도, 백도 등 조그만 섬들이 점점이 수놓인 여수 연안은 다도해해상국립공원으로 지정될 만큼 아름답다. 경남 통영 한산도 부근에서 사천·남해 등을 거쳐 여수까지 이르는 한려수도 뱃길은 환상 그 자체다. 섬들을 연결하는 돌산대교도 멋있고, 규모가 작고 시설도 보잘것없지만 주변 풍광만큼은 최고인 여수공항도 매력적

여수 앞바다 전경

이다. 2012년에는 '살아 있는 바다 숨 쉬는 연안'이라는 모토로 세계박
람회를 개최하게 되어 한창 준비에 바쁘다. 그때가 되면 여수도 세계
적 미항으로 꼽히는 나폴리나 베니스와 어깨를 나란히 하며 널리 알
려질 것 같다. 세 곳 모두 다 가 본 여행자로서 감히 말하건대, 나폴리
나 베니스가 알려진 것처럼 천상의 낙원은 아닐 뿐더러, 여수도 그만
한 잠재적 환경은 충분하기에 하는 말이다.

　아름다운 자연은 그 자체로 예술이다. 아름다운 자연에 자리잡은
사찰이 아름다울 수밖에 없는 것은 자연을 본받고 있어서다. 흥국사
가 바로 그런 곳이다. 지금 나는 호국의 사찰로서 흥국사를 말하고 있
지만, 사실 흥국사는 내소사나 선운사에 못잖은 아름다운 사찰, 곧
미찰(美刹)이다. 명찰, 대찰이라는 말은 잘 써도 미찰이라는 말은 안
쓰는 게 이상하다고 생각해 왔는데, 앞으로 이런 미찰을 널리 알렸으

면 좋겠다.

흥국사 일주문에 들어서기 전에 홍교를 보기 위해 온 길을 조금 되짚어 갔다. 홍교를 알리는 안내판이 요란스레 걸려 있지 않아서 그런지 홍교를 못 보고 그대로 돌아가는 사람들도 종종 있다. 홍교란 말 그대로 무지개다리다. 무지개다리는 여느 석교에 비해 아름답기도 할 뿐더러 공학적으로도 훨씬 튼튼하다. 짓기 쉬운 게 아니라서 많지는 않은데 사찰 내에 홍교가 제법 전하는 건 반가운 일이다. 그만큼 우리 사찰이 자연과 조화를 이루는 멋진 곳이라는 의미가 되니까. 조선시대에 세운 홍교는 몇 개가

흥국사 홍교. 1639년에 지었다. 무지개 모양의 아름다운 다리로, 기능성은 물론 미관도 뛰어나다.

전하는데, 선암사의 승선교는 그 중 아름답기로 으뜸일 터고, 그 밖에도 화엄사나 백양사 등에도 멋진 무지개다리가 있다. 많기로 말한다면 고성 건봉사에 무려 5기의 홍교가 있으니 이쯤 되면 기네스북감이 아닐까 싶다. 다른 사찰의 홍교와 마찬가지로 흥국사의 홍교도 사찰에서 마을 사람들을 위해 지은 것이니 더욱 의미가 깊다.

일주문을 지나면 곧바로 경내가 나오는데, 조금 가다 보면 왼쪽 둔덕에 부도들이 모여 있는 부도밭이 있다. 보

선암사 홍교

흥국사 일주문

조국사 지눌(知訥)을 비롯해서 법수(法修) 등 흥국사의 역사에서 빼놓을 수 없는 스님들의 부도들이다. 지눌 스님은 창건주이고, 법수 스님은 정유재란 후 흥국사를 중건하는 데 앞장섰던 분이다. 특히 지눌 스님은 한국 선종의 역사에서 아주 중요한 역할을 했던 스님이라 그 부도를 보니 여간 반가운 게 아니다.

보통 지눌 스님의 부도는 순천 송광사에 있는 것으로만 알고 있는데, 그만큼 송광사와 지눌은 따로 떼어놓고 생각하기 힘들 정도로 일체화되어 있다. 하지만 흥국사에도 그의 부도가 있다는 건 이곳 역시 지눌 스님의 생애에서 중요한 곳이라는 의미가 된다. 그 무렵의 지눌 스님의 행적으로 한 번 살펴본다.

흥국사 부도밭

보조국사 지눌의 부도.
지눌은 1196년 여수 흥국사를 창건하여 정혜결사의 도
량으로 삼았다. 순천 송광사에도 지눌 스님의 부도가 전
해오고 있다.

보조국사 지눌의 진영

　　1703년에 쓴 「흥국사중수사적비」에 1196년 지눌이 흥국사를 창건했
다는 이야기가 나오므로 그의 흥국사 창건설은 부동의 사실로 생각
할 수 있다. 그런데 송광사의 「보조국사비」에는 그가 이듬해인 1197년
에 지리산의 무주암(無住庵)으로 거처를 옮겨 뜻을 같이하는 몇몇 스
님과 함께 정(定)과 혜(慧)를 함께 닦는 수행에 전념하였다고 되어 있
다. 수행하는 도중에도 그는 '중생과 부처가 둘이 아님'을 깨닫고는 이
를 실천할 도량을 찾기 위해 제자를 남방으로 보냈다고 한다. 다시 그
로부터 3년 뒤인 1200년에는 송광사로 옮겨 입적할 때까지 그곳에서
머물렀다.

　　이렇게 볼 때 그의 말년은 목표를 뚜렷하게 세우고서 그 성취를 위
해 분주하게 움직이던 시절이었음을 알 수 있다. 그 과정에서 흥국사
를 창건한 것은 그가 뜻한 정혜결사 운동의 한 거점으로서 흥국사를

법수 스님 부도

생각했었다고 유추해 보게 한다. 그는 한 사람의 힘만으로 이렇게 많은 사찰을 세울 수 있었다는 사실을 의심할 정도로 많은 절을 지었다.

그는 1200년 이후 입적할 때까지 백운정사·적취암·규봉난야·조월암 등을 창건하거나 중건하였다. 나는 원효와 의상 스님 이후로 단기간에 이처럼 많은 사찰을 한꺼번에 세운 분을 알지 못한다. 그는 아마도 자신이 발견한 진리와 이상을 실천하고 구현할 도량을 의욕적으로 세워나갔을 것이다.

이것저것 생각을 많이 하다 보니 걸음이 자연 늦어진다. 아까 일주문을 지날 때 주차장에 버스 한 대가 서고 한 무리의 관광객들이 내리는 걸 봤는데, 어느새인가 모두 나를 앞서 저만치 대웅전 앞에서 사진을 찍느라 바쁘게 왔다갔다 하는 게 보인다. 그나저나 저들은 과연 지눌 스님을, 또 흥국사와 의승군과의 각별한 관계를 알기나 하고 있는 건지 의문이 든다. 문득 저들을 붙들고 한바탕 설명이라도 해볼까 하는 충동이 이는 것을 어찌해야 하나.

흥국사 중수사적비와 부분

# 여수 흥국사 2

흥국사 팔상전 올라가는 계단

사찰을 '아름다움'으로 설명하는 건 생각만큼 쉽지 않다. 흔히 그 절이 들어앉은 산이나 계곡 같은 주변 경관의 아름다움을 말하곤 하는데 그건 사찰 자체의 아름다움은 분명 아니다. 물론 사찰의 경내에서 발견할 수 있는 아름다움도 있다. 활짝 핀 꽃이나 우람한 나무, 고요한 밤 마당에 하얗게 내려앉은 눈, 저물녘 낙조를 받으면서 펼쳐지는 종각에서의 법고와 범종 타종하는 경건한 모습…….

그러나 가만히 생각해 보면 이건 본질적이라기보다 피상적인 미에 지나지 않는다(전통문화와 역사가 깃든 사찰의 미라는 게 이런 곁가지에 그치고 만다면 곤란하지 않은가). 사실 지금까지 '미'라는 것을 주관적인 것으로 여겨왔다. 하지만 많은 사람들이 즐기고 누리며 "이래서 아름다운 거로군!" 하고 고개를 끄덕이게 하기 위해서는 미에 대한 설명과 인식이 관념적이 아니라 분석적이어야 하고, 특히 사찰의 아름다움은 미학적이라기보다 인문적인 것에 가까워야 한다는 게 내 생각이다.

그래서 나는 사찰이 지니는 아름다움의 요소를 이렇게 정리해 보고 싶다. 앞에서 말한 주변 경관이 멋있어야 하는 건 기본이고, 여기에 더해서 아름다운 문화유산이 많아야 한다는 것이다. 건축물이나 그림과 조각 등에서 미적인 기준을 넉넉히 충족하는 '작품'이 많다는 건 그 사찰의 격을 높이는 전제조건이다. 두 번째로 그 절에서 머물렀던 인물 중 수행과 대중 교화에 남달랐던 분들이 많으면 이 역시 사찰의 아름다움에 한 층 격을 높이는 일이 될 것이다. 그리고 마지막으로, 이건 가장 중요한 조건이면서도 어찌 보면 종합적인 것인데, 그 사찰의 역사가 한국불교사(더 나아가 한국의 역사에)에서 중요한 페이지를 장식할 수 있다면 그야말로 화룡점정일 터다.

홍국사를 미찰(美刹)이라고 했는데, 위에서 든 조건을 대입해보면

흥국사 원통전. 정유재란(1597) 때 불탄 것을 1624년에 다시 지었다. 전쟁 직후의 어려운 상황에서 이처럼 독특한 건물을 지을 수 있었던 것은 흥국사의 저력 덕분이었을 것이다.

바로 그 대답이 나온다. 자연경관의 아름다움은 기본적으로 충족되었고—사실 우리나라 대부분 사찰이 이 조건은 기본적으로 갖추고 있다—대웅전을 비롯해서 대웅전 후불탱, 괘불탱, 수월관음도, 16나한도, 석가여래삼존상, 강희4년명 범종, 지장보살삼존상 및 시왕상, 원통전, 홍교 등 모두 10점이 보물로 지정되어 있고 팔상전 역시 지방문화재자료로 되어 있으니 이만한 문화재를 갖춘 곳도 드물다. 또 인물 면으로 보더라도 우리나라 선종사에서 커다란 획을 그은 보조국사 지눌이 창건주로 우뚝하니 더 말할 나위도 없거니와, 그 밖에도 대중과 함께하며 흥국사를 중건한 법수, 계특, 통일 등 고승들이 즐비하다.

### 전란 때 호남지역 의승군의 본거지 역할

여기다가 역사를 말한다면, 임진왜란 때 나라를 구한 이순신 장군의 수군에 흥국사 의승군들이 참여하여 커다란 역할을 해내었으니

공북루 편액. 흥국사 의승수군유물전시관에 걸린 이 편액은 수군절도사 이순신 장군이 썼다고 알려져 있다. 의승 수군의 본거지였던 흥국사의 위상과 당시 흥국사 승군들의 활약을 짐작하게 해주는 자료다. 편액 아래의 현판은 공북루 중건에 관한 이야기를 전하는 「흥국사공북루중수기」

흥국사 의승수군유물전시관에 진열된 의승군의 유품들. 화살과 소총, 칼, 그리고 다른 무기들과 함께 승복이 진열되어 있다.

이것 하나만으로도 흥국사의 역사는 빛이 날 수밖에 없다.

흥국사와 의승군 애기를 하려면 왜 흥국사가 수군의 중심지가 되었는지부터 애기해야 한다. 역사책을 들춰보면 임진왜란이 일어나기 한 해 전인 1591년 여수에 수군절도사가 설치되었고, 1593년에는 충청·전라·경상 3도의 수군통제영이 되었다. 그 만큼 여수는 조선시대에 수군의 중심지였던 곳이다. 그런즉 흥국사에서 조직된 의승군이 수군에 참여하게 된 것은 지극히 자연스러웠던 일이다.

전쟁 발발 직후인 1592년 9월 흥국사에 의승 수군이 결성되면서 본격적으로 해전에 참여하였고 이후 호남지방의 의승과 의병항쟁의 중심 역할을 해냈으니 결코 만만하게 취급해서는 안 된다. 지금 백과사전류에는 의승군에 대해 아주 짤막하게만 언급하고 있지만, 그 짧은 행간 이상으로 의승군의 역할은 컸다. 그리고 지금 내가 서 있는 이곳 흥국사처럼 우리 사찰들에는 찾아보면 아직까지 그 흔적이 남아 있는 곳들이 꽤 많다.

흥국사 의승수군유물전시관에는 의승군이 사용하던 유물이 있어 그들의 활약을 머릿속으로 그려볼 수도 있다. 다만 흥국사 의승군에 대한 직접적 문헌기록은 아주 빈약해서 그들의 활동상을 사실적으로 그려내기는 어려운 게 사실이다. 하지만 전혀 없지는 않다.

예컨대 1718년에 지은 「남장군순절비창건기」 현판이 바로 그것이다. 임진왜란과 정유재란 때 이순신 장군 휘하에서 혁혁한 전공을 올린 남유(南瑜) 장군의 일대기를 적은 이 현판에서 당시의 해전과 관련된 얘기를 단편적으로나마 찾아볼 수가 있다. 예를 들면 나주 목사 겸 우영장(右營將)이던 남유 장군이 고금도에 주둔하며 독자적으로 해전을 수행하여 왜군의 보급로를 차단한 것이라든지, 이순신 장군의 4대 대첩 중 하나로 꼽히는 노량해전 때 순천의 묘도를 작전지역으로 선택한 것 등은 당시 흥국사 의승군의 행동반경을 짐작케 해주는 부분이기도 하다. 이런 기록들을 잘 활용한다면 의승군의 활약과 역할을 좀더 구체적으로 밝혀낼 수 있을 것 같다.

흥국사를 찾은 날은 한여름의 무더위가 절정을 이루던 때였다. 대웅전 배관을 마치고 나와 보니 단체관람객의 일행으로 보이는 노인 네 명이 절을 찬찬히 진지하게 살펴보고 있었다. 그런데 이들은 다른 관람객들처럼 건성으로 기웃기웃 하는 게 아니라 절 이곳저곳을 하나하나 꼼꼼히 살피고 서로 묻고 그러는 게 여간 정성이 아니다. 그래서 나는 실례를 무릅쓰고(?) 흥국사의 역사와 문화재를 이들과 함께 보는 대로 설명해 주고픈 욕구가 점점 커졌다. 하지만 생판 모르는 사람에게 먼저 다가가 설명해 주겠다고 나서기는 또 여간 쑥스러운 일이 아니었다. 이러던 차에 고맙게도 내 고민을 해결해줄 사람이 나타났다. 바로 흥국사를 안내하는 문화해설사였다. 그는 60대 중반의 나이에 단단한 체구를 지닌 남자였다. 종각 옆 보리수나무 그늘에서 아까부터 우리를 살피던 그는 우리를 불러세웠다.

"이리들 오쇼. 시방 나~가 박물관 구경시켜 줄라니께."

관람객이래야 60대 후반쯤 되는 나이의 노인 일행 넷과 나를 포함한 다섯이 전부다. 하지만 숫자에 상관없이 이 문화해설사는 친절하고 성의 있게 박물관을 안내해 준다.

"여가 바로 흥국사의 역사를 모은 박물관이여. 온 길에 기념으루다가 저거 방명록에다 싸인들이나 하시쇼 잉."

"봐라, 니 총무! 니가 대표로 싸인 해라."

"총무는 싸인만 하는 사람이가. 다 같이 하자, 마. 기념이라 안하나."

가만 보아하니 노인 일행은 영남지방 어디 쪽에서 온 모양이다. 여기서 동쪽으로 섬진강이 그다지 멀지 않고, 섬진강만 넘으면 하동 영남 땅이니 아마도 그 어디쯤에서 온 것 같다. 흐뭇한 얼굴을 한 문화해설사가 나를 쳐다본다.

"거, 선생은 혼자 왔나 보네. 거이도 한 자 적어보셔."

"네, 알겠습니다."

나는 싹싹하게 방명록에 이름을 적었다. 사실 이 더운 여름날, 부탁

여수 흥국사 의승수군유물전시관

받은 것도 아닌데 직접 나서서 박물관 문 열어주고 설명도 해주겠다는 이 해설사가 여간 고마운 게 아니다.

박물관은 1층과 2층에 각각 전시실이 있는데, 계단 옆의 1·2층이 수직으로 통하며 연결된 공간에는 괘불이 기다랗게 걸려 있다. 1층에는 근대 흥국사의 사진과 함께 기와, 사리장엄, 현판 등이 있다. 또 의승군이 참여한 전투를 상상해 그린 그림들도 걸려 있다.

우리들의 눈길은 승군들의 유품이 진열된 전시장에 유독 오래 머물렀다. 소총과 활, 기다란 칼, 그리고 군복 대신 입었을 무명으로 지은 빛바랜 갈색 승복 등. 가지런하게 접힌 승복 한 쪽은 무엇인가 날카로운 것에 찢긴 듯 떨어져 나갔는데 그 주위에 검붉은 자국이 짙게 묻어 있어 혹시 부상으로 인한 핏자국은 아닌가 싶어 눈을 비비고 보게 한다. 목탁과 염주 대신 활과 창을 쥐고 전장에 나서야 했던 그들의 고뇌가 배어 있는 것 같아 잠시 마음이 숙연해졌다.

관람을 마친 뒤 문화해설사에게 고마움을 표하고 박물관을 나와 경내를 나섰다. 함께 봤던 사람들도 만족한 듯 고개를 연신 끄덕이며 나와서는 이미 아까부터 버스에 올라타 기다리고 있던 일행을 찾아 발걸음을 재촉한다. 나는 물 맑은 여수에 와서 이대로 돌아가기 아쉬워 여기서 하루를 묵기로 했다. 홀로 반주를 곁들인 저녁을 들고 숙소에 들어와 누우니 낯선 잠자리이기는 해도 금세 깊은 잠에 빠졌다. 이날 밤 꿈에서 붉게 불타는 바다 위에 떠다니는 전함들을 본 것 같은데, 낮에 흥국사박물관에서 보았던 그 그림 탓이었을 게다. 아마도.

영축산 진달래

# 남해 용문사

누각 아래에서 바라본 대웅전

의승군의 자취를 찾아보러 떠나는 길, 흥국사에 이어서 남해 용문사를 향했다. 서울에서 출발한 여정은 경부고속도로, 대진(대전—통영 간)고속도로, 남해고속도로를 잇달아 탄 다음 남해 방면 3번 국도로 접어든다. 삼천포항을 지나 삼천포와 남해 창선을 연결하는 삼천포·창선대교를 건너니 드디어 남해군에 들어섰다. "잘 가다 삼천포로 빠진다"는 속담이 있는데, 내비게이션 덕분에 길 한 번 잃지 않고 여기까지 잘 왔다. 이젠 이 속담도 없어질 때가 되었나 보다 하는 객쩍은 생각을 하는 사이 우리가 탄 차는 어느새 1024번 지방도로를 타고 있다. 한 15분 달리니 약간 가파른 길이 나오고, 곧이어 오른쪽으로 용문사 입구 표지석이 보인다.

　　용문사가 호거산(뒤에서도 언급하겠지만, 옛 문헌 중에는 虎丘山

용문사 내경

으로 적은 곳도 있다)에 들어앉은 줄을 알았는데, 차로 휙휙 지나가다 보니 내가 산에 얼마나 가까이 다가가고 있는지 전혀 알지 못했다. 여기까지 오는 길이 바다에서 아주 가까워 용문사라는 절이 들어설 만한 곳이 과연 있을까 싶을 정도였다. 크고 깊은 산은 그 모습을 다 보여주지 않는다더니, 일주문을 지나 경내로 향하고서야 내가 깊은 산에 들어선 줄을 알았다. 조금 전까지 내 코에서 떠나지 않던 비릿한 바다 냄새는 어느새 사라져 버렸고, 그 자리에 산사 특유의 분위기와 기분 좋고 향긋한 냄새가 맴돌고 있었다.

용문사는 원효 스님이 여기서 지척인 금산(錦山)에 보광사를 먼저 창건한 다음, 여기 호거산으로 와 첨성각(瞻星閣)을 세웠는데 이곳이 너무 마음에 들어 아예 보광사를 이곳으로 옮겼다고 한다. 그러니까 용문사는 보광사의 후신이라는 것이다. 하지만 애써 지은 절을 얼마 되지 않아 옮겼다는 게 얼핏 이해되지는 않는다. 물론 그런 사정이 있을 수도 있겠으나 보광사는 보광사대로, 또 용문사는 용문사대로 창건한 것이 와전된 건 아닌지 모르겠다. 보광사란 다름 아닌 지금의 보리암이므로 더욱 그런 생각이 들게 한다. 어쨌든 원효대사는 이곳 남해를 썩 마음에 들어 했음에 틀림없다.

남해의 푸른 파도에 잠긴 의승군의 비원, 국토가 초토화되는데
수행만 할 수는 없다

흔히 용문사에는 '남해에서 가장 크고 오래된 절'이라는 수식어가 붙는다. 절에서 규모란 게 그렇게 중요한 의미가 있는 건 아니지만, 가장 오래되었다는 건 의미를 둘 만하다. 오랜 세월만큼 그곳에서 되새겨볼 일이 많다는 뜻도 되니까. 그런데 내가 오늘 이곳을 찾은 건 의승군의 자취를 돌아보기 위해서였다.

용문사에서 내려다보이는 남해바다

앞의 여수 흥국사가 서남해안 지역 의승군의 본거지 격이었듯이, 용문사 역시 남해안 의승군들의 고뇌와 자취를 고스란히 전하는 의승군 유적지이기 때문이다. 용문사에 절의 역사를 기록한 사지(寺誌)가 남아 있지 않아 그들의 자세한 활약상은 알 수 없지만, 구전되는 이야기도 그렇거니와, 지금 절에 전하는 20점의 현판 중에도 그 때의 사정을 전하는 글귀들이 언뜻언뜻 보인다. 그런 것들을 종합해 보면 임진왜란 때 이 절의 모든 승려들이 의승군이 되어 싸웠고, 혁혁한 전

용문사 대웅전 뒤의 구시. 밥을 담았던 이 구시의 크기는 용문사에 집결하였던 의승군의 수를 가늠케 해준다.

공을 올렸던 사실을 좀더 구체적으로 밝힐 수 있을 것 같아 보인다.

물론 용문사 의승군의 자취는 지금 절에 전하는 몇 가지 유물을 통해 확연히 증명되기는 한다. 대웅전 뒤에 있는 '구시'는 의승군들이 공양할 수 있도록 밥을 담아 두던 식판인데, 그 거대한 크기를 통해 당시 얼마나 많은 의승군들이 용문사에 집결했는가를 짐작해 볼 수 있다.

게다가 의승군에 관련한 직접적인 유물로 삼혈총포(三穴銃砲)도 있다. 총신 및 총구가 세 개 달린 개인용 화기로서, 총구에 화약과 탄알을 장전하고 총신 맨 아래에 뚫린 구멍에 불씨를 점화하여 발사했다. 염주를 굴리던 두 손에 이런 무기를 들고 전장에 나선 의승군들의 마음은 오죽했을까.

하지만 전 국토가 초토화되어 가는 마당에 토굴에서 수행만 할 승려가 어디 있었을까. 훗날 이런 호국의 불심에 감동한 숙종 임금은 용문사를 수국사(守國寺)로 지정하고 왕실의 축원당을 세웠다. 그런데 서울에도 수국사라는 절이 있으니, 수국사란 고유명사라기보다는 '나라를 지키는 사찰'의 의미로 생각하면 될 것 같다. 숙종은 임진왜란이 끝난 지 77년이 지난 1674년에 즉위했다. 종전 후 100년이 다 되어 갈 때까지도 임진왜란에서 산화한 의승군에 대한 감사와 기억은 잊히지 않았던 것이다. 종교편향 문제로 시끄러운 지금을 생각하니, 오늘의 우리가 옛 사람들의 의리를 도저히 못 따라가는구나 하는 생각을 갖게 한다.

숙종의 용문사에 대한 감사와 관심은 '수국사금패'와 '봉산수호패'로도 나타난다. 금패(禁牌)란 나라에서 발급한 것으로 지방의 관청이나 관리가 사찰을 함부로 하는 것을 금하는 표지다. 경릉관(敬陵官)과 익릉관(翼陵官) 등 이 표지를 발급한 관청 이름이 적혀 있다.

봉산수호패에서 말하는 봉산(封山)이란 왕과 왕비의 능묘를 보호

하거나 기타 특수한 목적을 위해 벌목하는 행위를 금하기 위한 표지
다. 다시 말해서 봉산수호패(封山守護牌)란 용문사가 자리한 호거산
을 함부로 훼손해서는 안 된다는 표지인 것이다. 이 봉산수호패는 앞
면에 '남해용문사(南海龍門寺) 향탄봉산수호총섭(香炭封山守護總
攝)'을, 뒷면에는 이 패를 발급한 '예조(禮曹)'와 그 수결(일종의 싸인)
을 새겼다.

숙종은 이것으로도 감사의 마음을 다 나타내지 못했다고 보았던지
연꽃 모양의 옥등 2개와 촉대 1개를 하사했으나, 이것들은 일제강점기
에 일본인들이 빼앗아갔다고 한다. 일본이 침략한 임진왜란 때 세운
전공으로 받은 유물인데 그걸 일본에 빼앗겼으니 역사의 아이러니라
고 해야 할지 신의 짓궂은 장난이라고 해야 할지 모르겠다.

·천천히 경내를 둘러보았다. 대웅전을 중앙에 두고 영산전·명부전·
용화전·칠성각·봉서루·적묵당·천왕각과 요사 등이 자리해 있다. 바
다가 한눈에 내려다보이는 곳이면서도 산중사찰이 주는 그윽한 맛이
여간 아니다. 새삼 호거산의 중후함과 이 자리에 터를 잡은 옛 사람의
혜안에 놀랐다.

건물 중에 봉서루가 눈에 들어왔다. '봉황이 깃든 누각'이라는 뜻이
다. 나는 절에 갈 때마다 요사나 누각의 이름에 어떤 특별한 의미가
담겨 있는지 유심히 살펴보곤 한다. 이를 통해 사찰 역사의 감춰진 면

용문사 대웅전

을 아는 경우가 많아서다. 봉서루만 해도 그저 봉황이 깃들 정도로 좋은 곳이라는 뜻으로 지은 것이려니 하고 생각하면 그만이지만, 그래도 하필 이런 이름을 쓴 이유가 따로 있지 않을까 궁금해졌다.

그러다 절에 보관된 「호구산용문사봉서루병서(虎丘山龍門寺鳳棲樓竝序)」를 보고 나서 역시 '봉서루'라는 작명에도 오묘한 뜻이 들어 있음을 알았다. 앞서도 말했듯이 요즘 부르는 호거산은 옛 문헌에는

용문사 봉서루의 앞면과 뒷면

잊고 있었던 18세기 용문사의 역사의 한 부분을 전하는 현판 '호구산용문사 봉서루병서(虎丘山龍門寺鳳棲樓並序)'와 현판의 부분

지금 보는 것과 같이 '호구산'으로 되어 있다. 글자는 달라도 의미는 서로 같다. 이 현판은 1720년에 썼는데, 봉서루라는 이름을 지은 사연이 거기에 나온다. 용문사는 1720년 이전 여러 차례 불이 나 힘들여 지은 건물들이 불타버리곤 했다. 아무리 주의를 기울여도 화재가 끊이지 않았다. 그래서 터가 너무 드세서 그런 게 아닌가 하는 얘기가 조심스레 나왔다. 하지만 터야 호거산 중에서도 가장 명당으로 손꼽는 곳 아닌가? 그러다 마침내 이런 결론에 닿았다. 호거산은 곧 '호랑이가 엎드려 있는 산'이고, 용문사란 바로 '용이 들어선 절'이라는 뜻 아닌가?

그렇다면 용과 호랑이가 서로 마주보고 있으니 그야말로 '용호상박'이다. 그런즉 기운이 드세질 수밖에 없고 화재가 빈발하게 된 게 아니냐. 그러면 이름을 바꿔야 하는데, 절 이름을 바꿀 수도 없고 그렇다고 해서 오래 전부터 불러온 산 이름을 바꿀 수도 없는 터라 고민에 빠졌다. 이때 누군가 묘안을 냈다. 용과 호랑이는 속성상 서로 맞서게 되어 있지만 이들을 중화할 존재가 있으면 되는 것 아니냐고. 그리고 그 중화적 존재로서 봉황을 상정하고, 누각 이름을 봉서루로 짓자고 하였다. 일종의 풍수사상에 입각한 해결책이다. 헌데 그 뒤 오랫동안 화재가 일어나지 않았다는 이야기를 다른 현판에서 확인했으니, 마냥 허무맹랑하다며 흘려듣기엔 다소 섭섭한 구석도 없지 않다.

용문사를 내려와 저 푸른 남해 바다를 보면서 생각에 잠겼다. 임진
왜란에서 의승군들의 활약이 승패를 갈랐을 정도로 절대적인 영향
을 준 건 아니었다. 하지만 그들의 참전이 전투력 증강 면에서도 그렇
고, 또 '스님들까지 이 전쟁에 참여해 주는구나!' 하는 사기진작의 면
에서도 상당한 효과를 거두었다는 건 이 방면 연구자들도 대부분 동
의한다. 사명대사는 전 국민적인 영웅일 정도였으니까. 우리가 좀더
자랑스러워해야 할 부분을 소홀히 하는 건 아닌가 하는 생각이 저 푸
른 파도에 겹쳐진다.

용문사 백련암

# 수원 수원사

수원사 원경

나는 전에 "문화재라는 게 오래됐다는 연조만 가지고 볼 게 아니다."라는 말을 했었다. 사실 옛것이면 무조건 좋다는 식의 생각이 팽배한 우리 사회에서 이 말이 어떻게 받아들여질지 내심 걱정되기도 했는데, 홍윤식 동국대 명예교수는 그건 올바른 시각이라고 고맙게도 적극 동의해 주었다. 지나친 상고(尙古)주의 때문에 상대적으로 오래되지 않은 우리의 중요한 근대문화와 근대기념물이 묻혀버리는 경우가 너무 많다는 의미에서다.

근래 문화재청에 근대문화재과라는 게 생겼고, 또 문화재 지정 및 등록과 관리 등에 관한 의결기관인 문화재위원회 안에도 '근대문화재' 분과가 별도로 설치된 점은 여간 다행한 일이 아닐 수 없다. 수백 년 된 유물 유적은 아니어도 나름대로 의미가 깊은 근대문화유산은 많다. 이들을 문화재로 인정함으로써 자칫 관심에서 벗어나 훼손되기 쉬운 근대문화재들을 국가문화재의 하나로서 보호받을 수 있도록 제도적으로 보장하자는 것이다.

예를 들면 서울시청 청사라든가, 서울역사, 구 용산철도병원 본관, 제물포고등학교 강당 같은 건축물이 그것들이다. 근대문화재는 2001년 제1호로서 남대문 한전사옥이 등록된 이후 지금까지 400여 점이 등록되었다. 그런데 놀라운 것은 불교와 관련된 것으로는 군산 동국사 대웅전을 제외하면 없다는 점이다. 왜 우리는 연조만 따져댈 뿐, 아직 기억에도 생생한 근대 불교의 현장에 대해서는 이렇게 무관심한지 너무 안타까웠다.

역사가 오랜 문화재도 중요하지만, 아직 우리의 기억에 가까이 남아 추억과 상상이 깃든 근대문화를 소홀히 한다면 결국 불교의 근대적 의미를 부정하는 얘기밖에 더 되겠는가. 생각이 여기까지 미치자, 나는 불교 근대문화재를 직접 찾아나서 보기로 했다. 불교 근대기념물이 이렇게 적을 리가 없는데, 불교계가 먼저 나서서 보호해야 할 것을 소홀히 하는 건 아닌가 하는 생각에서였다.

## 되돌아봐야 할 불교기념물의 상징

가을의 전령이 드디어 왔는가 보다. 지리하고 무더웠던 여름을 보내며 한결 산뜻해진 발걸음이 수원에 자리한 수원사(水原寺)로 향했다. 수원사는 용주사 수원포교당으로 많이 알려져 있는데, 한때 화광사(華光寺)라고도 했다가 근래는 수원사로 부르고 있다. 수원의 포교를 책임지는 대표 사찰이 되겠다는 의도가 물씬 풍기는 이름이다. 수원구 중심상권의 한 자락이면서 지금도 사람들의 내왕이 잦은 장안구 남수동 92번지가 수원사가 자리한 곳. 이 수원사가 바로 오늘 내가 불교계의 대표적 근대기념물 탐방의 한 곳으로서 찾아온 곳이다.

1920년 4월 8일 용주사의 수원 포교당으로 시작되었는데, 이때의 이름이 '불교포교소'니 처음부터 도심포교를 목적으로 세워졌음을 알 수 있다. 초대 포교사로 임무경(林無鏡) 스님이 부임하여 일요법회를 개설하고 생업에 바빠 절을 찾기 어려웠던 인근 시장의 서민들을 대

수원사 전경

수원사와 함께 3대 포교당의 하나로 번화가에 위치했던 각황사. 현재의 조계사다.

상으로 법회를 여는 등 처음부터 활발한 포교활동을 펼쳤다고 한다. 포교당으로 문을 열자마자 전국 굴지의 포교당으로 인식되어, 한국 최초의 포교당인 각황사(현 조계사), 강릉포교당과 함께 전국 3대 포교당의 하나로 꼽히기도 했다. 이 셋은 각자가 위치한 도시의 사대문 안에 자리해 있다는 공통점이 있다.

사대문 안에 자리 잡고 있었다는 건 생각보다 큰 의미를 지닌다. 조선시대에 불교를 억압하기 위해 만들어진 제도 중 하나가 '승려의 도성출입 금지'였다. 조선 초기 태종 때 만들어진 이 법은 1895년 4월에야 풀리게 되니, 거의 500년 가까이 불교의 발목을 잡고 있었다. 이 법이 해제되고 도성 사대문 안에 사찰을 짓는 게 당시 불교계의 숙원사업이었는데, 1910년 5월 각황사가 세워짐으로써 비로소 그런 염원이 풀리게 되었다(각황사는 1938년 총본산 태고사를 이 자리에 옮겨 지을 때까지 포교당의 역할을 다했다).

수원사의 전신인 불교포교소도 역시 수원성 내에 자리한다. 포교당이란 신도가 절에 찾아오기를 기다리는 그런 소극적인 불교로서가 아니라 절과 스님이 직접 도시 속으로 뛰어들어 그들과 함께 호흡하며 진리를 전하는 현대적 포교활동의 구심점을 말한다. 1920년 당시로서 이런 포교당은 그다지 많지 않았다. 1923년 1월 6일자 『동아일보』 기사에 전국의 불교포교소가 60여 곳, 포교사가 60여 명이라고 나오는 걸 보더라도 그 희소성은 넉넉히 짐작할 만하다.

수원사가 창건된 1920년대로 다시 돌아가 보자. 이 무렵은 이른바 근대에 해당한다. 20세기는 세계열강이 각자 자국의 힘을 기르는 데 전력을 쏟을 때였지만 우리에게는 안타깝게도 일제강점기라는 민족 최대의 암흑기이자 정체기였다. 다만 1919년의 독립운동 이후 어느 정도 문화적 활동을 보장받아 나라 잃은 아픔을 문화운동으로 달래고 있었다. 이때 바로 수원사에서 특기할 만한 문화행사 하나가 벌어졌다.

바로 '나혜석 구미(歐美)사생전람회'가 그것이다. 우리나라 최초의

수원의 나혜석 거리

여성화가, 소설가, 독립운동가 등등의 타이틀이 붙는 나혜석(羅蕙錫) (1896~1948)은 개화기 신여성 중의 신여성으로서 시대를 한참이나 앞서 살았던 여인이다. 그가 파리 유학을 마치고 귀국한 게 1929년 3월인데, 이 해 9월 23일과 24일 이틀에 걸쳐 수원사에서 개인전을 열었다. 동아일보에서 개최하고 중외일보에서 후원한 이 전시회는, 한국 최초의 여성화가의 전람회라는 그 자체만로도 의미가 있었는데, 그 못잖게 의미 있는 것은 장소가 바로 수원사였다는 점이 아닐까 싶다. 이는 우리 근대 불교사에서 꽤 비중 있게 다룰 만한 사건이었다.

나혜석의 고향이 수원이기도 했지만, 다른 여러 장소를 젖혀두고 사찰포교당에서 개인전을 개최함으로써 수원사를 근대적 문화활동의 한 장소로 자리매김하게 된 점은 결코 가볍게 볼 일은 아니다. 더군다나 나혜석의 전시회는 그가 일본 도쿄 미술학교에서 공부하고 돌아온 1921년 경성에서 한 차례 연 것 외에는, 바로 수원사의 구미사생화 전람회가 거의 유일하다는 점에서 더욱 의미가 깊다. 아마도 그는 자신의 그림이 완숙의 경지에 오른 뒤 갖는 개인전을 어디에서 열 것인지를 두고 고심했음에 틀림없다. 숙고 끝에 수원사(당시는 수원포교당이었지만)에서 갖기로 했을 때는 여러 가지 의미가 있지 않았을까.

개인적으로 불교에 대한 친숙한 이미지도 물론 작용했겠으나 그것만 가지고 전람회가 이루어지지는 않았을 것이다. 바로 사찰 자체에서 그런 전람회를 열어보겠다는 의지가 없었다면 가능한 일이 아니었다.

수원사 법당 앞마당 은행나무(이 나무는 아직도 그 커다란 그늘을 드리우고 있다) 주변에서 이젤 위에 올려져 관람객들의 호기심 어린 시선을 받으며 전시되는 그림들. 생각만 해도 아름답지 않은가. 이 점이 바로 대중과 함께 호흡하려는 수원사의 근대적 발상이 빛나는 대목이다.

도심 사찰이니 오느라 힘들 일이 없었다. 산사에 도착하면 처음 하

금당인 극락대원전. 1920년대 사찰건축물로서는 보기 드물게 잘 지어진 건물이다. 근대건축물로서의 가치가 높다. 경내에 있는 이 은행나무 주변에서 나혜석의 전시회가 열렸었다.

는 일이 땀을 훔치며 마당 한쪽 샘물가에서 한 주걱 가득 물을 길어 서 마시는 것이었다. 지금은 땀도 나지 않고 힘들지도 않은지라 느긋 하게 경내를 둘러보았다.

금당인 극락대원전을 중심으로 왼쪽에 봉향각·관음전(설법전), 그 리고 극락대원전 맞은편에 불교문화원 건물이 자리해 있다. 극락대원 전은 창건 당시에 지었으니 90년이 다 된 건물이다. 지금 우리나라 사 찰 법당 중 의외로 1920년대 무렵에 지어진 건물이 그다지 많지 않다.

수원사 봉향각. 창건 당시의 건물이며, 근대건축물로서 가치가 높다.

봉향각 역시 창건 당시의 건물이니 이 둘은 근대건축물로서의 가치가
높을 수밖에 없다. 관음전 내부에는 옥돌로 만든 관음보살상이 있는
데, 1927년 금강산 마하연에서 이운해 온 것이라고 한다. 양식으로 보
아 19세기 후반에 조각한 것임에 틀림없어 보인다.

극락대원전과 봉향각 등 1920년대를 대표할 만한 근대건축물의 존
재, 침체에 빠진 일제강점기 하의 우리 불교를 대중 속에서부터 일으
켜 세우기 위한 활발한 포교활동, 그리고 그러한 공간 안에서 사찰로
서는 초유의 문화활동이라 할 수 있는 나혜석의 전시회 개최 등. 수원
사가 갖는 근대문화재 혹은 근대기념물로서의 의미는 바로 이런 점들
이다. 문화재란, 그것을 매개로 하여 사람들의 생활이 얼마나 의미 있
게 전개되어 왔느냐를 가지고서 가치를 매겨야 하지 않을까.

그런 의미에서 아직 우리의 기억과 따뜻한 손길이 남아 있는 근대
문화유적이야말로 서둘러 보존해야 할 대상이 아닐 수 없다. 불교 문

수원사 관음전의 관음보살좌상. 1927년 금강산 마하연에서 이운해 온 것으로, 문화재적 가치가 높다. 재질은 옥돌인데, 현재 도금되어 있다.

화유적 중에서도, 비록 세월 자체야 수백 년씩 되지는 않았어도, 우리의 근대 불교문화가 살아 숨쉬며 대중과 함께 의미 있는 활동이 이루어졌던 공간이 적지 않다. 바로 오늘 내가 서 있는 이 수원사처럼.

수원사 금강보탑. 탑의 기단부에 머리와 두 손으로 세상을 받들고(좌우), 합장하며 진리를 깨닫기를 기원하는(중앙) 모습을 새겼다.

# 고성 운흥사

운흥사 내경

수천 년 동안 이어져온 농경문화의 영향을 진하게 받아서일까, 우리에게 구름이란 존재는 아주 긍정적이고 친밀한 느낌으로 다가온다. 농사에 꼭 필요한 비를 몰고 오는 게 구름이고, 뜨거운 여름 햇볕을 피하게 해주는 것 역시 구름이라 그런가 보다. 그래서인지 '많은 구름'을 뜻하는 운흥(雲興)이라는 이름을 가진 사찰이 전국적으로 참 많다.

그 중 몇 개를 꼽아보면, 나주 덕룡산에 자리한 운흥사는 차(茶)로 유명해서 차 좋아하는 사람치고 여기서 나는 차 맛 한 번 못 봤다면 필시 간첩이다. 울산시 울주군의 운흥사는 울산의 명산 천성산 자락에 앉아 있는데 아담한 경내 한편에 서 있는 은행나무 옆 평상에 앉아 깊어가는 가을을 즐기기에 꼭 좋은 곳이다. 대구 달성군의 명산인 최정산에도 운흥사가 있는데, 임진왜란 때 사명대사가 이곳에 주둔하여 왜적을 물리쳤다는 이야기가 전하는 고찰이다. 경남 함안의 남강줄기가 시원하게 내려다보이는 와룡정 운흥사는 최근 벽화를 새로 단장해서 화제다.

'운흥'이란 이렇게 구름이 뭉게뭉게 피어 있는 서정적인 이미지를 연상시키지만, '운이 흥한 곳(運興寺)'이라는 의미로 풀어도 약간 세속적이기는 하지만, 듣기에 기분은 좋다. 그렇게 많은 운흥사 중에서도 경남 고성에 자리한 운흥사는, 우리의 역사와 미술 두 방면에서 아주 소중한 의미를 갖는 곳이다.

국도변을 달리다 보니 이제야 가을이 보이기 시작했다. 무덥던 여름, 실처럼 얄따란 줄기를 보고 저것이 언제나 굵어져서 꽃을 피워보나 싶게 미더워 보이지 않던 코스모스들이, 어느새 국도 주위에 모여서 빨갛고 노랗고 하얗게 활짝 핀 꽃들을 선보이고 있었다. 가을 하면 코스모스 아닌가. 가을을 느끼니 창가에 스쳐가는 풍물들이 더욱 여유로워 보였다. 사천에 와서 1001번 지방도로로 갈아탄 뒤 고성군으로 들어가 하이면으로 접어들었다. 하이저수지를 지나니 멀리서부터 와룡산의 넓고 커다란 자태가 보이기 시작한다.

운흥사에 가기에 앞서 먼저 운흥사 뒷산이자 와룡산에서 가장 높은 향로봉엘 올랐다. 남쪽으로 고성 화력발전소와 해안선이 보이고, 다시 그 너머로 올망졸망한 작은 섬들이 하얀 도화지에 먹으로 점이라도 찍어놓은 것처럼 여기저기 흩어져 있다. 저기 저 큰 섬은 거제도이거니 싶고, 그 왼쪽의 능선은 아마도 남해군과 진주 방면이지 싶다. 산꼭대기에서 바라다보이는 바다의 전망이 그렇게 멋질 수 없다. 과연 이 맛에 산을 오르나 보다. 여기 와룡산에서 시작하여 수태산을 지나 무이산으로 빠지는 능선 종주 코스는 지리산 종주만큼이나 산악인들이 아끼는 산길이라는데, 그 중에서도 운흥사 골짜기에서 시작하는 길을 특히 애용한다고 한다. 나는 종주일랑 엄두도 못 내고 위로 꾸불꾸불 뻗어가는 산길만 잠시 쳐다보다 운흥사 쪽으로 발길을 돌렸다.

### 의승군 6000여 명이 집결해 왜적과 싸운 불화의 메카

676년 의상대사가 창건했다고 전해지는 운흥사지만 아쉽게도 그 오랜 역사의 일부나마 제대로 전해지는 게 별로 없다. 그렇지만 1592년에 일어난 임진왜란 때 사명대사 유정(惟政) 스님이 운흥사를 근거지로 삼아 의승군 6,000여 명을 이끌고서 왜적과 싸웠던 역사 하나만 가지고도 그 공백은 다 채우고도 남는다.

우리 의승군의 역사상 이만한 규모의 격렬한 전투는 전무후무할 것이다. 이순신 장군도 작전회의를 위해 운흥사에 세 번이나 올라왔다고 한다. 이곳에 대규모 의승군이 집결했다는 건 그만한 가치가 있는 전략적 요충지였기 때문일 것이다. 지역적으로 볼 때 바다가 훤히 내려다보이면서 내륙에 잇대어 있는 이곳은, 왜군 입장에서 볼 때 군

운흥사가 자리한 와룡산과 법당인 보광전

량미 조달을 위해 꼭 점령해야 할 곡창지대인 삼남(三南)으로 가는 길목이었을 것이다. 그런즉 우리 입장에서도 이 길을 가로막으면 왜군의 보급로가 봉쇄됨으로써 그들의 군사력을 최대한 약화시킬 수 있었을 게다. 아까 향로봉에 올랐을 때 내려다보였던 바다가 500여 년전 이곳에 주둔했던 6,000명의 승군과 사명대사가 눈을 부릅뜨고 바라보던 그 옛날의 바다였음을 스스로 애써 상기시키며 감흥에 젖어보았다.

흥국사나 용문사처럼 많이 알려져 있지는 않지만, 이곳 운흥사 역시 의승군, 특히 수군의 주요 전적지 중 한 곳이라는 점에서 우리 불교사에서 특기할 만한 곳이다. 운흥사에서는 매년 봄에 여는 영산재 때 산화한 의승군들을 위해 위령제를 올린다고 하니 그 역시 운흥사를 통해 400여 년을 이어오는 인연의 끈인 것 같다.

운흥사가 의승군의 본영이었다는 점 못지않게 중요한 게 하나 더 있다. 바로 이곳이 조선시대 후기 불화의 산실이었다는 점이다. 그리고 그 중심에는 걸출한 화승(畫僧)인 의겸(義謙)이 있다. 그가 있음으로 해서 조선의 불화 수준이 한 단계 올라섰다는 게 학계의 평가다. 여기서 의겸이 누군지 한 번 살펴보아야 한다. 그는 조선 후기를 대표하는 화승, 곧 금어(金魚)이지만, 정작 그에 관한 기본 인적사항은 알려져 있지 않아서 언제 어디서 태어났는지를 모른다. 단지 그가 남긴 작품을 기본으로 해서 1690년경에 태어나 1760년경에 입적했을 것으로 볼 뿐이다.

그가 남긴 작품은 30점이 조금 못 되는데 어느 것 하나 걸작 아닌 게 없다. 나는 그가 서양의 다빈치나 미켈란젤로와 같이 우리 불교회화의 르네상스를 이룬 인물로 평가하고 싶다(그 이전 불화의 전성기는 고려시대일 것이다). 여기에서 그의 그림이 중국 명나라의 '절파' 화풍을 수용했다거나, 그의 작품세계를 세 단계로 구분한다거나 하는

운흥사 영산전. 운흥사는 의승군의 자취와 함께 조선시대 후기 불교회화계를 이끌었던 의겸 스님의 주석처로서도 의미 깊은 사찰이다. 영산전은 대웅전 옆에 자리한 17세기 건물이다.

식의 복잡한 이론을 펼칠 필요는 없다. 단지 그의 그림이 당대 최고로 인정받았다는 것, 그가 이룬 그림의 세계가 유학자들에게까지 인정받을 정도였다는 것, 그리고 그의 작품이 있어서 우리 불교미술의 지평이 이전에 비해 훨씬 넓어지게 되었다는 점 등만을 들더라도 그의 가치는 높을 수밖에 없다.

그의 초기작인 「운흥사 영산전 팔상도」는 18세기 이전의 팔상도가 거의 남아 있지 않은 현 시점에서 중요한 자료적 가치를 갖는 불화다. 그런데 여기에는 이미 산수화적 요소가 상당히 표현되어 있어 그의 선진적 감각과 과감한 화풍에 감탄하게 된다. 나는 그래서 그를 꽤 호방하면서도 치밀한 성격의 소유자로 생각하고 있다. 그의 화가로서의 성취에 대해 이 자리에서 길게 늘어놓을 필요는 없겠지만, 어쨌든 그가 존경받는 스님이자 당대의 불화 화단을 이끈 천재화가로서, 운흥사를 중심으로 작품세계를 펼쳐보였다는 점이 중요할 것이다. 그는 운흥사에 안착하여 자신의 작품을 생산하는 한편 기라성 같은 제자들을 길러내 이후 조선시대 불화 화단을 이끄는 원동력이 되도록 했다.

그와 운흥사와의 깊은 인연은, 그의 여러 작품 중에서 가장 높은 평가를 받는 「운흥사 괘불」로도 설명할 수 있다. 그의 걸작 중 하나인 「선암사 감로도」 역시 자신의 「운흥사 감로왕도」를 참고한 것이니 의겸과 운흥사와의 호인연을 짐작해 볼 수 있다. 그가 운흥사에서 거처하면서 여러 중요한 작품들을 생산해 냄으로써 운흥사가 조선시대 후기 불화의 산실이 되었던 건 운흥사 역사의 자랑스러운 부분일 것이다.

경내는 생각보다 크지 않지만, 고즈넉한 산사의 분위기가 넘쳐흐른다. 대웅전과 명부전, 산신각, 그리고 요사 등의 건물이 한눈에 들어온다. 저 건물의 어디가 옛날 의겸 스님이 예술세계를 펼치던 곳일까,

운흥사 대웅전. 의상대사가 창건한 운흥사는 임진왜란 때 사명대사가 이끄는 의승군의 본영이었다. 대웅전 건물은 1731년에 지어졌고, 안에는 괘불을 포함한 경판 등의 작품이 있는데 불단 조각이 특히 우수하다.

저 어디쯤이 의승군들이 훈련하던 곳일까 하며 둘러보지만 정확한 자취는 확인하기 어려워 안타깝다.

요사와 대웅전 사이에는 여느 것과는 사뭇 다른 장독대가 눈길을 잡아끈다. 막돌을 둥글게 쌓아 담을 만들고 그 위에 지붕처럼 기와를 얹어 영락없는 여염집 뒷마당 모습이다. 그리고 그 안에 장독들이 놓였다. 꽤 예쁘고 독특한 장독대인데, 나중에 들어보니 아닌 게 아니라 전국의 사진 동호회원들이 즐겨 찾는 촬영지라고 한다.

여수 흥국사, 남해 용문사로 해서 이곳 운흥사까지, 남해안의 호국 사찰들을 잇달아 탐방했다. 의승군이 활약한 곳이 어디 이 세 절뿐일까마는, 특히 수군과 관련한 유적으로서 돋보이는 곳이었다. 차창 가로 휙휙 지나가는 남해안 풍경을 바라보며, 이제 호국사찰 탐방의 마무리를 위해 의승군의 사령관 격이었던 사명대사의 자취가 남아 있는 밀양 표충사로 갈 차례라고 생각했다.

요사와 대웅전 사이의 장독대

# 밀양 표충사

법당 대신 사당이 절의 중심축 역할을 하는 표충사 건물 전경. 이러한 가람배치는 파격적인 것이다.

호국불교의 현장을 찾는 여정의 갈무리로 표충사로 향하면서, 나는 깊은 상념에 빠졌다. 우리가 흔히 말하는 호국불교란 무엇인가 하는 근본적인 질문에서부터, 아무리 나라를 위한 일이라고는 해도 과연 살상의 전장에 나서는 것이 불교 교리에 맞는 일인가까지, 여러 가지 의문들이 새삼스레 꼬리에 꼬리를 물고 일었기 때문이다. 차창에 스쳐 지나가는 가을의 광경들을 감상할 겨를도 없이 한참을 그렇게 생각했건만, 내 스스로 속 시원한 답은 나오지 않았다. 의문과 질문은 끝없이 이어지게 마련이고, 또 그래야 새로운 발견도 할 수 있는 것이겠지만, 이런 '모럴'한 문제들은 참 결론짓기가 어렵다. 이럴 땐 매사 오래 고민하지 않고 쉽게 결론을 내는 사람들이 늘 부럽기만 하다.

### 억불시대에도 국민적 영웅으로 추앙받은 사명·서산·기허스님
### 진영 '봉안'

다른 나라의 그것과 확연히 구분되는 한국불교만의 두드러진 특성을 말할 때 흔히 드는 것이 '호국불교'다. 외국으로부터의 침략처럼 산도 집어삼킬 만한 맹렬한 들불이 마을 어귀까지 타들어오는 화급한 위기 때마다 불교는 국가와 민족을 위해 절을 떠나 전장터로 향하곤 했다. 그런데 이 호국불교는, '백성이 아닌 국가를 위한 불교'라는 뜻하지 않은 오해를 가져올 소지가 있다는 데 문제가 있다.

국가를 위한다는 게 곧 백성이 아니라 왕(권력층)을 위한 게 아니냐는 것이다. 얼마 전 어느 분이 이런 예를 들어주었다. '국토'라는 개념을 불교적으로 이해할 때 전혀 상반된 인식이 적용될 수 있다고. 이분은 그 예로서 한국 불교학의 태두인 고 이기영 박사와 서경수 박사의 견해를 소개해 주었다. 이기영 박사에 따르면, 국토라는 말이 문헌에 나올 때 거기에는 '불국토'라는 개념이 연결되어 있어서 '국토를 수호한다'고 하면 곧 불국토를 실현하기 위한다는 의미가 된다. 그런데 서경수 박사의 견해로는 국토란 곧 왕의 소유이므로 백성보다는 왕을 위한다는 개념이 들어가 있다는 것이다. 전혀 몰랐던 얘기를 들었던 반가움과 함께, 나는 이 두 불교학 대가들의 견해를 잘 연구해 보면 호국불교를 이해하는 데 하나의 중요한 실마리를 얻을 거라고 느꼈다. 다만 호국불교라는 용어 대신에 국가불교라는 말을 쓰자는 의견은 있다.

하지만 어쨌거나 나는 나름의 결론은 얻지 못했다. 이럴 땐 그저 현장으로 향하는 게 상책일 터. 내가 탄 기차는 어언 밀양에 도착하고 있었다. 밀양역에 내려, 표충사(表忠寺)가 있는 단장면까지 버스로 간다음, 면에서 택시로 표충사까지 갔다. 멀리서 바라보는 재약산(載藥

재약산의 품세 아래 자리한 표충사 원경. 재약산은 한창 단풍이 멋지게 들었다. 산악인들에겐 익숙한 표현이지만, '영남의 알프스'라는 말이 있다. 스위스 알프스 산맥의 연봉처럼 바로 이곳 영남 동부지방에 1,000m 이상의 산봉우리들이 웅장하고 멋들어지게 이어져 있어서 그렇게 불린다. 이는 태백산맥의 남쪽 끝자락으로 이어지는데, 천황산과 재약산이 바로 연봉들에 해당한다.

山)의 당당한 품세 아래 절이 자리해 있는 게 보인다.

특히 표충사가 자리한 재약산 사자평원은 120만 평이 넘는 평지에 가득한 억새로 유명하다. 정상에 힘들게 올랐지만 예서 내려다보는 조망이 그렇게 통쾌할 수가 없다. 나 같은 사찰 탐방가야 등산가 축엔 끼지도 못하지만 그래도 여기저기 전국의 명산이라면 안 다녀 본 곳이 별로 없다. 오를 때마다 헉헉대고 다 올라가서는 초주검 상태가 되기 일쑤지만, 그래도 정상에서 발아래를 굽어보는 이 맛에 기어코 산을 올라가곤 한다. 하지만 그런 장쾌한 기분도 잠깐, 표충사로 가려면 도대체 어느 길을 잡아타고 내려가야 하는지 좀처럼 가늠하기 어려워 난감하였다. 잘못 길을 잡았다간 서너 시간 헤맬 것은 뻔한 일, 산에서 헤매본 사람들은 안다, 이때의 낭패감. 그런데 마침 이곳 지리를 잘 아는 등산객을 만나 그 덕에 헤매지 않고 표충사로 바로 내려갈 수 있었다. 오늘 내게는 그가 보살이었다.

재약산(해발 1,200m) 기슭의 넓은 계곡을 끼고 들어선 가람은 생각보다 규모가 꽤 큰 편이다. 대광전을 중심으로 팔상전, 명부전 등 전부 20동이 넘는 전각들이 즐비하다.

일반적으로 누각을 들어서면 대웅전 같은 전각을 만나는 것이 보통이지만 표충사는 좀 다르다. 법당 대신에 사당인 표충사(表忠祠)가 절의 중심축으로서 가람의 가장 초입에 마련된 것이다. 왜 이런 파격적인 구도가 나왔을까? 대답은 간단하다.

사당 안에 1738년(영조 14) 무렵에 그린 삼화상(三和尙), 곧 사명·서산·기허 세 스님의 진영이 봉안되어 있는 까닭이다. 그만큼 임진왜란의 힘든 추억은 당시를 살았던 민중의 뇌리에 깊이 각인되었고, 그런 만큼 의승군의 지도자로서 어려운 시기를 넘길 수 있게 해준 세 스님에 대한 존경도 컸기 때문이다.

밀양 표충사 내부. 사명대사를 비롯해 스승인 서산대사, 제자인 기허대사 등 삼화상의 영정과 위패를 봉안하고 있다. 세 분의 걸출한 스님으로 인해 임진왜란 당시 의승군의 활약이 돋보였고, 사회의 마이너였던 불교와 스님들은 전 국민적으로 인정받게 됐다.

그런 고마움은 비단 불교계에서만 국한된 건 결코 아니고 전 국민적이었던 같다. 이 표충사 건물을 봐도 알 수 있다. 앞면에 한 칸 퇴를 물려 방을 하나 낸 것이 영락없는 유교식 사당이다. 숭유억불의 조선 시대에서 다른 사찰 건축에서는 결코 볼 수 없는 양식이다. 사명대사를 모시는 사당이니 가능했을 것이다. 그만큼 사명대사와 그의 스승인 서산대사, 그리고 제자 기허 스님 등은 불교나 유교를 떠나 전 국민적인 숭앙을 받았다고 봐야 한다.

표충사에는 사당 외에 중심구역에 대광전과 관음전, 팔상전, 명부전, 우화루, 종각, 그리고 산령각과 독성각 등이 자리해 있다. 또 사천왕문을 지나면 근대의 고승 효봉(曉峰) 스님이 입적한 서래각(西來閣)과 승방인 대홍원전, 절의 역대 고승을 모신 영각, 그리고 칠성각 등이 있다.

유교식 사당으로 만들어진 표충사 옆면

표충사 내경

유물전시관에는 사명대사가 생전에 입던 가사와 장삼이 있고, 임진왜란 때 사명대사가 왜병을 물리친 활동사항을 기록한 전쟁실록인 『분충서난록(奮忠紓難錄)』의 목판이 있어 그의 체취를 느낄 수 있다. 『분충서난록』은 사명대사의 5대 법손 남붕 스님의 요청으로 1738년(영조 14)에 조선 후기의 문신으로서 문장가로 유명하였던 신유한(申維翰)(1681~?)이 편찬하고, 이듬해에 간행된 책이다.

표충사는 이렇게 사명대사를 위한 절, 나아가 의승군들을 위한 절이었다. 사명대사의 자취가 남아 있는 것으로만 말한다면야 해인사

홍제암이나 건봉사 등 전국 곳곳에서 찾아볼 수 있지만, 그래도 표충사가 그 중 가장 사명대사의 혼이 간직되었다고 봐야 할 것 같다.

표충사의 창건은 신라 때 원효대사가 창건한 죽림사(竹林寺)에서 출발한다. 이후 흥덕왕의 셋째 아들이 이곳의 약수를 먹고 병이 나았다고 해서 '영험있는 우물 절'이라는 뜻의 영정사로 바꿨다. 1177년에 만든 오동 향로가 전하는 것으로 보아 고려시대의 역사도 충분히 확인할 수 있다. 그러다가 1839년 밀양 영축산에 있던 표충사(表忠祠)를 이곳으로 이전하면서 비로소 오늘날의 표충사(表忠寺)가 되었다.

표충사의 사명대사 영정. 이 영정 외에도 미국 보스턴 박물관 등 국내외에 30점 가까운 사명대사 영정이 있는 것으로 알려져 있다. 어느 그림이나 위엄있고 의연한 모습을 강조하고 있는 게 특징이다.

절 부근에 사명대사의 생가가 있는 영향도 컸을 것이다.

사당인 표충사는 본래 사명대사를 봉안하는 표충서원(表忠書院)이 제 이름인데 보통 표충사로 불렀었다. 그러다가 이 사당을 사찰에서 관리하였으므로 '祠'를 '寺'로 바꿔부르게 된 것이다. 사명대사를 위한 절이라고 한 건 바로 이 때문이다. 앞서 말한 표충사, 곧 표충서원은 나라에서 봄과 가을에 사명대사를 제사지낸 곳이다. 1714년에 사명대사의 충훈을 기리기 위해 밀양군수 김창석(金昌錫)과 관찰사 조태억(趙泰億)이 건의하여 나라에서 사당을 다시 세우고 사명대사와 그의 스승인 서산대사, 임진왜란 때 활약하다가 금산전투에서 전사한 기허(騎虛) 스님의 영정을 모셨다. 1738년 사명대사의 법손인 남붕(南鵬) 스님의 요청에 따라 영조 임금이 교지를 내려 표충사의 잡역을 면제해 주고, 전답도 하사했다. 이 정도면 우리나라의 많은 절 중에서도

표충사 부근의 복원된 사명대사 생가

국가의 관심을 가장 많이 받은 곳이 아닐까 싶은데, 물론 사명대사를 비롯한 의승군에 대한 고마움이 담겨 있어서다.

오랜 역사 동안 민족이 위기에 처할 때마다 많은 고승과 사찰이 이러한 국가불교적 사명을 다해 왔다. 그 중에서도 특히 표충사는 이름에서도 알 수 있듯이 국가와 민족을 위한 대표적 사찰이다. 절을 나오면서 생각해 봤다. 승려가 무기를 잡고 전장에 나선 것이 불교 정신에 맞는가 하는 문제가 있지만, 호국불교라고 부르든 국가불교라고 부르든 전투에 참전한 그 자체가 중요한 게 아니라 나라와 백성을 위하여 불교의 자비심이 발현되었던 그 동기가 더 의미 있는 게 아닐까 하고.

# 안동 봉정사

누각 아래에서 바라본 대웅전

안동은 지금 국화가 한창이다. 안동이 국화를 특산으로 삼았던 게 언제부터인지는 모르겠지만 어쨌든 국화를 지천으로 볼 수 있으니 가을 여행자로서는 그만한 즐거움도 없다. 선비의 고장이라는 고풍의 이미지와 의외로 잘 어울린다는 것도 놀라웠다. 아예 국화마을이란 게 안동시 안에 있고, 봉정사와 관련해서도 '봉정사 권역 국화 대향연'(하늘빛 국화마을국화축제)이 열리고 있었다. 봉정사 들어가는 초입에 조성된 국화밭은 현기증이 일 정도로 노란색 천국이었고, 주변의 사과밭과 어우러져 묘한 대조를 이루고 있었다. 생각도 못했던 국화들의 흐드러진 축제로 눈이 여간 즐겁지 않았다. 절에 들어가기에 앞서 매표소 근처에서 파는 국화차 한 잔을 후후 불어가며 마시니 뱃속이 뜨뜻해지고, 머릿속도 문득 맑아지는 것 같다. 아침 일찍 일어나 몇 시간 동안 차를 타고 오느라 밀려온 노곤함은 어느새 멀리 사라지고, 봉정사를 찾은 발걸음이 가볍게 내딛어진다.

봉정사(鳳停寺)는 안동의 명소일 뿐만 아니라 이제 우리나라 사찰 중에서도 손꼽히는 유명한 절이 됐다. 역사가 오래되고 가람배치가 아름다운 것은 물론, 지난 1999년에 4월 21일에는 영국 여왕 엘리자베스 2세가 안동의 전통마을을 거쳐 봉정사를 찾아와 우리 불교문화의 일단을 살펴보고 간 이후로는 세계인의 주목을 받기도 하였다. 영국 여왕의 방문은 이미 그 자체로 봉정사의 역사 중 하나가 된 것이다. 그런즉 이제야 내가 역사탐방의 한 곳으로 봉정사를 찾은 게 너무 늦었지 않느냐고 누가 말해도 나로선 할 말이 없게 됐다.

### 우리나라 목조 건축사 흐름이 한눈에

봉정사가 들어선 천등산(天燈山)은 안동의 진산으로 봉정사 말고도 예로부터 산줄기 곳곳에 절들이 자리한 불교의 명소이기도 하다. 이 산 이름의 유래는 이렇다. 정상 가까이에 거무스름한 바위 하나가 있고, 이 바위 아래 동굴이 있었다. 바로 신라시대에 능인(能仁) 스님이 이곳에서 깨달음을 향한 수행 정진에 몰두한 곳이다. 어느 날 선녀가 나타나 온갖 방법으로 스님을 유혹하였으나 스님은 꿈쩍도 하지 않은 채 곁눈조차 주지 않았다. 결국 선녀는 포기하면서,

"스님은 참으로 훌륭하십니다. 이제 스님의 깊은 의지를 알았으니 부디 깨달음을 이루시길 빕니다. 스님의 수행에 도움이 되도록 옥황상제의 등불을 남기고 떠납니다."

라고 하였다. 선녀의 말이 끝나자 곧 바위 위에는 커다란 등이 놓였고, 굴 안은 대낮처럼 환해졌다. 스님은 이후 부단한 노력으로 지혜를 얻었고, 마침내 신라의 대표적 고승으로 성장하였다. 이 일로 인해 동굴 이름을 천등굴, 산 이름을 천등산으로 바꿔 부르게 되었다는 것이다. 얘기는 여기서 그치지 않고, 봉정사라는 절 이름의 유래로까지 이

천등산의 천등굴 모습

어진다.

 능인 스님은 수행을 마친 뒤 법등을 밝힐 절을 짓기로 마음먹었다. 좋은 자리를 찾기 위해, 종이로 봉황을 접어(혹은 나무로 봉황새를 깎아서) 날려 보냈더니 학가산을 거쳐 지금의 절 자리에 앉았고, 스님은 그 자리가 명당터임을 알았다. 마침내 672년 가람을 세웠는데 봉황이 머물렀다는 뜻에서 봉정사라고 하였다는 것이다.

 이 이야기는 곧 봉정사의 창건담이기도 하거니와 천등산이라는 산 이름과, 봉정사라는 절 이름이 생긴 유래도 들어 있다. 다만 창건주 능인 스님이 의상대사로 바뀌어 얘기되기도 한다. 능인 스님은 의상대사의 제자이니, 의상대사가 되었든 능인대덕이 되었든 간에 봉정사는 신라를 대표하는 최고의 화엄학승이 창건하였고, 따라서 화엄종의 성격이 아주 짙었을 것이다. 그런데 여기서 그리 멀지 않은 영주 부석사도 의상대사가 창건한 사찰이니, 이 두 사찰은 서로 연관이 깊다고 봐야 한다. 화엄종찰이라는 사찰의 성격도 그렇고, 의상대사의 법맥이 전승된 곳이라는 점도 공통점이다.

봉정사 입구의 정자인
명옥대

　입구에 들어서 경내로 가는 길에 명옥대(鳴玉臺)라는 아담한 정자
한 채를 만났다. 퇴계 이황이 봉정사에 묵으면서 공부할 때 자주 나가
쉬었다는 곳이다. 햇볕도 잘 들어 양광스럽고 소담한 것이 그냥 지나
치기 어려워 제 집인 양 스스럼없이 정자에 들어가 앉아 봤다. 주변을
가만 보니 옆으론 널찍한 바위들 사이로 계곡물이 흘러내리고 있어
정겨운데다, 거기에 정자 옆에는 느티나무까지 한 그루 자리잡고 있어
실로 한 폭의 그림 같다. 이런 곳에서 유유자적하며 평생 책이나 읽으
며 지낼 수 있다면 그야말로 "대장부 삶이 이만하면 어떠하랴"라는
옹골찬 기개가 절로 나올 법하다. 나는 왜 이런 복이 없나 하는 아쉬
움과 욕심을 뒤로 두고서 경내로 향했다.

　경내는 대웅전을 중심으로 극락전과 고금당(古金堂)·화엄강당·삼
성각·덕휘루(德輝樓), 그리고 요사인 무량해회(無量海會) 등으로 가

봉정사 만세루. 안에 걸려 있는 편액 '덕휘루'가 이 누각의 본래 이름이었을 것 같다. '덕'은 유교에서 가장 강조하는 인간의 품성이니, 봉정사가 있는 안동이 바로 우리나라 굴지의 유향인 것과 맥을 같이 한다.

득 찼다. 봉정사에는 조선시대 초기에 그린 괘불, 그리고 관음보살 등 중요한 문화재가 그득하지만, 우리나라에서 가장 오래되고 중요한 전각이 많기로 유명하니 무엇보다도 특히 전각을 자세히 살펴봐야 한다. 의외로 봉정사의 역사는 기록으로 남아 있는 게 그다지 많지 않다. 창건이 어떠했다는 것 말고는, 고려시대에 태조와 공민왕이 다녀갔다는 것 정도만 알려져 있을 뿐 달리 행간을 채울 말이 별로 없다. 조선시대 후기의 역사 역시 그보다 나을 게 별로 없다.

하지만 이런 문헌기록의 부재는 바로 경내 가득히 들어선 건물들의 역사로써 채우고도 남는다. 그만큼 우리 건축미술사의 살아 있는 현장이요 교과서라고 할 만하다. 그러니 봉정사에 와서 건물 얘기를 안 할 순 없다.

일주문을 지나 가파른 계단에 올라서면 만나는 2층 누각 만세루의 본래 이름은 덕휘루(德輝樓)다. 절의 누각 이름에 '덕'자가 들어간 경

봉정사 대웅전.
고금당 및 화엄강당과 함께 조선시대 건축사의
흐름을 잘 보여주는 건물이다.

봉정사 극락전.
1363년에 중수되어 현재 우리나라에서 가장
오래된 목조건축으로 꼽힌다. 건축사에서 매우
중요한 작품이며, 봉정사의 고려시대 역사를
보여주는 문화재이기도 하다. 국보 15호.

우는 좀처럼 없는데, 아무래도 안동이 유향(儒鄕)인 것과 관련이 깊은 듯하다.

　덕휘루를 지나 가람 한가운데 서면 우리나라 목조건축의 영고성쇠를 한눈에 살필 수 있는 안복(眼福)을 얻는다. 고려 중엽의 건물인 극락전(우리나라에서 가장 오래되었다!), 조선 초기 건물인 대웅전, 그리고 조선 후기 건물인 고금당과 화엄강당 등은 모두 우리나라 목조 건축사의 한 흐름을 보여주는 생생한 현장이다.

　봉정사 극락전은 1972년 전각을 중수할 때 1363년에 중수하였다는

봉정사는 전각들이 오밀조밀하게 붙어 있다.
왼쪽 건물은 요사인 무량해회다.

영산암 내부 전경

상량문이 발견되어 현재 우리나라에 남아 있는 목조건물 중 가장 오래된, 최소한 고려 중기 이전에 세운 전각임이 세상에 알려졌다. 그 전까지는 부석사 무량수전이 우리나라 최고의 건물로 알려져 있었다. 무량수전이 1376년에 지어졌으니 불과 14년의 차밖에 나지 않는다. 이러한 인연 때문인지 봉정사의 가람은 흔히 부석사의 가람과 비교되곤 한다. 그렇지만 가람의 배치는 사뭇 다르다. 부석사는 소백산 산줄기를 널찍하게 다지고 간격도 넉넉히 두어 전각을 세웠지만, 봉정사는 이와 달리 전각과 전각이 처마가 맞닿을 정도로 오밀조밀하게 붙어 있다. 다시 말해서 부석사가 드넓은 불법의 세계를 여유롭게 표현했다고 한다면, 봉정사는 가득 들어찬 충만의 조화를 지녔다고 해석할 수 있을 것이다.

　이런 최고의 건축공간으로만 보더라도 봉정사의 사격은 충분히 짐작할 수 있다. 옛날엔 암자도 많이 거느리고 있었는데 지금은 영산암과 지조암, 중암만 남아 있다. 이 중에서 가장 가까이 있는 영산암이 특히 볼 만하다. 본래 봉정사 극락전 앞에 있다가 근래에 영산암 입구로 옮겨 복원된 우화루 정면에 법당이 있고, 양 옆으로 요사가 나란히 서 있고 응진전도 있다. 그렇게 둘러싸인 공간은 향나무 등이 어우러진 아담한 정원으로 꾸며져 경관을 돋보이게 한다. 그래서 영산암은 마치 고상한 선비의 격조 높은 집과 정원 같은 분위기를 물씬 풍긴다.

　탐방객이 봉정사에 와서 영산암을 놓쳤다면 봉정사를 옳게 본 것이라고 할 수 없을 정도다. 하기야 영산암은 1989년 불교영화의 한 지평을 열었던 「달마가 동쪽으로 간 까닭은」의 무대가 되어, 이후 일부러 찾아오는 사람들이 줄을 이었으니 그럴 염려는 없을 것 같지만. 요즘은 절을 소개할 때 그 절의 역사가 얼마나 오래되었다거나 어떤 고승대덕이 머물렀다거나, 혹은 국보급 문화재가 있는 곳이라고 말하기보다 어떤 유명한 영화의 무대가 되었다거나, 앞에서 말한 것처럼 영국 여왕 같은 유명인이 찾은 곳이라고 말해야 대번에 사람들의 이목을 휘어잡는다. 세태가 부박해진 탓도 있지만, 현실이 그런 걸 애써 외면할 수도 없다. 불교문화를 연구하는 사람의 입장에서, 이런 것도 다 역사 속에 집어넣어야 할 때가 된 것 같구나 하고 느낄 뿐이다.

봉정사는 1989년 '로카르노영화제' 그랑프리를 받은 영화 〈달마가 동쪽으로 간 까닭은〉의 촬영장소로써 대중들에게 더욱 유명해졌다.

봉정사 영화 촬영 표지석

# 여주 신륵사 1

뒷산에서 내려다본 신륵사. 신륵사 앞으로는 여강이 유유히 흐르고 있다.

이번 신륵사 행은 예정에 없던 길이었다. 가을이 소리도 없이 흘러 가던 11월 중순의 어느 날 오후, 식곤증으로 몰려오던 졸음이 천둥처 럼 울려대는 전화벨 소리에 다 날아갔다. 수화기 너머로 불교건축을 하는 대한불교예술원의 한성룡 사장이 예의 그 걸걸한 목소리로 외 쳐댄다.

"신 박사, 이용부 선생님께서 같이 신륵사에 가자고 하십니다. 1시까 지 모시러 갈 테니 준비하고 있어요."

한 사장은 요즘 보기 드문 호걸인데, 내가 세상에서 가장 한가한 사 람인 줄 잘 알고 있다는 듯 내 대답은 듣지도 않고 끊어버린다. 제 시 간에 온 한 사장의 차를 타고, 광장동에서 이용부 선생을 태운 뒤 영 동고속도로에 차를 올려놓았다. 이 선생은 오랜 시간 공직에 있으면서 불교행정의 굵직굵직한 일을 도맡아 처리해 온 분으로 불교계에 공 이 많은 분인데, 가끔 그분의 얘기 속에선 상식의 허를 찌르는 말이 나오곤 해서 자리를 같이 하면 얻는 재미가 쏠쏠했다. 가면서 들으니 이 선생께서 원주 문막에 사는 친구 김춘송 선생과 오랜만에 중간 지 점인 신륵사에서 만나기로 했는데, 날도 좋으니 같이 바람도 쐴 겸해 서 우리도 부른 것이라 한다. 김 선생은 대불련 4기 회장을 지냈고 오

여강가에서. 사진 왼쪽은 김춘송 선생, 중앙은 한성룡 사장, 오른쪽은 이용부 선생

랫동안 불교 연구를 해 와 여러 가지로 문리에 밝은 분이라 만나면 항상 얻는 게 있다. 이러니 갑자기 떠나는 짧은 여행이지만 뭔가 재미있는 일이 생길 것 같은 예감이 든다.

근래 새로 지은 일주문 앞에서 김 선생님을 만난 다음 우리 일행은 경내에 들어가기 앞서 절 앞을 도도히 흐르는 여강을 바라다보며 섰다. 나지막한 봉미산보다는 이 여강이 늘 신륵사를 찾는 사람들의 시선을 붙들어 매곤 한다. 우리나라 사찰 중 이렇게 바로 앞으로 강이 흐르는 곳은 흔치 않은데다 그 광경이 정말 절경이기 때문이다.

예로부터 신륵사의 훌륭한 경치를 말하는 이가 많았는데, 특히 풍류를 즐길 줄 알았던 조선시대 문인들이 신륵사를 예찬한 글이 많이 전한다. 15세기의 저명한 문인 김수온(金守溫)이 "여주는 국토의 상류에 위치하여 산이 맑고 물이 아름다워 낙토(樂土)라 하는데, 신륵사가 있음으로 해서 이 형승(形勝)이 더욱 빛난다."라고 한 것은 그 중 대표적인 상찬이라 할 것이다.

신륵사 내경

신륵사 조사당

신륵사 조사당 안에는 나옹조사상이 있고 그 뒤로 왼쪽부터 무학대
사, 지공선사, 나옹국사의 진영이 봉안되어 있다.

## 지공-나옹-무학 스님 '발자취' 곳곳에 스며

여강에 매혹되어 경치 감상에 여념이 없는 일행을 뒤로 하고 홀로
경내로 들어섰다. '한국 33관음성지 제31호 신륵사'라는 네모난 표식
이 달려 있는 관음전을 지나면 명부전과 그 뒤쪽 언덕에 조선시대 초
기의 부도 2기가 나란히 서 있는 게 보이고, 이어서 눈길은 자연스레
그 앞에 있는 조사당에 가서 멎는다.

우리나라 사찰 건물로는 드물게 조선시대 초기에 지어진 것이라 지
금 보물 180호로 지정되어 있는데, 안에는 나무로 만든 나옹 스님 상
이 있고, 그 뒤로 지공·나옹·무학 등 이른바 '삼화상'의 진영이 걸려
있다. 이 세 분은 창건연대와 창건주가 확실하지 않은 신륵사의 역사

지공 진영                           무학 진영

에서 실질적 창건주나 마찬가지다.

　신륵사는 우리 불교사에서 두 차례 아주 중요한 역사적 현장이 되었었다. 첫 번째는 조금 전에 말한 삼화상 중 나옹 스님이 이곳에 주석하면서 한국불교를 한층 끌어올렸던 점이고, 두 번째는 조선 중기 불교개혁운동을 펴다 스러진 비운의 허응 보우 스님의 자취를 바로 이곳에서 찾아볼 수 있어서다.

　우선 첫 번째 이야기부터 해야겠다. 지공·나옹·무학은 서로 사제 간이다. 고려 말 인도에서 건너왔다는 설이 있는 지공 스님의 제자가 나옹이고, 고려 후기 불교계에 커다란 족적을 남긴 나옹의 고제가 바로 무학이다. 무학은 조선 초 건국을 전후한 시기에 태조 이성계의 정신적 지주로서 그를 도와 여러 가지 괄목할 만한 일을 이루어낸 건 널리 알려진 사실이다. 이 세 분의 사제들은 역사로나 전설로나 한국불교계에 큰 영향을 주었으니, '삼화상'이라는 말과 함께 이 세 분의 영정을 함께 모시는 유행을 만들어 냈을 정도다. '삼화상' 하면 이 세 분에 앞서 원효·의상·윤필거사가 있고, 또 그 뒤를 이어서는 서산·사명·기허 등의 세 사제도 있다. 그래서 전국 사찰 곳곳에는 이 삼화상의 영정이 꽤 많이 전하고 있다.

하지만 '삼화상'이라는 용어의 유래는 바로 신륵사에 모셔진 이 세 분에서 비롯되었을 것이라는 게 내 생각이다. 말하자면 원조 '삼화상'인 셈이다. 그런데 세 분 중 특히 나옹 스님의 발자취가 뚜렷하고 불교사에서 차지하는 비중이 매우 컸다. 따라서 신륵사는 바로 나옹 스님의 흔적이 가장 많이 전하는 곳이라고 할 수 있다. 사실상 신륵사가 명찰이 된 것은 나옹 스님에 의해서라고 할 수 있다.

나옹은 고려 말 공민왕의 왕사로서 당대 최고위 승려였는데 자신이 중창한 신륵사에 목은 이색(李穡)을 자주 초대하곤 했다. 불교계와 정계 혹은 문단에서 가장 주목받는 두 사람이 의기투합하여 신륵사에 출입하였으니 사람들의 관심과 이목이 신륵사로 모이게 된 것은 당연한 일이었다. 이색에게 있어서 신륵사가 있는 여주는 특별한 의미가 있는 곳이었다. 신륵사 주변 천송리는 그의 아버지 이곡(李穀)이 유배되었던 곳으로 자신이 왕년에 자주 왕래했었기에 남다른 추억이 서려 있었던 것 같다. 훗날 나옹이 입적한 뒤 왕명에 따라 나옹의 비문을 그가 짓게 되었는데, "나옹 스님의 몸은 이미 다비했음에도 마치 내게는 스님이 살아 있는 듯하다. 신륵사는 스님께서 크게 도를 펴던 곳이니, 장차 영원하리라."라고 하여 그가 얼마나 스님과 가까웠으며 신륵사를 아꼈는지 짐작하게 해 준다.

그러고 보니 절 이름의 유래를 아직 말하지 않았다. 옛날 이곳에 사
납기 그지없는 용마 한 마리가 나타나 사람들을 괴롭혔다. 그런데 인
당대사라는 분이 와서 고삐를 채우고 잡아챘더니 그제야 양처럼 순
해졌다(혹은 인당대사 대신에 나옹 스님이 등장하지만 설화의 내용
은 한가지다). 그 뒤 이 일을 기념하기 위해 이 자리에 신륵사를 창건
했으니, 신륵사의 '신'은 고삐를 잡아챈 신령한 용마를 말하고, '륵'은
그 용마를 다스린 고삐를 가리킨다는 것이다.

촬영을 막 끝내고 나오니 세 사람이 강가에 모여서 나를 기다리고
있었다. 불교건축에 일가견이 있는 한 사장이 극락전 닫집이 보통 잘
만든 작품이 아니라면서 먼저 말을 꺼낸다. 그러면서 흔히 닫집에는
쌍룡이 장식되는 경우가 많은데 여기서는 청룡 한 마리만 표현된 게
흥미롭다면서 일행들의 얼굴을 돌아본다. 그러자 김춘송 선생께서,
좋은 지적이에요, 하면서 말을 받는다.
"여강의 여(驪)는 일종의 용마(龍馬)를 나타낸 말이라고 볼 수 있겠

지요. 그런즉 저 강에 용마가 살고 있다는 생각에 신륵사의 전설이 나왔을 거고, 또 닫집에 용 한 마리만 표현한 것은 바로 저 여강 속에 다른 한 마리의 용마가 있음을 나타낸 것이라고도 할 수 있을 겁니다. 좋은 질문이에요."

닫집이란 불상 바로 위에 설치된 보궁, 곧 부처님이 계시는 전각을 말한다. 그 자체로 '법당 속의 법당'이라고 할 수 있기 때문에 여간 공교하게 만들어지는 게 아니다. 그런 닫집에 표현된 용과 전설에 나오는 용마를 서로 비교해서 풀이해 본 것이다. 가만히 듣고 있던 이 선생께서 한 마디 한다.

"만약 그렇다면, 아마 여강 저 자체를 용으로 본 것이 아닐까? 혹시 전설에 전해오는 용이 바로 저 여강 안에 있다고 생각해서 그런 게 아닐까 싶은거야. 위에서 내려다보면 여강이란 게 여간 폭이 넓고 꾸불꾸불 굽이치는 게 아니거든. 이렇게 힘 있게 흘러가는 강도 보기 드물어. 그러니 이 여강을 하나의 용으로 상정했을 수도 있겠지."

우리 모두는 과연 탁견이라며 무릎을 쳤다. 우리 사찰의 문화재나 전설 중에는 고도의 상징성과 의미가 부여되어 있는 경우가 참 많다. 옛 사람들은 이렇게 전각 하나를 만들면서도 거기에 다양한 상징성을 심어 놓았지만 아쉽게도 글이나 말로 설명해 놓지 않았기에 지금의 우리가 그걸 제대로 해석하려면 상당한 상상력을 발휘해야 할 때가 적지 않다. 지금 우리가 말하는 여강의 용마도 사실은 바로 신륵사의 숨겨진 역사 하나를 끄집어 낸 것일 뿐이다.

늦가을의 짧은 해는 어언 지려 한다. 둔한 각도로 비춰지는 햇살이 강물에 반사되어 바야흐로 주위는 붉은 노을과 은빛이 어우러져 삼매경을 이루려 하는데, 닫집에서 시작된 우리의 이야기는 자연스레 신륵사의 역사로 이어지더니 나옹 스님과 보우 스님이 비운으로 입적하는 대목까지 흘러가고 있었다.

# 여주 신륵사 2

여강을 배경으로 한 신륵사 원경

나옹 혜근(慧勤)(1320~1376) 스님이 신륵사에서 입적한 '사건'은, 불교사에서 중요한 일이다. 나옹 스님은 고려 말의 태고 보우(普愚)와 더불어 선불교의 중흥을 외친 핵심 인물이었다. 당시 불교계와 정치계가 밀접히 연관되어 있었음을 생각할 때 매우 막강한 위치에 있었다고 해도 될 것이다. 하지만 유생들의 반대로 하루아침에 권력의 권좌에서 밀려나 유배길에 오르게 되었고, 도중 신륵사에서 급서하였다. 그가 여기서 입적한 전후 사정에 대한 해석은 우리 불교사에서 아주 중요한 논제가 되고 있다. 그런 면에서 이 무렵의 신륵사는 바로 고려시대 불교사 최대의 역사적 현장이었다고 해도 과언이 아니다.

### 나옹왕사, 유생들 모함으로 유배가다 원적

나옹 스님이 유배를 가게 된 사정은 이렇다. 공민왕의 왕사이기도 한 그는 1376년 회암사 중수를 기념하는 문수회(文殊會)를 열었다. 이 법회는 수많은 인파가 참여하는 등 공전의 성황을 이루었다. 하지만 바로 이것이 그를 옭아매는 동아줄이 되었으니, 역사의 아이러니란 바로 이런 걸 두고 말하나 보다. 이때의 상황이 『고려사』에는 이렇게 나와 있다.

나옹의 진영

"나옹 스님이 회암사에서 문수회를 여니, 중외의 사녀(士女)들이 포백(布帛)과 떡, 과일을 싸 가지고 가서 공양하였다. 그 중에는 혹 법회에 참여 못할까 걱정하여 절 문에서 울부짖는 사람도 많았다. 놀란 관청에서 왕래를 금하고 절 문을 닫아걸었으나 이를 막지는 못했다.…… 나옹 스님을 밀양으로 추방하였는데 도중 신륵사에 이르러 입적하였다."

　나옹 스님이 회암사에서 법회를 커다랗게 열자 전국에서 수많은 부녀자들이 몰려들었는데, 이러한 혼란과 문란이 곧 나옹 스님의 책임이라 하여 그를 유배 보냈다는 것이다. 말도 안 되는 이유였지만 권력층의 미움을 받고 있었던 탓에 걸린 일이었다. 그는 압송되어 가는 중에도 제자들에게, "힘쓰라, 힘쓰라. 나로 인해서 (학업을) 중단하지 말라. 내가 가는 길은 마땅히 신륵사에서 그칠 것이다."라고 하면서 제자들의 공부를 염려하는 한편, 자신이 신륵사에서 입적할 것임을 암시했다. 불교사학계에서는 이것을 두고 그가 회암사와 더불어 신륵사를 개혁의 기반으로 삼았음을 알게 해주는 대목이라고 보고 있다. 입적 후 제자들이 신륵사에 부도를 세웠고, 이 부도는 지금도 조사당 뒤 언덕에 부도비와 함께 있다.

　신륵사를 찾은 날이 평일이라 그런지 마침 사람들이 많지 않았다. 덕분에 별 방해받는 일 없이 경내 이곳저곳을 충분히 카메라에 담을 수 있었다. 조사당 옆 나옹 스님 부도밭으로 올라가는 계단 주변의 풍광이 제법 근사해 카메라를 눈에 대려는데 뭔가 자꾸 날아다는 것이

대장각기비.
나옹 스님과 절친했던 이색은 나옹이 입적한 후 여주 신륵사에
서 대장경을 인출하고 보관토록 하였다.

화면에 잡힌다. 새인가 싶어 카메라를 내리고 보니 바람에 흩날리는 낙엽이 마치 나비 날아가듯 하늘거리며 떨어지고 있었다. 천천히 계단을 밟으며 나옹 스님의 부도와 비석이 있는 곳으로 올라갔다. 간혹 탐방객들이 여기를 놓치고 그냥 돌아가기도 한다는데 그렇다면 애석한 일이다. 앞서 말했듯이, 나옹 스님은 신륵사의 중요한 역사 중 하나이니 여기를 빼먹어서야 곤란하다. 더군다나 이 부도와 비석, 그리고 석등은 모두 보물로 지정되어 있을 만큼 고려시대 미술사로 봐서도 매우 중요한 유물이기도 하니까.

나옹 스님과 절친했던 이색은, 나옹 스님을 잊지 못해서였는지 그의 입적 후에도 신륵사를 자주 찾았고, 그의 말년에는 이곳에서 대장경

주변 풍광이 아름다운 곳에 우뚝 서 있는 신륵사 전탑

을 인쇄한 다음 대장각을 짓고 보관토록 했다. 암담한 사회를 부처님의 말씀으로써 조금이나마 구제해 보고픈 심정이었던 것 같다. 그리고 이 일에 대해서 전탑 앞 야트막한 언덕 아래에 '대장각기비'를 세워 자신의 심경을 후대에 전했다. 이 비도 볼 겸 해서 전탑 쪽으로 걸음을 옮겼다. 밑에서 올려다보는 전탑은 커다란 단풍나무의 붉은 빛과 어우러져 가히 가관이었다. 전탑 앞에는 여강의 도도한 물살이 흐르고 있다.

우리나라에 몇 안 되는 전탑 중 하나로서, 주변 풍광이 가장 아름다운 곳에 세워진 행운을 이 신륵사 전탑은 누리고 있는 셈이다.

전탑에서 강 쪽으로 내려가면 바위 위에 세워진 삼층석탑을 만나게 된다. 이렇게 바로 강에 면해서 바위를 기단으로 삼아 세워진 탑은 아마 이 탑이 유일한 것이 아닌가 싶다. 이 같은 독특한 입지는 여강을

여강 쪽의 바위 위에 세워진 신륵사 삼층석탑. 신륵사 주위를 휘감고 흐르는 여강은 마치 용을 닮았는데 여주의 젖줄이며 중요한 교통로였다.

잘 살필 수 있도록 하기 위해서라는 말도 있다. 여강은 단순히 제 갈 길 가는 그런 강이 아니라 여주의 젖줄이자 주요한 수송교통로였다. 하지만 강의 폭이 넓고 깊다 보니 자칫 홍수라도 나면 주변의 민가와 논밭이 침수될 위험도 크다. 무엇보다도, 신륵사 자체가 커다란 피해를 입게 된다. 그러니 이 강을 항상 살펴보면서 관리하려는 측면에서 삼층석탑을 여기에 두게 되었다는 이야기다. 마침 나와 동행한 세 사람이 석탑 옆에서 강을 바라보고 서서 담소를 나누고 있었다. 그 모습도 보기 좋고, 그 옆으론 황포돛단배도 한 척 떠 있어, 풍광이 더할 수 없이 아름다웠다.

조선시대에 와서 신륵사는 다시 한 번 역사의 중요한 현장이 된다. 1469년 예종이 즉위하자마자 선대왕인 세종의 능인 영릉을 여주로 옮기면서 신륵사가 원찰이 된 것이다. 영릉은 본래 지금의 서울 강남 대모산 자락에 있었는데 풍수가 길하지 못하다 하여 이곳으로 이건한 것이다.

이 일을 주도한 이는 세조의 비 정희왕후였다. 그녀는 신륵사에 200여 칸의 전각을 지어 대규모 중창을 이루었고, 아울러 절 이름을 신륵사에서 보은사로 바꾸기도 했다. 이로 인해 사세가 더욱 확장되었을 뿐만 아니라 여주가 부(府)에서 주(州)로 승격되는 계기가 되기도 하였으니, 그녀는 신륵사와 여주의 역사에서 매우 중요한 발자취를 남긴 것이다.

끝으로 하나 더 말해 둘 것이 있다. 조선 중기 불교개혁운동을 폈던 허응 보우(虛應普雨)(1509~1565) 스님에 관한 이야기다. 보우 스님은 명종의 어머니 문정왕후의 후원을 업고서 불교를 개혁하고 유생들로부터 탄압받던 승려와 사찰을 보호하며 제 권리를 갖도록 하는 데 앞장섰던 분이다. 선교 양종을 부활시키고 도첩제를 다시 시행하여 승려들의 도성 출입을 허용토록 했으며, 승려의 과거시험인 승과제도도 열게끔 했다. 물론 이는 당시 수렴청정으로 실권을 잡고 있던 문정왕후를 통해서였다. 문정왕후는 일방적으로 탄압받던 불교계가 최소한의 권리를 찾을 수 있도록 스스로 앞장선 것인데, 물론 여기에는 보우 스님에 대한 돈독한 믿음이 커다란 역할을 했을 것이다.

보우 스님은 봉은사와 청평사, 그리고 회암사를 오가며 자신의 소신대로 개혁을 진행시켰다. 특히 봉은사에 있다가 유생들의 거듭된 상소로 봉은사에서 물러나온 뒤 다시 문정왕후의 부름을 받을 때까지 머문 곳이 회암사였다. 아마도 그는 이곳에 있으면서 불교 보호와 개혁을 위해 다시 컴백할 시기를 기다리며 불퇴전의 개혁의지를 더욱 튼튼하게 가다듬었을 것이다. 그런데 나는 상상하기를, 회암사와 아주 가까운 거리에 있는 이곳 신륵사 역시 보우 스님의 활동영역에 분명 포함되었을 것으로 본다.

비록 기록에는 없지만, 200년 전 개혁을 외치던 나옹 스님을 모를 리 없을 그가 나옹 스님의 발자취가 서린 신륵사를 찾지 않았을 리 없다는 게 내 생각이다. 보우 스님은 문정왕후가 죽자마자 '요승'으로 몰린 끝에 제주도로 유배되어 결국 그곳에서 죽음을 맞이한다. 이 비극은 그보다 200년 전 불교개혁을 꿈꾸다 반대세력에 의해 귀양길에 올랐다가 신륵사에서 입적한 나옹 스님의 발자취와 꽤 닮은 구석이 있다. 나옹 스님의 정신이 신륵사를 매개로 하여 보우 스님에게까지 이어지고 있다고 한다면 지나친 비약일까. 그렇다고 해도 이런 상상은 어쩐지 불교적 인연을 떠올리게 하는 것도 사실이다.

노을이 서서히 져가는 여강 가에서 한참을 얘기하던 우리는 근처 식당으로 자리를 옮겼다. 여주에선 유일하게 한다는 밴댕이회가 기가 막혔고, 누룽지로 빚은 막걸리도 일품이었다. 그보다 더 기억에 남는 건 그 날의 화제 중 하나였던 '인과응보'와 '인연소기(因緣所起)'에 대한 이야기였다. 인과응보는 잘 알다시피 자신이 지은 행위에 따라 그 결과가 언젠가는 나타난다는 것이고, 인생사 세상사라는 것이 인과 연이라는 요소가 서로 고도의 상승작용을 하여 그 결과가 나타난다는 게 인연소기다. 얼핏 들으면 인과응보나 인연소기나 큰 차이가 없어 보인다. 인과응보는 착한 일을 하면 복덕이 오고 나쁜 일을 하면 그 반대라는 뜻이 있어 어쩐지 뭔가를 바라며 하는 작위적인 행위를 부추기는 듯한 인식이 바탕에 깔려 있지만, 인연소기는 그런 요행을 염두에 두는 행위는 옳지 않고, 결과에 집착하지 말고 최선을 다하는 삶을 지향하는 논리의 근거가 된다. 따라서 인과응보도 중요하지만, 인연소기야말로 가장 불교적 관점이 아니겠느냐 하는 것이다. 이용부 선생께서 먼저 이런 취지로 말을 꺼내니 김춘송 선생은 한 손에 막걸리 잔을 쥔 채 눈을 지그시 감으며 "그럼, 그럼" 하며 고개를 연신 끄덕거린다. 그 모습이 영락없는 도인의 풍모다. 나도 덩달아 고개를 몇 번 주억거렸지만, 솔직히 지금까지 그런 생각을 거의 안 해본 터라 자신의 무지함과 생각 없음에 부끄럽고 얼굴이 화끈거렸다. 불교문화를 연구한다면서 아직까지 그런 생각조차 못해보다니. 술기운이 확 깨도록 자책이 되었다.

어쨌거나 가만 생각해보니, 나옹 스님과 보우 스님의 인연이야말로 바로 그런 게 아닌가 싶다. 그렇다면 나는 과연 누구와의 어떤 인연으로 이 자리에 앉아 있는 것일까, 한참 생각해 보았지만 머릿속은 그저 아득해지기만 할 뿐.

나옹 스님 부도

# 군위 인각사

인각사는 사역 전체가 발굴 정비중이라 산만한 모습이지만 여기저기에서 일연 스님의 흔적을 찾아볼 수 있다.

『삼국사기』와 더불어 삼국시대의 역사를 담은『삼국유사』는, 불교 관련 기록이 아주 풍부하게 담겨 있는, 그야말로 우리 고대 불교 사상과 문화의 보고다. 만일 이 책이 없었다면 우리의 불교는 천 년은 잃어버리고 있었을 터이니 그 존재가 얼마나 고마운지 모른다. 그렇다고 해서, 이 책이 불교에 관련된 내용만 담고 있는 건 아니다. 사회·경제·문화, 그리고 국문학 등 다양한 분야를 섭렵하고 있다는 점이 바로 이 책의 진정한 가치다. 한 마디로 우리 고대사의 총체적 역사를 담고 있다고 말할 수 있다. 이 책의 제목에 나오는 '유사(遺事)'란『삼국사기』에 빠진 내용을 보완해서 실었다는 뜻이라는데, 겸양도 이런 겸양은 드물 것이다. 그러기에 20세기 초 국학 연구의 대가였던 육당 최남선이, "만일『삼국사기』와『삼국유사』중 하나를 택하라고 한다면 당연히『삼국유사』를 잡을 것이다."라고 말한 것은 더도 아니고 덜도 아니고『삼국유사』를 있는 그대로 정확히 표현한 것이라고 생각된다.

시인 고은이 지은 〈일연찬가〉가 새겨진 비

그런데 나는『삼국유사』의 진정한 가치는 사람들로 하여금 상상력을 잃지 않게 해준다는 점에 있다고 생각한다. 호랑이와 곰이 나와 사람이 되느니 마느니 하는 단군신화, 하늘에서 내려온 큼직한 알에서 태어나 가야의 왕이 된 수로왕이 멀리 인도 아유타국에서 배를 타고 온 아리따운 허황옥을 아내로 맞이하여 나라를 평온하게 다스리다 157세에 죽었다는 전설을 읽다 보면 내가 정말 그 시대에 들어가 그들과 같이 사는 것 같은 느낌이 들곤 했다. 그럴 때면 고대의 건강하고 싱싱한 마음과 정신이 내 마음 속에 들어온 것 같아서 뭔가 정신이 번쩍 들기도 하고, 기막힌 상상력이 발동되기도 했다.

조금 장황하다싶게 『삼국유사』 이야기를 꺼낸 건, 이렇게 기막힌 책을 쓴 일연(一然)(1206~1289) 스님이 누구인지 알아보고, 나아가 『삼국유사』의 저술과 인각사와의 관련에 대해 말하기 위함이다. 일연 스님의 자취가 전하는 곳은 꽤 많은데, 『삼국유사』로만 관련시켜 본다면 집필을 시작했던 인흥사, 완성 단계에 머물렀던 운문사와 인각사 등이 주목된다.

## '기린 노닐던 암벽겉'에서 『삼국유사』 완성

『삼국유사』는 1281~1283년(충렬왕 7~9) 사이에 지어진 것으로 보는데, 이때는 그가 운문사에서 인각사로 거처를 옮기는 시기였다. 따라서 정확히 어디에 있었을 때 『삼국유사』의 마지막 붓 자욱이 멈췄는지 확실하지 않다. 다만 1281년까지 운문사에 있었으므로 이때 상당한 분량을 집필하였다가 인각사로 옮겨서 끝냈을 것으로 보는 게 일반적이다. 무엇보다도 지금 인각사에서는 일연 스님을 기리는 '삼국유사 문화제'를 어쩌면 그렇게도 정성스레 봉행해 오고 있는지, 어쨌든 『삼국유사』의 저술 현장이라면 인각사를 꼽을 수밖에는 없다.

인각사 가는 길은, 대구 방면에서 간다면 서대구로 해서 칠곡 송림사를 지나 창평으로 가는 길이 있다. 하지만 나는 좀 돌아가는 줄 알면서도 부러 영천을 경유해 신녕으로 가서 화산을 지나 인각사로 들어가는 길을 택했다. 영천과 하양은 젊은 날의 추억이 담긴 곳이라 괜스레 스쳐서라도 지나가고 싶어서였다.

석산의 삼거리에서 택시에서 내려 걸어 들어가니 인각마을이 나오고 곧바로 화산(華山)의 날카로운 자락이 보이기 시작했다. 화산은 군

인각사 앞의 깎아지른 듯한 절벽 학소대

평지에 위치한 인각사 원경

위군 고로면과 영천시 신녕면을 남북으로 가르며 동서로 길게 뻗어 완만한 능선을 이루다 위천 상류에 이르러 끝을 맺고, 이 개울을 건너면 바로 절이 자리한 인각마을이다. 개울 맞은편에는 화산에서부터 뻗어 내려온 깎아지른 듯한 절벽이 서 있다.

절 이름이자 마을 이름이기도 한 '인각(麟角)'은 무슨 뜻인가? 전하기로 이 지역은 기린(麒麟)이 노닐다가 뿔이 암벽에 걸려서 떨어진 곳이라고 한다. 아닌 게 아니라 화산의 화려하고 당당한 모습이 마치 기린을 닮았다. 주변 형세도 그렇고, 전해 내려오는 이야기 역시 인각사의 터가 만만치 않음을 암시한다.

극락전을 배관하니 극락전 자체도 조선시대 후기 사찰건축의 중요한 자료고, 안에 봉안된 불상 역시 조선시대 후기 양식이 아주 잘 나타난 우수한 불상이라 문화재적 가치가 아주 높아 보인다.

나와서 제일 먼저 보각국사 부도탑과 비를 보러 갔다. 인각사에 남아 있는 일연 스님과 관련된 유형의 연결고리는 이 둘밖에 없다. 그렇기는 하지만 눈에 보이지 않는 역사로써 볼 땐 인각사의 역사 곳곳에서 일연 스님의 자취를 찾아볼 수 있다.

1284년(충렬왕 10) 왕명으로 일연 스님이 만년에 머물 사찰로서 인각사를 정하고 절을 크게 중건하고 토지를 하사하였다. 스님은 이후 입적 때까지 5년 동안 이곳에 주석하였다. 일연 스님은 여기에서 『삼국유사』를 비롯하여 불교서적 100여 권을 저술하였고, 구산선문의 대표자들을 모아 구산문도회를 두 번이나 열었으니 보통 인연처가 아닌

고려시대의 것으로 추정되는 인각사 석불좌상

인각사 보각국사 부도탑

셈이다. 게다가 1289년 일연 스님이 인각사에서 입적하자 그의 부도탑인 '보각국사 정조지탑'과 비석이 세워지기도 했으니, 일연 스님이 머물렀던 많은 절 중에서도 특히 인각사가 즐겨 회자되는 건 당연해 보인다.

보각국사 부도탑을 보았다. 팔각으로 된 탑신 정면에 '보각국사정조지탑(普覺國師靜照之塔)'이란 탑 이름이 있고, 뒷면에는 문비(門扉) 모양의 조각이 있으며 나머지 6면에는 사천왕 입상과, 연꽃 위에 서 있는 보살상을 새겨 나름대로 화려하고 정성을 기울여 세운 것임이 한눈에 보인다.

그런데 보각국사 탑비는 여러 조각으로 깨진 것을 이어놓아 상태가 썩 좋지 않은 상태다. 단순히 세월의 무게를 못 이겨 그리 된 것 같지는 않고 일부러 깨뜨린 것처럼 보인다. 어떻게 해서 이런 훼손이 일어났던 것일까. 비문은 당대의 저명한 문장가인 민지(閔漬)가 왕명을 받들어 지었으며, 글씨는 중국에까지 가서 왕희지(王羲之)의 글씨를 집자(集字)하여 만들었으니 이렇게 정성을 기울여 세우기도 쉽지 않았

인각사 보각국사 탑비

을 것이다.

그런데 정작 비석의 수난은 여기서부터 시작하였으니 역사의 아이러니라 하지 않을 수 없다. 잘 알려져 있다시피 왕희지는 중국 서예사상 최고로 꼽히는 명필이니, 그의 글씨는 그가 살아 있을 때부터 얻기 힘들 정도로 유명했다. 그가 죽고 나서는 그의 글씨를 더 이상 받아 볼 수 없자 그의 글씨가 새겨진 비석을 탁본하는 일이 유행처럼 번졌다. 그렇기에 왕희지의 글씨를 집자해서 일연 스님의 비를 새겼다는 사실 자체가 내외에 커다란 관심을 불러일으켜, 국내는 물론이고 중국에서도 사신이 오기만 하면 먼저 비석의 탁본을 요구하곤 했다. 이러다 보니 손상이 안 되려야 안 될 수가 없었을 것이다. 여기에 이 비석을 결정적으로 망가뜨린 것은 임진왜란 때의 왜군들이었다. 이들은 인각사 일연 스님의 비석이 유명한 줄을 알고서 겨울철에 불을 피워놓고 무리하게 탁본을 하다 결국 깨뜨려버린 것이다. 이 얘기는 『신증동국여지승람』 등에 나온다. 혹은 오랜 세월 동안 잦은 비석 탁본 요구 때문에 여러 가지로 피해를 입었던 절에서 일부러 부숴버렸다는 얘기도 있지만, 확인된 건 아니다.

이래저래 아쉽기 짝이 없는 노릇이지만, 온전한 모습일 때 했던 탁본첩이 지금 남아 있고, 이것을 근거로 근래 중앙승가대학교에서 비석을 복원하기도 했으니 그나마 위안은 된다.

인각사에서는 이곳이 일연 스님의 『삼국유사』 저술의 현장임을 기리기 위해 2001년부터 해마다 '삼국유사 문화제'를 열고 있다. 전국 청소년 백일장 경시대회, 일연성사·삼국유사 학술세미나, 일연성사 추모 다례재, 삼국유사 국보지정 기념음악회, 시 낭송회 등이 가을마다 인각사에서 개최되고 있다. 이런 종류의 행사란 게 자칫 의례적이고 형식적으로 흐르기 십상인데, 여기서는 전혀 그렇지 않고 나름대로 정성을 다하여 꽤 내실 있는 축제로 자리잡았다는 평이다. 이만하면 일연 스님도 꽤나 흐뭇해하지 않을까 싶다.

『삼국유사』에 대해 얘기했고, 또 그 저술의 현장인 인각사에 와서 일연 스님의 부도와 비석도 보았다. 그런데 정작 일연 스님에 대해서는 설명이 부족했던 것 같다. 아무래도 그에 관한 이야기는 청도 운문사에 가서나 해야겠다.

근래에 새로 세운 인각사 보각국사비명

# 청도 운문사

운문사 내경.
인위적으로 높낮이를 둔 단을 만들지 않고 널찍한 평지에 많은 전각을 배치한 이런 양식은 보기 드물다. 요사와 강당들이 빼곡하게 들어서 있다.

앞에서도 이야기한 것처럼, 『삼국유사』는 불후의 문화유산이다. 이 책이 그 가치에 걸맞게 대중에게 좀더 적극적으로 알려지지 않은 게 몹시 아쉽다. 물론 국사나 국어 교과서 등에 『삼국유사』가 소개되어 있지 않은 것은 아니지만, 그저 사실의 단순한 나열과 단편적 이야기로 일관되어 있어 그다지 인상적으로 다가오지 않는다. 가치와 해설을 곁들여 세계에 제대로 알린다면 고대의 문학과 신화와 역사와 미술을 아우르는 종합문화서로서 '그리스 로마 신화'만큼이나 서양 사람들을 열광시키지 못할 것도 없다.

따라서 이 책을 지은 일연 스님 역시 보통의 인물일 수가 없다. 물론 일연 스님은 이미 있는 이야기들을 수집하고 편집한 것이고 창작을 한 건 아니지만, 그 점이 오히려 이 책의 사실성을 높인다. 또 숱한 역사의 편린들을 긁어모으고 다시 거기에서 필요한 것만을 추려낸다는 게 어지간한 안목과 감식안이 없으면 할 수 없는 일일 테니, 이 역시 일연 스님의 노력을 깎아낼 이유는 전혀 못 된다. 일연 스님은 『삼국유사』 외에도 많은 책을 지었다. 『중편조동오위』도 그 중 하나인데, 중국 남종선의 한 문파인 조동종(曹洞宗)의 오위설(五位說)에 대한 주석서다. 하지만 이 책은 1974년에야 뒤늦게 그의 저술임이 밝혀질 정도로 그동안 우리의 관심을 거의 받지 못했다. 『삼국유사』의 그늘이 너무 커서였을까.

여기서 잠시 일연 스님에 대해 얘기하고 가야겠다. 스님은 고려가 정치·사회적 혼란이 극에 달하던 때인 1206년 경북 경산에서 중류 집안의 유복자로 태어나, 14세에 양양 진전사에서 출가했다. 22세에 개성 광명사에서 열린 선불장(選佛場)에서 수석 합격하여 그의 출중한 소양을 입증하였고, 그 뒤 고향 부근인 현풍 비슬산에서 20여 년간

정진했다. 당시는 이른바 무신정권 시대로 1235년(고종 22) 몽골의 3차 침입에 의해 전 국토가 황폐화되어 있었다. 국민의 고달픈 삶을 달래줄 정신적 안식이 필요했고, 나라에서는 대장경의 간행을 추진했다.

일연 스님은 남해 정림사로 옮겨 대장경 간행을 지휘했다. 이후 강화도 선원사, 포항 오어사, 비슬산 인흥사 등에 머물렀다. 이 무렵에는 그의 이름이 전국적으로 널리 알려져 1268년 나라에서 선종과 교종의 이름난 승려 100명을 모아 운해사에서 대장 낙성회를 열었을 때는 당연히 맹주로 추대되었다. 이때의 일을 당대 최고의 문장가 민지(閔漬)는 이렇게 표현했다.

"낮에는 금문(金文)을 읽고 밤에는 종취(宗趣)를 담론하였다. 이론가들의 의심나는 바를 스님은 모두 물 흐르듯이 해석해 내매, 그 정밀한 뜻이 입신의 경지에 이르니 탄복하지 않는 이가 없었다."

일연은 상당히 많은 절에서 주석했다. 훗날 『삼국유사』가 철저한 현장성을 바탕으로 저술될 수 있었던 것도 바로 이 때문이었을 것이다. 『삼국유사』에 실린 수많은 설화와 역사적 기록이 모두 현장답사를 통한 채록을 기본으로 하고 있다는 점은 특히 중요하다.

일연 스님의 자취를 좇아 나선 여행, 군위 인각사에서 나온 발길은 자연스레 청도 운문사로 향하였다. 운문사는 일연 스님이 1277년부터 1281년까지 머물던 곳으로, 『삼국유사』가 완성된 곳은 인각사지만 본격적 집필은 운문사로 옮긴 후였다.

### 광대한 사역에 많은 전각들 질서정연하게 배치된 품격 넘치는 사찰

운문사는 사역이 넓은 편이다. 이곳처럼 인위적으로 높낮이를 둔 단을 만들지 않고 하나의 널찍한 평지에 많은 전각들을 배치한 곳도

운문사에서 바라본
호거산

흔치 않다. 호랑이가 웅크리고 있는 형국이라는 호거산 아래에 이렇게 좋은 터가 자리하고 있으니, 우리나라 사찰의 품격을 위해서도 운문사라는 절이 있다는 게 얼마나 다행인지 모른다.

불이문을 들어서면 주로 북쪽에 법당 등의 전각이 들어서 있고 남쪽에 스님들의 생활공간인 요사가 있다. 대웅보전을 비롯해서, 비로전·오백전·응진전·조영당·금당·관음전·명부전·칠성각, 그리고 설

불이문을 들어서면 빼곡하게 들어선 법당과 요사들이 보인다.

선당·육화당·설현당·피하당·청풍료·삼장원·죽림원·목우정·채경
당 등의 요사와 강당 건물 등이 빼곡히 자리하고 있다. 여기에 웅장한
만세루 누각과 범종루도 운문사의 고요하면서 품위 있고 또 한편으
론 푸근한 느낌을 주는 풍경에 한몫을 한다. 금당(金堂)은 전각 이름
이 금당이다. 금당이란 한 절의 중심법당을 그렇게 부르는데, 여기서
는 그런 일반명사가 아니라 고유명사로 써서 편액을 붙여놓은 게 특
이하다. 다만 지금은 종무소가 더 커다랗고 이 금당은 상대적으로 작

고 좁아서 어지간히 사찰가람에 익숙하지 않고서는 이곳이 예전의 중심구역임을 금방 알아차리기 어렵다. 현재는 대웅전이 중심법당이고 또 그 주변이 널찍하게 가꾸어져 중심구역으로 자리 잡고 있다. 그러고 보니 7, 8년 전 내가 가르치던 대학생들과 답사를 겸해 운문사에 왔던 게 생각난다. 나는 간단히 운문사에 대해 설명해주고, 아무 곳이든 자기가 중요하다고 생각되는 곳을 조사해서 리포트로 내라고 과제를 냈다. 많은 학생들이 대웅전이나 천불전 등 규모가 크고, 실제로 현재 가람의 중심축 주변을 오가며 열심히 사진도 찍고 스케치도 하고 했다. 그런데 P와 C, 유독 두 친구만 이 금당 주위에서만 맴돌고 있었다. 불러서 왜 그러느냐고 물었더니, 옛날에는 이곳이 중심 구역인 것 같아서 그렇다는 대답이다. 왜 그런 생각을 했느냐고 다시 물었더니, P는 오기 전에 조선시대의 기록을 참고로 해서 운문사의 가람 배치를 만들어 보았더니 그렇게 보인다고 했고 C는 금당 앞의 석등이 통일신라시대 유물인 것으로 보아 틀림없이 오래 전에는 이곳이 중요시된 구역일 거라는 생각이 들었다는 것이다. 나는 그들의 감각에 놀랐다. 둘다 성적은 좋았지만 얌전한 편이라 그때까지는 그다지 눈에

운문사의 웅장한 만세루 누각

운문사 범종루

수령이 500년에 이른다
는 운문사 노송

띄는 학생이 아니었는데 이제 보니 진흙 속의 진주가 따로 없었다. 이후 몇 년을 더 가르쳤는데 과연 재주가 있어서 실력이 일취월장했다. 그러다가 그 학교와 인연이 다해서 나가지 않았다. 지방대학이기는 해도 재주 있는 학생들이 많아서 가르치는 보람이 컸기에 꽤 아쉬웠다. 하지만 시간강사라는 게 본래 그런 것 아닌가. 무엇보다 그 학생들이 궁금했다. 나중에 들어보니 한 학생은 석사까지 마친 뒤 미국에 가서 디자인을 전공한다고 했고, 다른 학생도 프랑스로 건너가 미학으로 전공을 바꿨다고 한다. 둘 다 소질이 출중하니 외국에서도 잘 할 거라고 믿고 있다.

『삼국유사』 집필한 일연 스님의 자취와 행적 남아 있지 않아
안타까워…

　　그런데 이 넓은 사역을 아무리 둘러봐도 일연 스님을 떠올리게 하
는 유적이나 유물은 도무지 눈에 띄지 않는다. 한참을 둘러보다 나이
가 오백 살이나 되었다는 저 유명한 '운문사 노송' 아래에서 한숨을
돌렸다. 해마다 봄이면 절에서 공양하는 막걸리 12말을 단숨에 자시
는 이 노송도 그 옛날 과연 일연 스님에 관한 이야기를 들어봤을까?
이 노송과 말을 나눌 수 있다면 그에게 한 번 물어볼 텐데. 1277년부
터 1281년까지 5년을 머문 곳이건만 지금 여기서 그의 체취를 전혀
느껴보지 못하는 건 몹시 아쉽다. 700년이 넘은 시간을 생각하면 유
형의 자취가 남아 있지 않음을 이해 못 할 바도 아니지만, 무형의 자
취마저 찾기 힘든 건 아쉬움을 넘어 섭섭한 마음까지 들게 한다. 예를
들어 운문사 홈페이지에서도 원광국사, 보양국사, 원응국사 등 '삼대
중창주'는 잘 나와 있어도 일연 스님 이름 두 글자를 찾기는 쉽지 않
다. 인각사와는 달리 일연 스님의 부도나 비가 전혀 남아 있지 않은 탓
도 있겠지만, 이곳이 『삼국유사』의 집필 현장이었음을 생각한다면(혹
은 여기에서 『삼국유사』를 탈고하였다는 설도 있다) 좀더 적극적으로
운문사의 역사 속에 그의 행적과 자취를 드러내 놓는 게 좋지 않을
까?

　　일연 스님은 운문사와 비슬사 등 경상도 일대의 여러 사찰에 머물
면서 교화를 크게 펼치며 왕의 존경을 받았는데, 이것은 운문사가 가
지산문의 주요 사찰로 정착하는 계기가 되었다. 이로 인해 그를 '운문
화상(雲門和尙)'이라 부르기도 하였으니, 따지고 보면 일연 스님과 운
문사와의 인연은 아주 깊은 것이다. 그러니 지금 눈에 보이는 것보다
는 훨씬 더 일연 스님을 선양해도 전혀 이상할 것이 없다.

몇 년 전 운문사 객사에서 하룻밤 묵은 적이 있었다. 평소 절에서는 잘 묵지 않지만—오로지 절에 폐가 될까 봐—그 날은 힘들 테니 묵어가라는 비구니 스님들의 호의가 고마워 하루 머물게 되었다. 평소 밤늦게 자는 습관이 있던 지라, 9시가 되자마자 일제히 소등되어—절에서야 당연하지만—아무것도 할 수 없는 깜깜한 밤이 되자 적잖이 당황스러웠다. 하지만 그보다 더욱 놀랐던 것은 시냇물 소리였다. 내가 든 객사는 남에서 북으로 흘러내리는 개울가 옆에 있었다. 갑자기 맞은 초저녁(?) 잠이 잘 올 리가 없어 이리저리 뒤척이는데 밖에서 들려오는 후두둑 후두둑 하는 소리에 처음에는 비가 오는 줄 알았다. 그 소리가 어찌나 큰지 시간이 한참 지나도 도무지 잠을 이룰 수 없어 나가보니 빗소리가 아니라 옆에서 흐르는 개울물 소리였다. 낮에 듣던 졸졸 개울물 흐르는 소리가 밤에 들을 땐 그렇게 크게 들리는 줄 그때 처음 알았다.

문득 느낀 건, 부처님 같은 성인들의 가르침이나 대중을 위한 노고가 실은 밤에 듣던 그 시냇물 소리만큼이나 크고 우렁차건만, 우리는 아쉬운 것 별로 없고 스스로 잘났다고 생각하는 평소[낮]엔 느끼지 못하다가, 어려워지고 힘들어질 때[밤]를 당해서야 비로소 그분의 가르침을 청하고 위대함을 깨닫게 되는 건 아닌가 싶었다.

기억이라는 건 참 묘하다. 잊고 싶은 건 아무리 해도 잘 잊히지 않고, 반대로 꼭 간직하고픈 기억은 아무리 애를 써도 금세 잊어먹곤 한다. 행복했던 순간들은 어쩌면 그렇게 잘 잊어먹게 되는지, 아무리 기억해내 보려 하지만 사랑했던 사람의 눈과 코와 입은 어느새 가물가물해져 버린다. 반면에 힘들고 괴로웠던 기억들은 긴 세월이 지났어도 어찌나 그렇게 생생한지……. 사람의 기억은 분명 반(反)의지적 존재인 것 같다.

'역사적 기억'도 마찬가지인 것 같다. 좋았던 시절은 웬일인지 자주 언급되지 않고 넘어가 버리는 경우가 종종 있다. 역사는 과거를 통해 현재를 발전시키자는 일이니, 『삼국유사』나 일연 스님처럼 우리 불교사에서 자랑스러운 일과 인물들은 자꾸 되새겨보았으면 좋겠다.

운문사 스님들의 울력 모습

# 인제 백담사

백담사의 만해 한용운 동상

님은 갔습니다. 아아 사랑하는 나의 님은 갔습니다
푸른 산빛을 깨치고 단풍나무 숲을 향하여 난 작은 길을
걸어서 차마 떨치고 갔습니다

## 근대에 드리운 짙은 어둠에 온몸으로 맞선 한국 불교의 영원한 '님', 만해

한국 불교의 영원한 '님' 만해(萬海) 한용운(韓龍雲)(1879~1944)의 절창 「님의 침묵」을 모르는 사람은 거의 없지만, 정작 그의 사상과 자취를 제대로 아는 사람은 별로 없다. 그를 한때 승려였다가 환속한 불교인이라거나, 근대문학사에 등장하는 시인이자 소설가라거나, 좀더 나아가 독립운동가로 바라보는 인식이 틀렸다는 건 아니지만, 지극히 단편적이고 어느 한 면으로만 바라보는 제한된 정보일 뿐이다. 이래서는 오히려 만해를 만해로서 바라보는 데 방해만 될 뿐이다. 그만큼 시대와의 불화를 단단히 각오하고서 왜색화된 채 근본이 흐려져 버린 한국 불교계에 끊임없이 쓴 소리를 해대며 굽은 것을 바로잡고자 애쓴 인물도 흔치 않은데 말이다. 회색으로 가득찬 우리의 어둔 근대의 여명에 만일 그가 없었다면 우리는 얼마나 비좁고 깜깜하게 살았을지 상상도 할 수 없을 정도다. 종합적이고 다각적인 시야를 통해서만 우리는 우리 민족에게 드리운 어둠을 밝히려 온 몸으로 부딪히고 치열하게 살아 간 만해를 진정으로 이해할 수 있게 된다. 하지만 대중적으로 알려진 그에 대한 정보와 지식은 상당수 단편적이고, 또 어느 정도 왜곡되거나 잘못 된 것도 적지 않다. 그에 대한 바로잡음이 필요하다.

그런 의미에서 백담사 설명에 앞서 만해에 관한 일화 몇 가지를 추려보았다. 백담사 하면 만해가 얼른 떠오르는데, 이 자리에서 그의 전기를 쓸 수 있는 것도 아니니, 이렇게 단편적이나마 그의 사람됨과 사상의 깊이를 단적으로 말해주는 일화를 통해서 역설적으로 그를 입

체적으로 이해할 단서를 찾지 않을까 싶어서다.

만해는 1879년 8월 29일(음력 7월 12일) 부친 한응준과 모친 온양
방씨 사이의 2남으로 충청남도 홍성군 결성면 성곡리 491번지에서 출
생했다. 본관은 청주, 어린 시절의 이름은 유천, 호적상으로는 정옥이
라는 이름이 올라 있다.

1884년부터 향리 서당에서 한학을 수학했고, 1886년 홍성 읍내로
이주한 뒤에도 한학 공부는 이어졌다. 이듬해 자치통감, 대학, 서상기,
서경 등을 공부했다고 한다. 그의 한문은 이후 불경을 통해 불교를
공부하는 데 아주 긴요하게 활용되었으니, 어린 시절의 한학 수학은
그가 이후 불교계의 거목으로 크는 데 커다란 자양분이었다.

1896년 약관도 되지 않은 나이에 서당 훈장을 맡았다. 그의 출중한
한학 실력 덕분이었다. 그런데 이 해, 그는 인생의 전환점을 맞는다. 당
시 조선이 외국 입김에 바람 앞 등불인 처지가 너무나 이해되지 않았
다. 그런 정황을 이해하기 위해서는 시골에 있어서는 안 되겠고, 서울
로 올라가야만 세상 돌아가는 흐름을 알 수 있겠다고 생각하고는 홀
홀단신 한양으로 향했다. 하지만 도중의 주막에서 한양에서의 활동이
제한적일 수밖에 없음을 생각하고 그 길로 보은의 속리사로 입산했
다. 1897년 월정사 강원에서 수학한 다음, 이듬해 설악산 백담사로 거
처를 옮긴 다음 사미계를 받고 봉완(奉玩)이라는 수계명을 받았다.

1904년 새로운 문물을 배우기 위해 일본행을 계획했다가 여의치 않
자 홍성으로 귀향했다. 그리고 얼마 안 있어 다시 백담사로 들어갔다.
헌데 앞서 속리산으로 간 것도 그렇고 이때의 백담사 행을 상당수 글
에서 '가출'로 표현하고 있어 눈살이 찌푸려지곤 한다. 가출이란 '무책
임하게 집을 나가는 것'을 말하는 것 아닌가. 어떻게 만해의 이 행동
을 가출로 표현하는지 도무지 이해가 되지 않는다.

어쨌든, 1905년 1월 26일 백담사로 재입산, 비구계를 수계하는데. 은사는 김연곡 스님, 계사는 전영제 스님이었다. 이때 용운(龍雲)이라는 법명을 받았다. 그런데 흔히 용운을 법호로 아는 경우가 많은데, 법호는 만해(萬海, 혹은 卍海)고 용운이 법명인 게 맞다. 이 해 3월, 백담사에서 기신론, 능엄경, 원각경 등의 여러 경전을 본격적으로 익혔다.

1907년 건봉사로 가서 최초의 안거 수행을 한 뒤 만화 선사로부터 법을 이어받았다. 이 해는 그에게 특별한 해이기도 하다. 스승 연곡 스님이 당시 유학승들이 많았던 건봉사에 비치되어 있던 『음빙실문집』(양계초의 계몽서적), 『영환지략』(세계지리서)을 빌려와 만해에게 읽어보라고 주었다. 그는 이 책들을 읽고 큰 감명을 받았다. 세상이 넓다는 것을 아마 다시 한 번 절감했던 것 같다. 넓은 세상을 알려면 어찌해야 하나? 직접 가보는 방법밖에 없다. 스님은 세계일주 계획을 세우고 그 첫걸음으로 시베리아로 출발했다. 거기서부터 시베리아를 횡단해 유럽으로 가려는 계획이었던 모양이다. 어찌 보면 무모한 듯도 하지만, 스물다섯의 피 끓는 청년으로서는 어찌 보면 당연한 기개일 수도 있다. 걸망에 『금강경』, 목탁, 『영환지략』만 달랑 넣고서 원산항으로 간 다음 배 타고 러시아 블라디보스토크에 들어섰다. 그렇지만 도착하자마자 문제가 생겨버렸다. 그곳의 동포들에게 일진회 첩자로 오인 받아 생명의 위협을 당한 것이다. 아무리 설명을 해도 먹히지 않았다. 결국 생사의 기로에까지 섰으나, "정 나를 죽이겠다면 할 수 없지. 다만 내 주검은 고국에 보내다오." 하며 초연한 모습을 보이자 그제야 의심을 거둔 그들에게서 풀려날 수 있었다 한다. 비록 겨우 풀려나기는 했지만 동포들에게 오히려 죽임을 당할 뻔했던 이 일은 만해에게 큰 마음의 상처를 주었던 듯, 곧바로 귀국하였다. 그는 이후 금강산 석왕사에 칩거하여 참선에만 몰두했다.

1908년 만해는 일본으로 건너갔다. 오로지 신문물을 배워 조선을

백담사 만해교육관

개화시키기 위함이었음은 물론이다. 다만 체류 기간은 생각보다 길지는 않아서, 5월에 출국해 그 해 10월에 돌아온 짧은 여정이었다. 그는 여기서 임제종대학에 등록해 불교학과 서양철학을 공부하는 한편, 측량기술 습득에 꽤 공을 기울였다. 다른 이유가 있어서가 아니었다. 당시 일본은 조선에 대한 식민야욕을 노골적으로 드러내고 있을 때로서, 한반도 전역을 측량하고 다니면서 싼값에 토지를 사들이고 있었다. 그들은 농민들에게 당시 새롭게 개발된 측량기를 이용해 면적을 정확히 알려준답시고 측량해서는 일부러 실제보다 적게 면적을 산출해 주었다. 하지만 자신들이 갖고 있는 지도에는 정확하게 기입해 넣고는, 몇 년 뒤 그 지역에 다시 가서는 아무것도 모르는 농민들에게 실제보다 적게 토지를 신고하고 세금을 적게 냈다고 하며 과중한 세금을 부과했다. 가난한 농민들로서는 그만한 세금을 낼 도리가 없어 결국 땅을 뺏기고 마는 경우가 비일비재했다. 만해는 이런 사정을 잘 알고 있었기에 일본에서 직접 측량기술을 배워 동포들이 억울한 일을 당하지 않게 해주려는 생각이었다. 그래서 귀국한 다음 12월 10일 경성명진측량강습소를 개설하여 실제로 배운 것을 가르치기도 했다.

1911년 10월 만주를 유력할 때의 일이다. 한 해 전에 조선은 일본의 식민지가 되어 뜻있는 사람치고 비통함을 금하지 못할 때였다. 만해는 만주에서 신흥무관학교 등 여러 곳을 찾아다니며 독립운동가들을 만났다. 그러던 어느 날 통화현 굴라재를 지날 때 길목을 지키던 독립군 청년이 그를 일본 밀정으로 오인해 저격했다. 아무도 없는 길, 총을 맞아 피를 흘리는 혼수상태 속에서도 걷지도 못한 채 기어서 마을까지 왔다. 그곳에서 마취도 없는 수술 끝에 간신히 회복될 수 있었다. 그가 어떻게 이런 초인적인 힘을 발휘할 수 있었을까? 나중에 그의 회고담 속에는 정신이 아득해 이제 죽음만 남았구나 싶은 순간 문득 관음보살이 나타나 그를 마을까지 인도했다는 술회가 나온다. 수술 후에는 자신을 저격한 청년이 사죄하기 위해 찾아오자 그를 담담하게 타이르고 오히려 그의 기개를 칭찬해 주기까지 했다.

이렇게 그는 보통 사람을 훨씬 뛰어넘는 기개가 있었다. 그의 시 중에 그의 고고한 기상이 잘 표현된 시가 한 수 있다.

이순신 사공 삼고
을지문덕 마부 삼아
파사검 높이 들고
남선북마 하여 볼까

내친 길에 그의 두둑한 배짱을 알 수 있는 얘기 하나를 소개한다. 30대 무렵 그는 낙산사 홍련암에서 기도를 하고 있었다. 그때 마침 양양군수가 놀러 왔다. 다른 스님들은 모두 길로 나가 영접했지만 만해만은 요지부동이었다. 이를 본 군수가 "저 자를 끌어내라."고 하자, "네가 군수면 네 나라 군수이지, 내 나라 군수는 아니다."고 호령해 그를 쫓아냈다. 이 땅이 일본의 식민지가 된 이상 그 군수도 일본인 군수이지 내 나라 군수는 아니라는 것이다.

39세 되던 1917년 12월 3일 밤 10시 무렵 오세암에서 좌선삼매에 들었다가 불어오는 바람에 뭔가가 땅에 떨어지는 소리를 듣는 순간 문득 오도했다. 그러고 나서 이런 오도송을 읊었다.

남아란 어디메나 고향인 것을
몇 사람 객수 속에 길이 갇혔나
한 마디 큰소리 질러 삼천대천 세계 뒤흔드니
눈 속에 복사꽃 붉게붉게 피네

뭐니뭐니 해도 독립운동가로서의 만해를 빼놓고는 그를 온전히 말했다고 할 수 없다. 1919년 3·1운동을 주도한 민족대표 33인에서 만공 스님과 더불어 불교계 인사로 참여한 두 명 중 한 사람이기도 하다. 그런데 만해가 3·1운동보다 먼저 거국적 독립운동을 계획했던 사실은 잘 알려져 있지 않다. 1918년 12월 초 미국 대통령 월슨의 민족자결주의가 알려지자 우리도 이 기회를 이용해 자주독립을 선포해야겠다고 생각했다. 종교계 및 지도급 인사 200명을 포함한 거국적 행사를 구상하고는 12월 26일 천도교를 대표하는 최린을 만나 자신의 구상과 결심을 얘기했다. 최린은 물론 동의했고, 그밖에 권동진, 오세창 등도 적극 참여하겠다는 뜻을 확인했다. 하지만 계획이 점차 구체화되자 동참을 약속했던 인사들이 하나둘 이탈해 나가는 바람에 만해의 이 계획은 중도에 그만두어야 했다. 비록 만해의 구상은 이루어지지 못했지만 당시 세계적으로 확산되어 가던 민족자결주의를 원용한 독립에 대한 이론적 배경은 그 뒤 3·1운동으로 이어나갔음은 물론이다. 유명한 독립선언문 중 공약삼장은 바로 만해의 작품이기도 하다. 3·1운동을 주도한 혐의로 일제에 의해 투옥되어 옥고를 치르고 난 뒤에도 오로지 민족의 독립이 그의 최대 관심사였다.

1925년 6월 7일 오세암에서 「십현담주해」를 탈고하고 이어서 백담사로 옮겨와 8월 29일 「님의 침묵」을 탈고했다. 그의 나이 47세 때의 일이다. 이렇게 그의 주요 활동무대는 강원도였다. 아마도 '강원도의 힘'은 그의 왕성한 활동의 원동력이었던 모양이다.

이 무렵 그는 일본경찰의 요주의 인물이었기 때문에 늘 사찰의 대상이 되어 있었다. 그래서 일정한 처소 없이 떠돌아다니는 일이 많았다. 경봉 스님의 스승인 구하 스님이 머물 곳 없는 만해를 생각해 통도사에 내려와 머물도록 주선하여, 만해가 내려오자 구하 스님은 통도사 일주문 옆 큰 바위에 '한용운'이라는 기념글자를 새겨넣겠다고 했다. 그러자 만해가 "나는 사람들의 머릿속에 이름을 새기면 새겼지, 돌에다는 내 이름을 안 새깁니다."라고 했던 건 사사로운 명예에는 아무런 관심이 없던 그의 성품을 말해주는 일화다.

이때 양산경찰서에서 만해를 통도사에서 나가게 하려고 통도사에 압력을 넣기 시작했다. 그러자 만해는 「모기」라는 시를 『조선일보』에 발표했다.

"모기 너는 영웅호걸의 피를 빨고 어린아이의 피도 빨고 지조가 없는 얄미운 놈이다. 하지만 너에게 두 손 합장하고 크게 배울 것 하나는 동족의 피는 빨지 않는다는 점이다."

이 시를 읽은 그 조선인 형사는 뉘우치는 게 있어 그 곳을 떠나고 말았다고 한다.

1932년 '조선불교 대표인물' 선정 투표라는 게 있었는데 그가 단연 최고득점을 받았던 것은 당시 그의 존재가 사람들에게 어떻게 인식되고 있었는가를 알게 해주는 작은 사건일 것이다.

1933년 서울 성북동에 심우장을 짓고, 이후 죽을 때까지 여기서 머물렀다. 당시 금서였던 단재 신채호의 『조선상고사』를 통독하고, 이 책을 넣은 단재탑을 여기에다 세우려다가 일제에 발각되어 곤욕을 치르기도 했다.

1937년 무렵의 일이다. 총독부 회의실에서 31본산 주지회의가 있었을 때 남차랑 총독을 호통 친 만공 스님을 만났을 때 이런 대화가 오고갔다. 먼저 만해가 운을 뗐다.

"스님, 총독을 만났걸랑 호령만 하지 말고 스님이 주장자로 한 대 갈기실 일이지."

"곰은 막대기 싸움이나 하지만 호랑이는 호령만 하는 법이지."

"새끼 사자는 호령만 하지만 어미 사자는 그림자만 보이는 법이지."

만해가 한국불교계를 대표해서 총독을 만난 만공 스님의 기상을 칭찬하는 한편, 민족의 원수이니 기왕이면 속 시원하게 한 대 후려치지 않았느냐는 농을 한 것이다. 만공 스님은 그런 싸움일랑 소인배(곰)나 하는 짓이지, 자기처럼 말로써 혼내는 게 더 무서운(호랑이) 법이라고 응수했다. 그러자 만해도 다시, 목소리 높이는 거야 새끼 사자고, 정작 백수의 왕 사자는 그림자만 슬쩍 비춰도 뭇짐승들이 다 무

백담사 내경

서워 도망가기 바쁠 텐데 뭐 하러 호통이나마 칠 일 있느냐는 얘기다. 물론 만해가 만공의 기상을 칭찬하느라 꺼낸 말일 뿐이다.

1944년 6월 29일 서울 성북동 심우장에서 입적했다. 만해는 일제의 학병징집을 반대하여 일제의 식량배급을 거부해 단식에 들어갔다가 유명을 달리한 것이다. 미아리 화장터에서 화장하고 그 유해는 망우리 공동묘지에 안장되었다.

### 푸른 산빛 깨치고 간 '님의 자취' 가득 담겨

12월 중순, 어느새 한 해가 저물어 가고 있다. 마음이 심란해지며, 날씨도 을씨년스럽게 춥고 사나운 이 한겨울에 굳이 만해의 자취 한 자락을 밟아보려 설악산 백담사로 향한 것도 만해의 삶이 그러했던 것처럼 화창하고 맑은 계절보단 이 겨울이 적기라고 생각해서였다. 버

백담사 입구 수심교

스로 인제군 용대리에 내리고 둘러보니 곳곳에 잔설이 좀 남아 있다. 지난 11월 중순에 내린 첫눈의 흔적인 모양인데, 더 추워지지 않아 그대로 녹아 버렸나 보다. 앞으로 내릴 눈은 내년 4월까지는 녹지 않고 얼어 있을 테니, 강원도 여행할 때 큰 길은 몰라도 산행이라면 낙엽에 숨겨진 빙판을 여간 조심하지 않으면 안 된다.

계곡에서 반사된 은빛 햇살이 백담사 입구의 돌다리 수심교(水心橋)를 건너는데 한껏 눈을 자극한다. 금강문 사천왕문을 지나 경내에 들어서자마자 먼저 극락보전을 배관했다. 이 건물도 조선시대 후기의

아주 단정하고 우수한 건축물이고, 그 안에 봉안된 삼존불상 역시 당대를 대표할 만한 훌륭한 작품이다. 요사며 기념관이며 해서 무려 20동이 넘는 건물들이 들어서 있을 정도로 사역은 꽤 넓다.

경내 오른쪽에 있는 만해기념관에는 『조선불교유신론』, 『불교대전』의 원전 등이 전시되어 있어 만해의 체취를 느껴볼 수 있다. 그 북쪽에 있는 건물 당호가 '만해당'으로 되어 있는 걸 보니 아마도 만해가 머물렀던 무루실(無漏室)이 이곳인 것 같다.

그는 조선불교의 폐해와 악습을 신랄하게 지적하면서 불교 혁신을 주장했지만, 불교계 대부분의 시선은 당연히 결코 호의적이지 못했

만해가 머물렀던 무루실로 추정되는 만해당 및 편액

백담사 만해 스님의 동상과 만해가 지은 '나룻배와 행인' 시비

다. 선동이니 기만이니 하는 말까지 들으면서 탄핵도 많이 받았다. 그럴 때면 그는 백담사에 들어가 무루실에서 은거하면서 자신을 추스르고, 다시 일어설 수 있는 정기를 회복하곤 했다. 특히 1910년 백담사에서 『조선불교유신론』을 탈고했고, 또 이 해에 그의 유일한 상좌인 춘성(春城) 스님이 만해를 찾아와 출가하여 함께 괴롭고도 즐거운 여름 한철을 보냈으니, 아마도 이때가 그에겐 가장 행복한 시절이었는지도 모르겠다.

절 마당에는 만해의 흉상과 시비가 서있다.

　나는 나룻배
　당신은 행인
　당신은 흙발로 나를 짓밟습니다
　나는 당신을 안고 물을 건너갑니다

이렇게 시작되는 만해의 유명한 시 「나룻배와 행인」이 시비 앞면에
새겨져 있고, 뒷면에는 그의 오도송이 보인다. 젊은 학생 몇몇이 신기
한 듯 그 앞에서 한참 동안 비도 읽어보고 기념사진도 찍고 했다. 그
러고 보니 그 절에 관련된 고승을 조사당이나 영당에 진영만 걸어둘
게 아니라 이렇게 기념물을 마당에 세워둠으로써 적극적으로 선양하
는 것도 괜찮을 것 같다.

백담사를 나와 백담계곡으로 해서 영시암을 지나 봉정암으로 올라
갔다. 한겨울에는 등산화에 아이젠 다는 건 기본이고, 최소한 스틱이
라도 없으면 입산할 수조차 없다. 본래 느린 걸음이라 한 6시간 남짓
걸려서야 봉정암에 닿았다. 한 밤을 예서 머물고, 새벽 일찍 일어나

백담사 입구 백담계곡

백담사 만해마을

예불한 다음 오세암으로 해서 내려왔다. 히말라야 산은 그곳에 오르는 것만으로도 커다란 수행이라고 한다. 그만큼 높지는 않지만, 한겨울의 설악산 역시 그 청정한 모습과 정신 번쩍 들게 하는 맑음으로 해서 산을 찾은 사람들의 몸과 마음에 새로운 활력을 주는 것 같다. 만해가 백담사를 중심으로 해서 설악산과 금강산 주변의 사찰에서 공부하고 집필했던 심정을 약간은 이해할 것 같다.

백담사 안에 만해기념관이 있고, 절에서 조금 내려오면 문인 예술인들의 창작의 산실이 되고 있는 만해마을도 있다. 또 해마다 여름이면 만해사상실천선양회에서 만해대상을 선정해 평화, 학술, 문학, 포교 등의 부문에서 활약한 사람들에게 상도 주고 강연회도 갖는 만해축전이 열린다. 우리나라 불교인을 통틀어 이만큼 그 이름이 선양되

영시암

오세암 전경

오세암 관음전

기는 좀처럼 없을 것 같다. 이런 일들을 주최하고 주관하는 사람이나 기관들은 꽤 좋은 일을 하고 있다. 늘 생각하는 일인데, 한 사람의 성인 또는 위인이 드리우는 그늘 덕에 수많은 사람들이 참 편하게 사는 것 같다. 그러니 그런 성인 위인을 오늘날 되새기고 그의 정신을 되돌아보는 행사를 갖는 건 참 잘 하는 일이다. 만해 역시 그런 위인 중 한 사람일 것이다.

그가 『조선불교유신론』에서, "우리나라에 1억 인구가 있으면 세계를 향해 웅비할 수 있다", "우리나라 땅이 좁다고 탓하지 말라, 세계가 바로 우리의 활동무대다."라고 한 말에서는 그의 예언자적 혜안마저 느껴진다. 참으로 위대한 인물은 시간과 공간에 구애받지 않고 세상을 바라보는 능력이 있는 것 같다. 그런데 만해의 위대함 중 하나는 그의 개혁정신일 것이다. 그런 의미에서 만해만큼 개혁을 위해 쓴 소리를 하는 사람이 지금 얼마나 될까 싶다. 흔히 조선불교유신론을 어렵게 설명하는 사람들이 있는데, 내가 보기에는 아주 간단한 것 같다. '유신'이란 건 지금 막히고 썩은 것을 새롭게 고치자는 뜻이다. 만해가 이 책에서 말하고자 하는 것은 유신운동의 기본적 목표와 방향이 정신문화의 혁명에 있다는 것이다. 불교인이건 아니건 인간에게는 누구나 정신의 유신을 하여야 하며, 그 길만이 조선이 살아갈 길임을 천명한 것에 다름 아니라고 보이기에 그의 주장이 그다지 복잡하게 여겨질 까닭이 없는 것이다. 그가 '중생구제를 위한 승려교육문제', '포교문제', '경전의 해석' 등을 유신론으로 설명한 것은 지금에도 거의 그대로 적용되지 않을까 싶다.

현대 불교계에 쓴 소리를 마다않는 사람 중에는 만해가 살았던 그때와 지금을 그다지 다르게 보지 않는 이도 있다. 그러면서 만해와 같은 인물이 이 시대에 좀 더 많이 나와야 하지 않느냐며 몹시 아쉬워하기도 한다.

쓴 소리는 독설과는 다르다. 남을 해치기 위해 내뱉는 독설이 아니라 잘못되고 나쁜 것을 고치고 좋게 바꾸라고 하는 쓴 소리는 보약과도 같다. 하지만 이런 소리와 주장은 어쨌든 듣는 사람 입장에선 불편한 것이어서 하기 쉬운 일은 아니다. 그래서 점점 이 사회에 쓴 소리가 줄어드는 것 같다. 문득, 만해가 지금 있다면 무슨 말을 할지 궁금해진다.

지은이 신대현

동국대학교 사학과, 대학원 미술사학과 졸업.
사찰문화연구원에서 『전통사찰총서』 전21권을 기획·편찬하고 집필에 공동 참여하며 전국 1천여 전통사찰을 답사
했다.
저서로 『한국의 사찰 현판』 1~2권, 『한국의 사리장엄』, 『산중일기』(역서), 『한국의 옥기공예』, 『고승 진영과 찬문』
(이상 혜안출판사), 『적멸의 궁전 사리장엄』(한길아트), 『닫집』(공저), 『전등사』, 『화엄사』(이상 대한불교진흥원),
『낙산사』(솔바람) 등 한국의 불교문화와 문화유산에 관련된 책들을 썼다.
현재 『불교신문』 논설위원이며, 우리 불교문화의 전통적 의미와 가치를 알리는 활동을 하고 있다.

우리 절을 찾아서
역사 속의 우리 사찰 이야기

신대현 지음

펴낸날 | 2010년 6월 1일
펴낸이 | 오일주
펴낸곳 | 도서출판 혜안
등록번호 | 제22-471호
등록일자 | 1993년 7월 30일
주소 | 서울시 마포구 서교동 326-26번지 102호
전화 | 3141-3711, 3712
팩스 | 3141-3710
이메일 | hyeanpub@hanmail.net


ISBN  978-89-8494-393-3  03220
값 15,000원